I0012849

Chapitre 1 : Introduction aux Fondamentaux des Prompts

- **1.1 Comprendre le Rôle des Prompts**
  - ○ 1.1.1 Définir un prompt : Qu'est-ce qu'un prompt et pourquoi est-il essentiel ?
  - ○ 1.1.2 L'impact des prompts sur la compréhension de l'IA
  - ○ 1.1.3 La notion de clarté et de précision : un impératif dans la formulation des prompts
- **1.2 Les Bases de la Communication avec l'IA**
  - ○ 1.2.1 Comment l'IA interprète les requêtes : Les règles de la sémantique et de la syntaxe
  - ○ 1.2.2 Les biais et limitations de l'IA dans la compréhension des prompts
  - ○ 1.2.3 Les différences entre une communication humaine et avec une IA
- **1.3 L'Importance du Contexte et de l'Intention**
  - ○ 1.3.1 Définir l'objectif avant de formuler un prompt
  - ○ 1.3.2 Connaître son audience : adapter les prompts pour une réponse plus pertinente
  - ○ 1.3.3 Exemples de prompts selon différents contextes et intentions

Chapitre 2 : Techniques Avancées de Formulation de Prompts

- **2.1 Le Pouvoir des Mots-Clés**
  - ○ 2.1.1 Choisir des mots-clés précis et significatifs
  - ○ 2.1.2 Comprendre l'importance de l'ordre des mots
  - ○ 2.1.3 Exemples de mots-clés et impact sur la qualité des réponses
- **2.2 La Structure des Phrases : Impacts et Variations**
  - ○ 2.2.1 La formulation en phrases courtes vs. longues
  - ○ 2.2.2 L'utilisation de phrases interrogatives pour guider l'IA
  - ○ 2.2.3 Structurer les prompts pour des réponses exhaustives ou synthétiques
- **2.3 Exercices de Perfectionnement**
  - ○ 2.3.1 Pratique guidée : améliorer un prompt basique
  - ○ 2.3.2 Comparaison de différentes structures pour un même objectif
  - ○ 2.3.3 Défis de création : adapter un prompt selon différentes intentions

Chapitre 3 : Les Outils pour la Création de Prompts Efficaces

- **3.1 Utiliser les Modèles d'IA comme Outils d'Apprentissage**
  - ○ 3.1.1 Comprendre les spécificités de ChatGPT
  - ○ 3.1.2 Introduction aux autres modèles de langage et leurs différences
  - ○ 3.1.3 Explorer les modèles d'IA pour améliorer les prompts
- **3.2 Analyse et Révision des Prompts**
  - ○ 3.2.1 Tester différents prompts pour un même objectif
  - ○ 3.2.2 L'importance de la révision : ajuster pour la précision
  - ○ 3.2.3 Exemples pratiques d'amélioration de prompts
- **3.3 Outils et Ressources pour Perfectionner ses Prompts**
  - ○ 3.3.1 Références académiques, sites et outils de perfectionnement
  - ○ 3.3.2 Utiliser des plateformes de test et d'évaluation de prompts
  - ○ 3.3.3 Ressources pour apprendre de cas pratiques et de prompts populaires

Chapitre 4 : Adapter les Prompts pour des Applications Spécifiques

- **4.1 Les Prompts pour le Marketing et la Communication**
  - 4.1.1 Formuler des prompts pour la création de contenu marketing
  - 4.1.2 Prompts pour rédiger des articles, des annonces, et des emails
  - 4.1.3 Techniques pour capter l'attention du lecteur via des prompts
- **4.2 Les Prompts pour l'Éducation et la Formation**
  - 4.2.1 Comment créer des prompts pour enseigner des concepts
  - 4.2.2 Exemples de prompts pour une formation personnalisée
  - 4.2.3 Techniques pour renforcer l'engagement pédagogique
- **4.3 Les Prompts pour la Recherche et l'Analyse de Données**
  - 4.3.1 Formuler des prompts pour extraire des informations précises
  - 4.3.2 Utiliser des prompts pour analyser des données et tirer des conclusions
  - 4.3.3 Étude de cas : prompt d'analyse et interprétation des résultats

Chapitre 5 : L'Art de Personnaliser les Réponses de l'IA

- **5.1 Techniques de Personnalisation des Prompts**
  - 5.1.1 Inclure des variables personnelles et spécifiques
  - 5.1.2 Utiliser des scénarios personnalisés pour des réponses précises
  - 5.1.3 Exemples de prompts personnalisés selon le profil de l'utilisateur
- **5.2 La Création de Dialogues Naturels**
  - 5.2.1 Structurer les prompts pour des conversations fluides
  - 5.2.2 Encourager les questions et les clarifications de l'IA
  - 5.2.3 Techniques pour maintenir un fil de discussion cohérent
- **5.3 Études de Cas de Scénarios Personnalisés**
  - 5.3.1 Cas pratiques : prompts pour le service client
  - 5.3.2 Prompts dans les contextes médicaux, juridiques, et techniques
  - 5.3.3 Cas d'usage en consultation et conseil, exemples réels

Chapitre 6 : La Psychologie et l'Éthique dans les Prompts

- **6.1 Comprendre les Aspects Psychologiques de l'Interaction avec l'IA**
  - 6.1.1 L'importance de l'empathie et du langage positif
  - 6.1.2 Les attentes de l'utilisateur et comment les gérer via des prompts
  - 6.1.3 Exemples de prompts orientées vers l'expérience utilisateur
- **6.2 Éthique et Responsabilité dans la Création de Prompts**
  - 6.2.1 Les défis éthiques de l'utilisation de l'IA
  - 6.2.2 Formuler des prompts en respectant la vie privée et l'intégrité
  - 6.2.3 Exemples de bonnes pratiques éthiques
- **6.3 Les Erreurs Courantes et Comment les Éviter**
  - 6.3.1 Erreurs communes dans la formulation de prompts
  - 6.3.2 Étude de cas : les conséquences de prompts mal formulés
  - 6.3.3 Techniques pour diagnostiquer et corriger les erreurs

Chapitre 7 : Mesurer et Évaluer la Performance des Prompts

- **7.1 Techniques pour Tester et Optimiser les Prompts**
  - 7.1.1 Utiliser des indicateurs de performance pour évaluer les prompts
  - 7.1.2 Réaliser des tests A/B pour comparer les prompts
  - 7.1.3 Exemples de méthodologies d'optimisation
- **7.2 Analyser les Réponses de l'IA**
  - 7.2.1 Identifier les signes de compréhension ou d'incompréhension de l'IA
  - 7.2.2 Techniques pour diagnostiquer des problèmes dans les réponses
  - 7.2.3 Exemples d'analyse de réponses en profondeur
- **7.3 Indicateurs de Succès et Validation des Prompts**
  - 7.3.1 Comment évaluer le succès d'un prompt
  - 7.3.2 Mesurer l'impact des prompts sur la satisfaction utilisateur
  - 7.3.3 Exemples concrets de succès et d'échecs de prompts

Chapitre 8 : La Maîtrise Ultime des Prompts

- **8.1 Concevoir des Prompts Révolutionnaires**
  - 8.1.1 Techniques pour dépasser les limites conventionnelles des prompts
  - 8.1.2 Exemples de prompts avant-gardistes et innovants
  - 8.1.3 Expérimentations et itérations créatives
- **8.2 Projet de Synthèse : Créer un Assistant Virtuel Personnalisé**
  - 8.2.1 Concevoir une série de prompts pour un assistant spécifique
  - 8.2.2 Adapter les prompts pour une interaction continue et pertinente
  - 8.2.3 Exercice final de validation : testez et ajustez votre assistant virtuel
- **8.3 Conclusion et Perspectives Futures**
  - 8.3.1 Récapitulatif des connaissances acquises et du chemin parcouru
  - 8.3.2 Perspectives d'évolution de l'interaction avec l'IA et les prompts
  - 8.3.3 Encouragement à poursuivre l'expérimentation et l'innovation

Annexes et Ressources Complémentaires

- **Glossaire des Termes Techniques**
  - Définition et explications de termes techniques utilisés dans le livre
- **Ressources et Références**
  - Liens vers des plateformes, articles académiques, sites et autres outils
  - Suggestions de lectures pour approfondir chaque chapitre
- **Quizz et Questions de Réflexion**
  - Quizz à la fin des chapitres pour évaluer la compréhension du lecteur
  - Questions de réflexion pour encourager la pensée critique et la personnalisation des prompts

Chapitre 1 : Introduction aux Fondamentaux des Prompts

1.1 Comprendre le Rôle des Prompts

1.1.1 Définir un Prompt : Qu'est-ce qu'un Prompt et Pourquoi est-il Essentiel ?

Dans l'univers des interactions avec une intelligence artificielle (IA) telle que ChatGPT, le terme **"prompt"** désigne l'instruction ou la demande que l'utilisateur formule pour obtenir une réponse. Autrement dit, le prompt est le point de départ, le texte d'entrée que l'utilisateur fournit à l'IA pour générer une réponse spécifique, informative, ou créative.

Qu'est-ce qu'un Prompt ?

Un prompt peut être aussi simple qu'une question directe (« Quelle est la capitale de la France ? ») ou aussi complexe qu'un ensemble d'instructions structurées et détaillées (« Rédige un texte de 200 mots expliquant les causes du changement climatique en mettant en avant des exemples concrets et en évitant tout jargon technique »). La diversité de ce qui peut constituer un prompt est vaste, mais son rôle fondamental reste de guider l'IA vers la réponse attendue.

Un bon prompt agit comme une boussole : il donne une direction claire à l'IA, l'aidant à fournir une réponse pertinente et contextuelle. Selon la formulation et la précision de ce prompt, l'IA peut offrir une réponse ciblée, générale, créative, ou factuelle.

Pourquoi le Prompt est-il Essentiel ?

Le prompt est essentiel pour plusieurs raisons majeures :

1. **Il détermine la qualité de la réponse** : Un prompt bien formulé conduit à une réponse claire et précise. À l'inverse, un prompt vague ou mal structuré entraîne souvent une réponse confuse ou hors sujet. Comme l'a dit Albert Einstein, « Si vous ne pouvez expliquer quelque chose simplement, c'est que vous ne le comprenez pas assez bien. » La clarté du prompt est donc un reflet de la clarté de pensée de l'utilisateur.
2. **Il reflète l'intention de l'utilisateur** : Chaque interaction avec ChatGPT a une intention spécifique, que ce soit pour obtenir une information factuelle, rédiger un texte, ou résoudre un problème. Le prompt permet de transmettre

cette intention à l'IA. Ainsi, la formulation du prompt agit comme un traducteur d'intention pour l'IA.

3. **Il maximise la pertinence de la réponse** : Un prompt bien conçu utilise des mots-clés et des structures de phrase qui orientent l'IA vers des domaines de connaissance pertinents. Par exemple, si l'on souhaite une réponse technique, l'utilisation de termes spécifiques au domaine concerné, comme « code source » ou « algorithme », favorisera une réponse plus adaptée.

4. **Il réduit les ambiguïtés et les malentendus** : Un prompt clair réduit les risques d'interprétation erronée par l'IA. Puisque ChatGPT se base sur la probabilité des mots et phrases les plus attendus en fonction du prompt, tout élément ambigu dans la formulation peut aboutir à une réponse non désirée. Les prompts bien formulés réduisent donc l'écart entre l'intention de l'utilisateur et la réponse de l'IA.

5. **Il permet d'optimiser l'efficacité de l'IA** : Dans un contexte où les interactions avec l'IA peuvent être nombreuses et rapides, avoir des prompts bien pensés et optimisés permet de gagner du temps et d'améliorer l'efficacité de chaque interaction.

Exemples Illustratifs

Pour illustrer ces points, voici quelques exemples de prompts bien formulés et moins bien formulés :

- **Prompt peu clair :** « Explique les problèmes de la planète. »
  - **Problème :** Trop large et vague. L'IA pourrait interpréter cela comme des problèmes écologiques, économiques, ou politiques.
- **Prompt amélioré :** « Décris trois principaux problèmes environnementaux actuels et explique leurs causes et conséquences en 150 mots. »
  - **Avantage :** Ce prompt est spécifique et inclut des critères précis, ce qui augmente les chances d'une réponse cohérente et pertinente.
- **Prompt technique :** « Quels sont les éléments clés à prendre en compte pour créer un algorithme de tri optimisé en Python ? »
  - **Avantage :** Utiliser des termes techniques et des mots-clés comme "algorithme de tri optimisé" oriente l'IA vers une réponse technique et détaillée.

Conclusion : La Maîtrise du Prompt, une Compétence à Part Entière

À mesure que les interactions avec l'IA deviennent plus fréquentes, la capacité à formuler des prompts de manière efficace devient une compétence essentielle. En maîtrisant l'art de poser les bonnes questions et de formuler des instructions claires, l'utilisateur peut transformer ChatGPT en un puissant outil d'aide, de création et de productivité. En somme, un prompt n'est pas seulement une simple demande ; c'est le reflet d'un objectif spécifique et d'une pensée structurée.

1.1.2 L'Impact des Prompts sur la Compréhension de l'IA

Les prompts jouent un rôle crucial dans la manière dont l'intelligence artificielle (IA) interprète, analyse et répond aux requêtes de l'utilisateur. Pour comprendre cet impact, il est nécessaire d'explorer comment un prompt bien formulé influence la réponse de l'IA et pourquoi des variations dans les mots et les structures utilisés peuvent transformer les résultats obtenus.

Comment l'IA Comprend les Prompts

Les modèles de langage comme ChatGPT se basent sur des réseaux neuronaux et des techniques de traitement du langage naturel (NLP) pour analyser et répondre aux textes fournis par les utilisateurs. Leur compréhension repose sur les données sur lesquelles ils ont été entraînés et sur des probabilités statistiques qui permettent de prédire la réponse la plus probable. Toutefois, cette compréhension est, en réalité, une simulation fondée sur des corrélations entre les mots et les contextes d'utilisation observés dans les données d'entraînement.

Un prompt bien structuré peut, par conséquent, aider l'IA à identifier les mots-clés et à saisir le contexte plus facilement, facilitant ainsi la génération d'une réponse adaptée. En d'autres termes, la formulation d'un prompt aide l'IA à « orienter » sa réponse, en interprétant le plus fidèlement possible l'intention de l'utilisateur.

L'Impact de la Précision et de la Clarté des Prompts

Lorsque l'utilisateur emploie des mots précis et des phrases bien structurées, l'IA a plus de chances de produire une réponse qui correspond aux attentes. Un prompt clair et détaillé diminue le risque que l'IA interprète mal la demande ou fournisse une réponse incomplète.

1. **Amélioration de la Précision de la Réponse** : Un prompt précis permet à l'IA de réduire les interprétations possibles et de se concentrer sur la demande spécifique de l'utilisateur. Par exemple, si l'on demande « Décris le système nerveux », l'IA pourrait donner une réponse générale. Mais un prompt plus précis, comme « Explique le fonctionnement des neurones dans le système nerveux humain en 200 mots », fournira une réponse beaucoup plus ciblée.
2. **Clarté et Réduction des Ambiguïtés** : L'IA se base uniquement sur la formulation textuelle, sans contexte humain, et n'a pas la capacité de deviner l'intention de l'utilisateur de la même manière qu'un interlocuteur humain. Un prompt ambigu comme « Quels sont les effets de la pollution ? » pourrait donner lieu à des interprétations diverses (pollution de l'air, des sols, de l'eau, etc.). En clarifiant avec des termes précis, comme « Quels sont les effets de la pollution de l'air sur la santé humaine ? », l'utilisateur limite les risques de malentendus.

3. **Adaptation au Style de Réponse Attendu** : Le choix des mots, la structure de la phrase et même la longueur de la demande peuvent influencer la manière dont l'IA répondra. Un prompt formulé comme « Développe un essai argumentatif sur les avantages et inconvénients des énergies renouvelables » induit une réponse plus longue et structurée, tandis que « Donne trois avantages et inconvénients des énergies renouvelables » conduira à une liste plus concise. Ainsi, le style du prompt influence directement le style de la réponse.

L'Impact des Mots-Clés et du Contexte sur la Réponse

Les mots-clés jouent un rôle crucial dans l'interprétation du prompt par l'IA. Lorsque l'utilisateur emploie des termes spécifiques, l'IA peut se référer à des connaissances plus pertinentes et contextualisées.

- **Utilisation de Termes Techniques** : Les prompts utilisant des mots-clés techniques ou spécialisés aident l'IA à focaliser ses ressources sur une réponse plus experte. Par exemple, un prompt comme « Décris le processus de mitose dans une cellule végétale » contient des mots spécifiques (« mitose », « cellule végétale ») qui orientent l'IA vers une réponse scientifique. En revanche, un prompt plus vague pourrait mener à une réponse moins précise.
- **Contexte et Cadrage des Réponses** : L'IA est influencée par le contexte donné dans le prompt. Par exemple, « Donne des astuces de gestion du stress pour les étudiants » oriente l'IA vers des conseils adaptés à un public particulier. Si le contexte n'est pas précisé, comme dans « Donne des astuces de gestion du stress », l'IA pourrait donner des réponses trop larges et moins pertinentes.

Exemples Illustratifs de l'Impact des Prompts sur les Réponses de l'IA

Pour mieux comprendre comment la formulation d'un prompt impacte la réponse de l'IA, examinons quelques exemples concrets :

- **Prompt général :** « Qu'est-ce que la mémoire ? »
  - **Réponse possible :** L'IA pourrait donner une définition générale de la mémoire, incluant peut-être la mémoire humaine, la mémoire numérique, ou même des aspects biologiques et philosophiques, sans savoir laquelle est attendue.
- **Prompt spécifique :** « Qu'est-ce que la mémoire RAM dans les ordinateurs, et comment fonctionne-t-elle ? »
  - **Réponse possible :** L'IA peut désormais cibler une réponse précise liée à la mémoire informatique, ce qui élimine toute interprétation hors sujet.
- **Prompt de style personnalisé :** « Peux-tu rédiger un poème sur le changement climatique en utilisant un ton optimiste ? »

○ **Réponse possible :** En précisant le format (poème) et le ton (optimiste), l'utilisateur permet à l'IA de générer une réponse conforme à ces attentes, rendant l'interaction plus engageante et créative.

Conclusion : Un Pont entre l'Intention Humaine et la Réponse de l'IA

La formulation d'un prompt n'est pas un simple exercice linguistique ; elle représente le pont entre l'intention de l'utilisateur et la capacité de l'IA à interpréter et répondre de manière pertinente. En maîtrisant l'art des prompts, l'utilisateur devient capable de guider l'IA avec précision, optimisant ainsi chaque interaction.

En somme, l'impact des prompts sur la compréhension de l'IA est immense. Bien formulés, ils permettent de réduire les risques d'incompréhension, d'améliorer la précision des réponses et de personnaliser l'interaction selon des besoins spécifiques.

1.1.3 La Notion de Clarté et de Précision : Un Impératif dans la Formulation des Prompts

Dans la communication avec une intelligence artificielle comme ChatGPT, la clarté et la précision d'un prompt sont essentielles pour obtenir des réponses exactes, pertinentes, et alignées avec les attentes de l'utilisateur. Sans clarté et précision, l'IA risque d'interpréter les prompts de manière trop générale, vague ou erronée, ce qui peut donner des résultats insatisfaisants. Ce chapitre explore pourquoi la clarté et la précision sont cruciales, comment les appliquer dans la formulation des prompts, et quels bénéfices en résultent pour l'utilisateur.

Pourquoi la Clarté et la Précision Sont-Elles Cruciales ?

Les modèles de langage comme ChatGPT fonctionnent en analysant le texte fourni, sans accès direct à l'intention ou au contexte mental de l'utilisateur. Contrairement à un humain, l'IA ne peut pas poser de questions clarificatrices spontanément ni deviner des nuances implicites. La qualité de la réponse de l'IA dépend donc de la manière dont elle comprend le texte initial.

1. **Réduction des Malentendus :** Des prompts clairs et précis permettent de réduire les ambiguïtés et de donner des indications directes, ce qui évite à l'IA d'interpréter un mot ou une phrase de façon incorrecte. Par exemple, un prompt comme « Qu'est-ce que la croissance ? » pourrait être interprété de manière économique, biologique, ou personnelle. Un prompt clair, comme « Explique la croissance économique dans les pays en développement », élimine l'ambiguïté.

2. **Optimisation des Réponses** : Lorsque le prompt est formulé de manière précise, l'IA est en mesure de se concentrer uniquement sur les éléments pertinents de la question. Cela augmente la probabilité d'une réponse utile et exhaustive, car l'IA n'a pas à « deviner » la demande de l'utilisateur.
3. **Efficacité dans les Interactions** : Des prompts clairs et précis réduisent le nombre de tentatives nécessaires pour obtenir une réponse satisfaisante, rendant les interactions plus efficaces et productives. Cela est particulièrement important pour des applications où l'utilisateur souhaite obtenir des informations rapidement et précisément.

Comment Formuler des Prompts Clairs et Précis ?

Pour atteindre un niveau de clarté et de précision dans les prompts, plusieurs bonnes pratiques peuvent être appliquées. Voici quelques stratégies concrètes pour formuler des prompts qui maximisent la qualité des réponses de l'IA :

1. **Utiliser des Mots-Clés Spécifiques** : Choisissez des mots-clés qui reflètent exactement le sujet de la demande. Par exemple, si l'on souhaite une explication scientifique, des mots-clés comme « théorie », « processus », ou « mécanisme » peuvent guider l'IA vers une réponse plus technique. Si l'on souhaite une approche créative, des mots comme « imaginer », « créer », ou « décrire » peuvent encourager l'IA à adopter un ton plus inspirant.
2. **Préciser le Contexte** : Indiquer le contexte permet de donner un cadre à la réponse. Par exemple, « Décris les avantages des énergies renouvelables en Europe » apporte un contexte géographique qui oriente l'IA. Un contexte bien défini permet d'éviter des réponses trop larges ou inadaptées.
3. **Indiquer le Format ou le Style Attendu** : Lorsque l'utilisateur précise le format attendu (liste, paragraphe, essai court), l'IA ajuste la structure de sa réponse en conséquence. Par exemple, « Fais une liste des trois principaux avantages des énergies renouvelables » est plus direct que « Parle des avantages des énergies renouvelables », qui pourrait générer une réponse moins concise.
4. **Spécifier les Détails ou les Restrictions** : Ajouter des informations détaillées ou des limites quantitatives permet d'encadrer la réponse. Par exemple, un prompt comme « Décris en 100 mots le processus de photosynthèse chez les plantes » non seulement clarifie le sujet, mais impose une restriction de longueur qui aide l'IA à se concentrer sur l'essentiel.
5. **Poser des Questions Fermées ou Ouvertes Selon l'Intention** : Si une réponse concise est souhaitée, un prompt formulé en question fermée (« La pollution atmosphérique est-elle un problème mondial ? ») incitera l'IA à fournir une réponse brève. Pour une réponse plus développée, une question ouverte (« Comment la pollution atmosphérique affecte-t-elle les écosystèmes ? ») est préférable.

Exemples Pratiques de Prompts Clairs et Précis

Pour bien illustrer l'importance de la clarté et de la précision, comparons des prompts vagues et des prompts améliorés :

- **Prompt vague :** « Explique les animaux. »
  - **Problème** : Ce prompt est trop général, et l'IA pourrait parler de n'importe quel aspect du règne animal.
  - **Prompt amélioré :** « Décris les caractéristiques distinctives des mammifères en les comparant avec les reptiles. »
  - **Avantage** : Le prompt est précis et guide l'IA vers une comparaison ciblée entre deux types d'animaux, ce qui donne une réponse plus informative.
- **Prompt vague :** « Donne des conseils pour la santé. »
  - **Problème** : Ce prompt manque de spécificité, rendant la réponse potentiellement trop large ou inadaptée.
  - **Prompt amélioré :** « Propose cinq conseils pour améliorer la santé cardiovasculaire chez les adultes de plus de 50 ans. »
  - **Avantage** : La clarté du sujet (santé cardiovasculaire) et du public cible (adultes de plus de 50 ans) donne lieu à une réponse plus adaptée et pertinente.
- **Prompt vague :** « Parle de l'histoire des États-Unis. »
  - **Problème** : Trop vaste, ce prompt pourrait amener l'IA à couvrir plusieurs siècles d'histoire de manière générale.
  - **Prompt amélioré :** « Explique les causes principales de la guerre civile américaine (1861-1865). »
  - **Avantage** : En délimitant le sujet à une période spécifique (la guerre civile) et à ses causes, ce prompt permet une réponse plus concise et pertinente.

Les Bénéfices d'une Formulation Claire et Précise

Une formulation claire et précise améliore non seulement la qualité des réponses, mais elle facilite également une meilleure interaction entre l'utilisateur et l'IA. Voici quelques-uns des bénéfices concrets d'une telle formulation :

1. **Gain de Temps et d'Efficacité** : Des prompts clairs permettent d'obtenir les informations désirées dès le premier essai, réduisant les allers-retours nécessaires pour clarifier ou reformuler la demande.
2. **Réponses Pertinentes et Précises** : Les réponses sont plus adaptées aux besoins spécifiques de l'utilisateur, car le prompt fournit un cadre qui limite les interprétations possibles.
3. **Expérience Utilisateur Améliorée** : Une interaction fluide et précise avec l'IA donne à l'utilisateur le sentiment de mieux contrôler la qualité des réponses et d'obtenir un réel bénéfice de chaque demande.

4. **Éviter les Réponses Génériques** : La précision dans le prompt permet d'éviter que l'IA fournisse des réponses trop générales ou vagues, maximisant ainsi la valeur de chaque interaction.

Conclusion : La Précision et la Clarté comme Outils de Maîtrise du Prompt

La clarté et la précision sont les clés pour exploiter pleinement le potentiel de l'intelligence artificielle dans le cadre de la création de prompts. Ces principes fondamentaux permettent de transformer chaque demande en un instrument précis, assurant une compréhension optimale et une réponse alignée avec les attentes de l'utilisateur. La maîtrise de ces deux notions renforce non seulement la qualité des réponses, mais elle participe également à une interaction plus satisfaisante et productive avec l'IA.

La formulation des prompts devient ainsi une compétence qui, une fois affinée, ouvre la voie vers des échanges enrichissants et des réponses puissamment adaptées à chaque situation.

1.2.1 Comment l'IA Interprète les Requêtes : Les Règles de la Sémantique et de la Syntaxe

L'intelligence artificielle (IA) telle que ChatGPT est conçue pour traiter, analyser, et répondre aux requêtes textuelles. Contrairement aux humains, l'IA ne comprend pas le langage naturel de manière intuitive ; elle le décompose en éléments de syntaxe et de sémantique, en s'appuyant sur des algorithmes et des probabilités pour prédire et générer une réponse adaptée. Ce chapitre explore comment l'IA interprète les requêtes, en abordant les concepts fondamentaux de la syntaxe et de la sémantique, et en expliquant comment ces règles influencent la qualité et la précision des réponses fournies par l'IA.

La Syntaxe : La Structure des Phrases

La **syntaxe** correspond aux règles qui régissent l'ordre et la structure des mots dans une phrase. Pour ChatGPT, la syntaxe est essentielle pour décoder l'intention de l'utilisateur. En effet, la structure de la phrase aide l'IA à comprendre le type de réponse attendu (liste, explication, question, etc.) et le sujet principal de la demande.

1. **Ordre des Mots** : L'IA prend en compte l'ordre des mots pour identifier le sujet, le verbe et les compléments d'une phrase. Par exemple, dans une question comme « Quels sont les effets de la pollution de l'air ? », l'ordre des mots aide l'IA à interpréter « effets » comme le sujet de la question et « pollution de l'air » comme le contexte de cette demande.
2. **Types de Phrases** : Les modèles de langage reconnaissent les différents types de phrases (déclaratives, interrogatives, impératives) et s'adaptent en fonction. Par exemple, une phrase interrogative (« Qu'est-ce que l'IA ? ») indique qu'une explication est attendue, tandis qu'une phrase impérative (« Explique-moi le concept de l'IA ») encourage l'IA à fournir une réponse détaillée.
3. **Ponctuation et Structure** : La ponctuation (points, virgules, points d'interrogation) et la structure grammaticale fournissent des repères pour interpréter les nuances et le ton. Par exemple, un prompt avec un point d'exclamation (« Explique-moi l'IA ! ») peut suggérer un ton plus directif. Une virgule ou un point-virgule permet aussi de structurer une requête complexe en plusieurs segments, aidant ainsi l'IA à traiter la question de manière segmentée et plus claire.

La Sémantique : Le Sens et le Contexte des Mots

La **sémantique** représente l'étude du sens des mots et de leurs relations dans un contexte. Pour ChatGPT, la sémantique est cruciale pour donner un sens global à la requête et déterminer les associations entre les concepts présents dans le prompt.

1. **Compréhension des Mots-Clés** : L'IA s'appuie sur les mots-clés pour comprendre les éléments centraux du prompt. Par exemple, dans « Explique la différence entre la photosynthèse et la respiration cellulaire », les mots « photosynthèse » et « respiration cellulaire » sont interprétés comme les concepts principaux de la demande, et le mot « différence » suggère qu'une comparaison est attendue.

2. **Relations entre les Termes** : L'IA utilise des modèles de langage pré-entraînés qui associent des mots à des contextes sémantiques. Par exemple, « IA » est souvent associé à des termes comme « machine learning », « intelligence artificielle », et « algorithme ». Ces associations aident l'IA à fournir une réponse cohérente et pertinente.

3. **Polyvalence et Ambiguïté des Termes** : La sémantique permet aussi à l'IA de gérer la polysémie (les mots ayant plusieurs significations). Par exemple, le mot « réseau » peut désigner un « réseau social » ou un « réseau de neurones ». Le contexte fourni dans le prompt (« Explique le rôle des réseaux de neurones en IA ») permet de lever l'ambiguïté et d'adapter la réponse au sens pertinent.

Exemple Pratique d'Interprétation Sémantique et Syntaxique

Pour illustrer la manière dont la syntaxe et la sémantique influencent l'interprétation des requêtes par l'IA, examinons différents exemples de prompts et leurs effets potentiels sur la réponse :

- **Prompt :** « Quels sont les effets du réchauffement climatique sur les océans ? »
    - ○ **Analyse syntaxique** : L'IA identifie une structure interrogative, comprenant que l'utilisateur cherche une liste ou une explication.
    - ○ **Analyse sémantique** : Les termes « effets », « réchauffement climatique » et « océans » sont les mots-clés. L'IA comprend que la réponse doit aborder l'impact environnemental en lien avec les océans.
- **Prompt :** « Compare la psychologie humaine et l'intelligence artificielle en termes d'apprentissage et d'adaptation. »
    - ○ **Analyse syntaxique** : La phrase est impérative et invite l'IA à une comparaison, donc à une réponse structurée par points de similitude et de différence.
    - ○ **Analyse sémantique** : Les termes « psychologie humaine », « intelligence artificielle », « apprentissage » et « adaptation » orientent

l'IA vers une réponse spécialisée, focalisée sur les capacités d'apprentissage des deux entités.

- **Prompt :** « Comment le système économique influence-t-il les politiques sociales ? »
  - ○ **Analyse syntaxique** : Le prompt est interrogatif et porte sur un mécanisme d'influence.
  - ○ **Analyse sémantique** : Les termes « système économique » et « politiques sociales » permettent de cadrer le sujet autour de l'économie et des sciences sociales, favorisant une réponse qui traite de la relation entre ces deux sphères.

Limitations et Challenges de l'IA dans l'Interprétation Syntaxique et Sémantique

Bien que ChatGPT et autres modèles de langage soient très performants dans l'interprétation syntaxique et sémantique, certaines limitations persistent :

1. **Compréhension Superficielle du Sens** : L'IA ne « comprend » pas les concepts de manière humaine, mais identifie des patterns et des associations statistiques. Ainsi, un manque de clarté dans le prompt peut entraîner des réponses imprécises ou génériques.
2. **Problèmes d'Ambiguïté** : Si un mot a plusieurs significations et que le contexte n'est pas clair, l'IA peut donner une réponse erronée. Par exemple, un prompt comme « Donne des exemples de réseaux » peut amener l'IA à parler de réseaux sociaux, de réseaux de neurones, ou de réseaux de transport, selon les associations les plus probables.
3. **Limites de la Polyvalence Contextuelle** : L'IA peut avoir des difficultés à gérer plusieurs contextes simultanés dans une même phrase complexe. Par exemple, un prompt comme « Compare les effets du réchauffement climatique sur les océans et les forêts et les solutions adoptées dans différents pays » demande une interprétation nuancée et pourrait être traité de manière plus ou moins complète selon la capacité de l'IA à discerner les différents éléments.

Bonnes Pratiques pour Optimiser l'Interprétation Syntaxique et Sémantique

Pour améliorer la manière dont l'IA interprète les requêtes, il est essentiel de formuler des prompts qui respectent des règles claires de syntaxe et de sémantique :

1. **Structure Simple et Bien Organisée** : Utiliser des phrases claires et courtes, éviter les structures complexes ou les phrases à rallonge. Par exemple, préférez « Quels sont les effets du réchauffement climatique sur les océans ? » plutôt que « Pourriez-vous détailler les divers effets du réchauffement climatique, en particulier ceux qui touchent les océans ? ».

2. **Inclusion des Mots-Clés Pertinents** : Précisez les termes essentiels dès le début de la phrase pour aider l'IA à cibler les sujets centraux de la requête. Par exemple, dans « Décris l'apprentissage supervisé dans le machine learning », les termes clés sont placés de manière à clarifier le sujet principal.
3. **Ajouter un Contexte et un Cadre** : Dans les prompts complexes, préciser un cadre thématique aide à éviter les confusions. Par exemple, dans « Explique l'impact du capitalisme sur les politiques sociales aux États-Unis depuis 2000 », l'IA sait qu'il s'agit d'une question socio-économique contextualisée par lieu et période.

Conclusion : Syntaxe et Sémantique comme Piliers de l'Interprétation des Requêtes

Pour l'IA, la syntaxe et la sémantique sont deux piliers qui déterminent la qualité de l'interprétation et de la réponse. En structurant bien le prompt et en utilisant des mots spécifiques dans le bon ordre, l'utilisateur maximise les chances d'obtenir une réponse pertinente, précise et satisfaisante. La maîtrise de ces principes dans la formulation des prompts contribue à des échanges plus productifs avec l'IA, en offrant des réponses mieux adaptées aux besoins de chaque requête.

1.2.2 Les Biais et Limitations de l'IA dans la Compréhension des Prompts

Les intelligences artificielles (IA), telles que ChatGPT, sont conçues pour interpréter et répondre aux prompts de manière précise et rapide. Cependant, elles présentent des biais et des limitations inhérents à leur conception et aux données sur lesquelles elles sont entraînées. Comprendre ces limitations permet aux utilisateurs d'anticiper les potentielles erreurs et d'ajuster leurs attentes. Dans cette section, nous explorerons les principaux biais et limitations des IA dans la compréhension des prompts, ainsi que leurs impacts sur la qualité des réponses.

Les Biais dans l'Interprétation des Prompts

Les biais de l'IA sont des tendances systématiques à fournir certaines réponses, influencées par les données d'entraînement ou par les algorithmes utilisés dans le modèle. Ces biais peuvent avoir des effets significatifs sur la manière dont l'IA interprète un prompt et génère une réponse.

1. **Biais de Données d'Entraînement** : Les modèles d'IA sont entraînés sur de vastes ensembles de données issues d'Internet, incluant des forums, des articles, des livres et des sites web. Ces sources reflètent les perspectives, les opinions, et les valeurs prédominantes dans le contenu public disponible. Ainsi, un IA peut reproduire des biais culturels, sociaux ou politiques présents

dans ces données. Par exemple, si une majorité de textes incluent des perspectives occidentales, l'IA pourrait être biaisée dans ses réponses en faveur de ces points de vue, même pour des sujets où d'autres perspectives seraient également pertinentes.

2. **Biais de Confirmation** : L'IA peut être sujette au biais de confirmation, c'est-à-dire tendre à confirmer ou renforcer les hypothèses ou formulations suggérées dans le prompt. Par exemple, si un utilisateur demande « Pourquoi les énergies renouvelables sont-elles inefficaces ? », l'IA pourrait se concentrer sur les inconvénients des énergies renouvelables en confirmant l'idée du prompt, au lieu d'apporter un point de vue équilibré.

3. **Biais de Popularité** : L'IA est plus encline à fournir des réponses basées sur les opinions, pratiques, et connaissances les plus populaires ou courantes. Cela signifie que des perspectives minoritaires ou des domaines de connaissance plus spécifiques peuvent être négligés. Par exemple, pour un prompt général sur l'alimentation, l'IA pourrait privilégier des conseils généraux basés sur les pratiques alimentaires populaires, sans tenir compte des régimes alimentaires spécifiques ou des approches nutritionnelles alternatives.

Limitations dans la Compréhension des Prompts

Outre les biais, l'IA a des limitations techniques et conceptuelles qui affectent sa capacité à interpréter certaines requêtes avec précision. Ces limitations peuvent conduire à des réponses approximatives, incomplètes, ou même incorrectes.

1. **Manque de Compréhension Contextuelle Profonde** : Bien que l'IA soit performante dans l'analyse du langage, elle ne « comprend » pas le contexte de manière humaine. Elle ne peut pas saisir les subtilités ou les nuances culturelles, émotionnelles ou contextuelles comme un humain le ferait. Par exemple, si un utilisateur demande « Donne-moi des conseils pour être heureux », l'IA peut fournir des conseils généraux mais ne pourra pas offrir des suggestions adaptées aux spécificités de la situation personnelle de l'utilisateur.

2. **Limitation en Matière de Connaissances Actuelles** : ChatGPT, par exemple, est limité aux données sur lesquelles il a été entraîné jusqu'à une certaine date. Cela signifie que l'IA peut fournir des informations obsolètes sur des sujets en constante évolution, tels que la science, la technologie, ou la politique. Un prompt demandant des informations sur des événements très récents pourrait donc recevoir une réponse erronée ou incomplète.

3. **Difficulté à Interpréter des Requêtes Ambiguës ou Complexes** : L'IA est plus performante avec des prompts clairs et spécifiques. Lorsqu'un prompt est ambigu ou comporte plusieurs niveaux de signification, l'IA peut ne pas être en mesure de discerner quelle réponse est la plus appropriée. Par exemple, une question comme « Pourquoi le monde change-t-il ? » est trop

vaste et ambiguë pour fournir une réponse précise, car elle pourrait faire référence aux changements climatiques, sociaux, économiques, technologiques, etc.

4. **Limite dans la Gestion des Scénarios Multi-Étapes** : Lorsqu'un prompt nécessite de suivre des étapes logiques complexes, l'IA peut avoir du mal à maintenir la cohérence de la réponse tout au long des étapes. Par exemple, un prompt demandant « Dresse une comparaison entre les écosystèmes marins et forestiers en abordant leur biodiversité, leurs rôles écologiques, et leurs menaces principales » implique trois étapes distinctes. L'IA pourrait passer trop rapidement d'une étape à l'autre ou manquer de détails dans chaque section, ne produisant pas une réponse aussi complète qu'un expert humain le ferait.

5. **Limitation dans les Connaissances Spécialisées** : Les modèles d'IA généralistes comme ChatGPT sont conçus pour répondre à un large éventail de questions, mais leur compréhension des sujets très techniques ou spécialisés reste limitée. Par exemple, pour des questions pointues en physique quantique ou en médecine, l'IA peut manquer de précision ou fournir une réponse trop simplifiée.

Exemples Illustratifs de Biais et de Limitations

Pour mieux comprendre comment ces biais et limitations influencent les réponses de l'IA, voici quelques exemples :

- **Exemple de Biais de Données** : Si un utilisateur demande « Quelle est la meilleure approche pour gérer une équipe ? », l'IA pourrait fournir des conseils basés sur des pratiques de management occidentales, en négligeant des approches alternatives comme celles issues de la philosophie de gestion asiatique ou de styles de leadership collaboratifs.
- **Exemple de Limitation Contextuelle** : Si l'utilisateur formule une demande ambiguë comme « Parle-moi des changements en politique », l'IA pourrait interpréter cela de plusieurs façons (changements de politique, événements politiques récents, etc.) et fournir une réponse générale qui risque de ne pas correspondre aux attentes précises de l'utilisateur.
- **Exemple de Manque de Connaissances Actuelles** : Pour une question demandant des informations sur la dernière version d'un logiciel ou d'une application récemment mise à jour, l'IA pourrait fournir des informations obsolètes, car elle n'a pas accès aux données en temps réel.

Stratégies pour Contourner les Biais et Limitations

Pour minimiser les impacts des biais et des limitations de l'IA, les utilisateurs peuvent adopter certaines pratiques dans la formulation de leurs prompts :

1. **Utiliser des Prompts Neutres et Équilibrés** : Formuler des questions neutres qui encouragent l'IA à fournir des réponses équilibrées. Par exemple, au lieu de demander « Pourquoi les énergies renouvelables sont-elles inefficaces ? », poser la question de manière ouverte comme « Quels sont les avantages et les inconvénients des énergies renouvelables ? » permet une réponse moins biaisée.
2. **Clarifier le Contexte et les Attentes** : Ajouter des détails contextuels dans le prompt pour éviter les interprétations erronées. Pour une question comme « Comment réussir un entretien ? », ajouter un contexte, comme « en entretien technique pour un poste en programmation », guidera l'IA vers une réponse plus spécifique.
3. **Privilégier les Sources Spécialisées pour les Sujets Techniques** : Pour des informations très pointues, il est préférable d'utiliser l'IA pour obtenir une vue d'ensemble, puis de compléter la recherche avec des sources spécialisées ou des experts du domaine. Par exemple, pour une question médicale spécifique, l'IA peut fournir un aperçu général, mais la consultation de sources fiables reste recommandée.
4. **Reformuler et Affiner les Prompts** : Si la réponse obtenue semble insuffisante ou biaisée, essayer de reformuler le prompt en apportant plus de précisions. Par exemple, si la question « Comment le climat affecte-t-il la biodiversité ? » donne une réponse générale, essayer « Explique l'impact des changements climatiques sur la biodiversité des forêts tropicales en Amérique du Sud » pour une réponse plus détaillée.

Conclusion : Accepter les Biais et Limitations pour une Utilisation Optimale

Les biais et limitations de l'IA sont inévitables, car ils découlent des méthodes de formation et des structures de ces modèles. En tant qu'utilisateur, il est essentiel de reconnaître et d'anticiper ces biais pour mieux interpréter les réponses de l'IA et ajuster les requêtes en conséquence. La compréhension des limites de l'IA permet de formuler des prompts plus précis et d'obtenir des réponses qui, tout en restant imparfaites, s'approchent le plus possible des attentes de l'utilisateur.

Ainsi, en appliquant des stratégies adaptées, les utilisateurs peuvent tirer le meilleur parti de l'IA, tout en prenant en compte ses faiblesses pour compléter les informations ou approfondir certains sujets par d'autres moyens.

1.2.3 Les Différences entre une Communication Humaine et avec une IA

La communication avec une intelligence artificielle, comme ChatGPT, diffère considérablement des interactions humaines. Bien que les IA aient été développées pour imiter le langage humain et interagir de manière fluide, plusieurs distinctions fondamentales persistent en raison des différences de compréhension, de traitement des émotions, et de contexte. Cette section explore ces différences, en soulignant les implications pour l'utilisateur, et propose des stratégies pour optimiser la communication avec l'IA.

1. Absence de Compréhension Profonde et Contexte Humain

Contrairement aux humains, qui s'appuient sur des années d'expérience personnelle et de vécu émotionnel pour comprendre des concepts, des situations et des intentions, l'IA interprète les messages en fonction de patterns linguistiques appris. Elle n'a ni expérience directe du monde ni de mémoire personnelle, et donc elle ne « comprend » pas réellement le contexte comme un humain le ferait.

- **Limitations contextuelles** : Un humain comprend intuitivement un contexte basé sur l'environnement, l'historique de la conversation et le langage corporel. L'IA, quant à elle, analyse uniquement les informations textuelles disponibles dans chaque prompt. Par exemple, si quelqu'un dit « Cela m'inquiète beaucoup » sans mentionner de quoi il s'agit, un humain pourrait déduire le contexte grâce aux interactions précédentes ou aux indices émotionnels. L'IA, en revanche, n'a pas ce type d'indice et pourrait fournir une réponse générique.
- **Exemples de réponse contextuellement limitée** : Pour une question comme « Que devrais-je faire maintenant ? », un humain pourrait déduire la réponse en fonction de la situation actuelle de la personne. L'IA, en revanche, manquerait de contexte et donnerait une réponse basée uniquement sur les informations explicites contenues dans la requête.

2. Manque de Perception Émotionnelle et de Compassion

L'un des aspects les plus uniques de la communication humaine est la capacité à comprendre et à répondre aux émotions. Les IA, malgré leurs progrès en traitement du langage naturel, ne perçoivent ni les émotions ni les subtilités du langage affectif.

- **Absence de réaction empathique** : Dans une conversation avec un humain, les expressions émotionnelles jouent un rôle central. Un interlocuteur humain perçoit le ton, les mots, et même les pauses pour comprendre si la personne est triste, heureuse, stressée ou détendue, et adapte sa réponse en conséquence. L'IA peut simuler un ton empathique mais ne ressent ni n'interprète réellement les émotions. Par exemple, si une personne partage une expérience difficile, une réponse de l'IA pourrait sembler empathique en surface (« Je suis désolé d'apprendre cela »), mais elle reste simulée et sans véritable compréhension émotionnelle.

- **Risques de malentendus émotionnels** : Parfois, l'IA peut interpréter mal les expressions de sarcasme, d'humour, ou d'émotions subtiles. Par exemple, si un utilisateur dit « Super, j'ai encore oublié de faire mon devoir », un humain comprendrait le sarcasme et pourrait répondre en fonction. L'IA, quant à elle, pourrait prendre la phrase au premier degré, risquant ainsi de fournir une réponse inappropriée.

3. Limitations en Pensée Critique et Jugement Nuancé

La pensée humaine est guidée par des valeurs, des croyances et une capacité à évaluer des situations complexes et nuancées. L'IA, en revanche, se base sur des modèles statistiques et manque d'opinions ou de perspectives personnelles.

- **Absence de jugement éthique et moral** : Les humains intègrent des normes éthiques et culturelles dans leurs réponses. Par exemple, face à une question sur les dilemmes moraux, un humain pourrait exprimer une opinion personnelle nuancée. L'IA, quant à elle, produit une réponse basée sur les données d'entraînement, sans opinion ni système de valeurs propre. Elle peut donc fournir une réponse qui, bien que techniquement correcte, pourrait manquer de nuances culturelles ou éthiques.
- **Difficulté à interpréter les intentions complexes** : Lorsqu'on demande à un humain d'analyser un sujet complexe, il peut prendre en compte divers aspects – émotionnels, culturels, sociaux, etc. L'IA manque de cette capacité, car elle n'a pas de « bon sens » intégré ni de conscience propre. Par exemple, face à une question philosophique comme « Quelle est la signification de la vie ? », un humain peut offrir une réponse personnelle ou culturelle, tandis que l'IA fournirait une réponse générique, construite à partir de perspectives communes.

4. Absence de Continuité dans les Interactions et de Mémoire Personnalisée

Les humains ont la capacité de se rappeler des conversations passées, de retenir des détails sur les interlocuteurs et de s'en servir pour approfondir la relation et contextualiser les échanges futurs. En revanche, la plupart des IA actuelles, comme ChatGPT, ne gardent pas de mémoire personnalisée des conversations (bien que certains modèles puissent sauvegarder des informations temporaires dans une session).

- **Interactions sans historique** : Dans les conversations humaines, chaque interaction s'appuie sur des échanges précédents. Avec une IA, chaque session de conversation est autonome et indépendante, ce qui signifie que l'IA n'a pas de mémoire des prompts ou des réponses passées une fois la session terminée. Cela limite la capacité de l'IA à fournir des réponses basées sur un historique relationnel.

- **Absence de suivi personnalisé** : Un humain adapte ses réponses en fonction de l'évolution de la situation de l'interlocuteur. Une IA n'a pas de mémoire personnalisée, ce qui signifie qu'elle répond de la même manière à chaque question similaire, sans prendre en compte les informations partagées précédemment, à moins qu'elles ne soient intégrées explicitement dans chaque prompt.

5. Différence dans la Flexibilité Linguistique et l'Interprétation des Subtilités

Les êtres humains adaptent naturellement leur langage en fonction de leur interlocuteur, de la situation et du contexte culturel. Les IA, bien qu'elles aient fait d'énormes progrès en traitement du langage naturel, restent limitées dans leur capacité à capter les subtilités linguistiques et culturelles.

- **Manque de compréhension des idiomes et du sarcasme** : Les IA peuvent interpréter littéralement des expressions idiomatiques ou du sarcasme si elles ne sont pas courantes ou clairement explicites. Par exemple, un utilisateur disant « Ce projet est un vrai casse-tête ! » pourrait recevoir une réponse hors sujet si l'IA interprète littéralement le mot « casse-tête » sans comprendre le sens figuré.
- **Limitation dans l'adaptation du registre de langage** : Les humains adaptent leur langage en fonction du registre approprié (familier, formel, etc.). L'IA peut avoir des difficultés à adapter son ton précisément à la demande, bien qu'elle puisse s'adapter en fonction des directives claires dans les prompts. Sans indications spécifiques, elle pourrait utiliser un registre inadéquat ou trop générique.

Stratégies pour Optimiser la Communication avec l'IA

Pour compenser ces différences et maximiser la clarté et la pertinence des réponses de l'IA, plusieurs stratégies peuvent être mises en place :

1. **Formuler des Prompts Clairs et Détaillés** : Donner des informations précises et structurées aide l'IA à comprendre le sujet et l'intention derrière la question. Par exemple, au lieu de demander « Qu'est-ce que le succès ? », spécifier le contexte, comme « Définis le succès dans le contexte du développement personnel. »
2. **Utiliser des Instructions Explicites** : Pour des réponses de ton empathique, humoristique ou formel, il est utile d'ajouter ces précisions directement dans le prompt. Par exemple, « Peux-tu expliquer avec un ton léger et humoristique les bases de la physique quantique ? ».
3. **Diviser les Questions Complexes** : Plutôt que de poser une question trop complexe ou multi-niveaux, il est souvent plus efficace de diviser la demande

en plusieurs étapes. Par exemple, au lieu de demander « Explique la psychologie du bonheur et comment elle influence le succès personnel », on pourrait d'abord demander « Qu'est-ce que la psychologie du bonheur ? » puis poser une question sur son lien avec le succès.

4. **Éviter les Expressions Ambiguës** : Formuler les demandes de manière directe, en évitant les expressions idiomatiques ou le sarcasme, aide l'IA à interpréter les intentions correctement. Si l'on souhaite inclure de l'humour, il est préférable de le préciser explicitement dans le prompt.

5. **Utiliser des Requêtes Suivies** : Bien que l'IA n'ait pas de mémoire entre les sessions, elle peut conserver le contexte dans une même session de conversation. Utiliser des questions de suivi immédiat pour approfondir un sujet est donc efficace tant que la session est ouverte.

Conclusion : Comprendre les Limites et Adapter les Interactions

La communication avec une IA nécessite une adaptation des attentes et des stratégies différentes par rapport à une interaction humaine. Les utilisateurs peuvent optimiser leurs échanges avec ChatGPT en comprenant les différences fondamentales dans le traitement des informations, les limitations contextuelles et émotionnelles, et l'absence de continuité. Avec des prompts clairs, structurés et adaptés, les interactions avec l'IA peuvent être largement enrichissantes, bien que différentes de celles vécues dans une communication humaine authentique.

Dans toute interaction avec une intelligence artificielle (IA), définir l'objectif avant de formuler un prompt est une étape essentielle. En comprenant et clarifiant son but, l'utilisateur peut structurer son prompt de manière à guider l'IA vers une réponse pertinente et alignée avec ses attentes. Définir un objectif permet de donner un cadre précis à la requête, optimisant ainsi la qualité et l'utilité de la réponse générée.

Pourquoi Est-il Crucial de Définir un Objectif ?

1. **Optimisation de la Précision** : Lorsqu'on sait clairement ce que l'on veut obtenir de l'IA, il est plus facile de formuler un prompt précis qui oriente l'IA dans la bonne direction. Les objectifs vagues ou non définis entraînent souvent des réponses imprécises, peu spécifiques ou inadaptées. Par exemple, poser une question comme « Parle-moi de la psychologie » peut mener à une réponse très générale. En revanche, avec un objectif clair, comme « Comprendre l'impact de la psychologie positive sur la productivité », on obtient une réponse plus ciblée.

2. **Clarté pour Structurer le Prompt** : La définition de l'objectif aide à déterminer quels éléments doivent être inclus dans le prompt. Cela permet d'intégrer les mots-clés, les restrictions de contenu (comme la longueur ou le style de la réponse) et le ton de la réponse attendue. Par exemple, pour un objectif d'éducation (« expliquer simplement un concept »), on choisira des mots simples et un ton clair. Pour un objectif de recherche approfondie, le prompt peut inclure des termes techniques et une demande de réponse détaillée.

3. **Gain d'Efficacité et Réduction des Aller-Retours** : Avoir un objectif précis en tête permet de formuler un prompt clair et détaillé dès le départ, réduisant ainsi le besoin de reformuler la demande ou de poser des questions supplémentaires pour obtenir la réponse désirée. Cela rend l'interaction plus rapide et efficace.

Comment Définir un Objectif Clair pour un Prompt

Pour définir un objectif, il est utile de se poser quelques questions préliminaires. Cela aide à déterminer le type de réponse souhaitée et le niveau de détail nécessaire. Voici un processus en trois étapes pour clarifier l'objectif avant de formuler un prompt :

1. **Identifier le Type de Réponse Souhaitée** : Selon l'objectif, l'utilisateur peut rechercher différents types de réponses, comme des informations factuelles, des conseils pratiques, une analyse approfondie, ou un contenu créatif.
   - **Exemples** :
     - Si l'objectif est d'obtenir une explication simple (« Qu'est-ce que l'IA ? »), le prompt peut être court et demander une définition concise.

- Pour une analyse (« Comparaison des avantages et inconvénients des énergies renouvelables »), le prompt doit inclure des termes de comparaison et préciser que l'on souhaite une réponse en plusieurs points.

2. **Déterminer le Niveau de Détail et le Style** : L'objectif détermine également le niveau de détail attendu, ainsi que le style de réponse (formel, informel, technique, créatif, etc.).
   - **Exemples** :
     - Si l'utilisateur souhaite une réponse pédagogique pour des étudiants, un style simple et accessible est préférable, par exemple : « Explique-moi le fonctionnement de l'IA de manière simple pour des étudiants débutants. »
     - Si l'objectif est d'approfondir un sujet pour un rapport technique, le prompt doit être détaillé et utiliser un vocabulaire spécialisé.

3. **Définir le Contexte ou le Cadre Spécifique** : Le contexte ou le cadre de la question aide l'IA à limiter le champ de la réponse. Un contexte bien défini permet d'éviter des réponses trop larges et de concentrer l'IA sur des aspects pertinents.
   - **Exemples** :
     - Pour une recherche historique, on pourrait ajouter une période spécifique : « Décris les facteurs économiques de la révolution industrielle en Europe au XIXe siècle. »
     - Pour une réponse géographique : « Quelles sont les principales sources d'énergie renouvelable utilisées en Asie ? »

Exemples Illustratifs de Définition d'Objectif et d'Optimisation des Prompts

Voici quelques exemples montrant comment la définition de l'objectif influence la formulation d'un prompt :

- **Objectif de Résumé et d'Essentiel** : Obtenir une information concise sur un sujet pour une présentation rapide.
  - **Prompt** : « Donne-moi un résumé de 50 mots sur les causes principales du changement climatique. »
  - **Avantage** : En définissant l'objectif de concision (50 mots), on obtient une réponse brève, ce qui est idéal pour une présentation synthétique.
- **Objectif d'Approfondissement** : Explorer un sujet en profondeur pour une analyse complète.
  - **Prompt** : « Explique en détail le fonctionnement de la blockchain, en abordant la sécurité et les transactions décentralisées. »
  - **Avantage** : Ce prompt indique clairement que l'utilisateur souhaite une réponse approfondie, ce qui évite les explications superficielles.
- **Objectif de Conseils Pratiques** : Obtenir des recommandations ou des astuces concrètes pour une application immédiate.

- Prompt : « Donne-moi cinq astuces pour améliorer la productivité au travail avec des techniques de gestion du temps. »
    - Avantage : L'objectif d'obtenir des astuces pratiques et directement applicables oriente l'IA vers une liste de suggestions concrètes.
- **Objectif de Création et de Ton Spécifique** : Générer un contenu créatif avec un ton particulier, comme l'humour ou l'enthousiasme.
    - **Prompt** : « Rédige un texte amusant sur les défis de la télétravail. »
    - **Avantage** : L'indication d'un ton humoristique amène l'IA à produire une réponse engageante et créative.

Les Bénéfices de la Définition d'Objectif dans la Formulation des Prompts

Définir un objectif avant de formuler un prompt présente des avantages notables pour optimiser l'interaction avec l'IA :

1. **Réduction des Malentendus** : Un objectif clair aide à minimiser les interprétations erronées de l'IA. Avec un prompt bien défini, l'IA peut plus facilement comprendre l'intention de la demande et fournir une réponse appropriée.
2. **Personnalisation de la Réponse** : En indiquant l'objectif, l'utilisateur guide l'IA vers une réponse qui correspond spécifiquement à ses attentes, qu'il s'agisse d'un résumé, d'un conseil pratique, ou d'une explication détaillée. Cela permet d'obtenir une réponse mieux adaptée.
3. **Efficacité et Gain de Temps** : Un objectif bien défini permet à l'utilisateur d'obtenir une réponse adéquate dès la première interaction, réduisant ainsi le besoin de reformuler plusieurs fois le prompt pour obtenir le résultat désiré.
4. **Meilleure Structure et Pertinence de la Réponse** : En fonction de l'objectif, l'IA est en mesure de structurer la réponse de manière logique et pertinente, augmentant ainsi sa lisibilité et sa valeur ajoutée pour l'utilisateur.

Conclusion : La Définition d'Objectif, un Pilier pour la Clarté et la Pertinence des Prompts

Définir l'objectif avant de formuler un prompt constitue un pilier fondamental pour améliorer la qualité des interactions avec l'IA. Cette étape permet de clarifier les attentes, d'optimiser la formulation du prompt et d'obtenir des réponses mieux adaptées et plus utiles. La capacité à identifier et à exprimer clairement un objectif est une compétence essentielle pour tout utilisateur qui souhaite tirer le meilleur parti de ses interactions avec une IA comme ChatGPT.

En structurant chaque demande autour d'un objectif précis, l'utilisateur peut transformer chaque prompt en un outil efficace et ciblé, maximisant ainsi la pertinence et la valeur des réponses obtenues.

1.3.2 Connaître Son Audience : Adapter les Prompts pour une Réponse Plus Pertinente

Dans toute interaction avec une intelligence artificielle, adapter le prompt en fonction de l'audience permet d'obtenir une réponse plus pertinente et mieux alignée avec les attentes des destinataires finaux. Comprendre l'audience aide à définir le niveau de complexité, le style, le ton, et les informations spécifiques à inclure dans la réponse. Cette approche garantit que le contenu généré par l'IA est accessible, utile, et engageant pour le public ciblé.

Pourquoi Connaître Son Audience est Essentiel

L'audience visée influence directement la manière dont un message doit être formulé. Dans le contexte des interactions avec l'IA, l'absence de prise en compte de l'audience peut entraîner des réponses inadaptées – soit trop techniques, soit trop simplifiées, soit manquant de pertinence. En adaptant les prompts à l'audience, l'utilisateur peut :

1. **Améliorer la Compréhension** : Lorsque le niveau de compréhension de l'audience est pris en compte, le contenu généré par l'IA devient plus accessible et compréhensible. Par exemple, une explication technique peut être vulgarisée pour un public général, tandis qu'elle pourrait inclure des détails complexes pour un public expert.
2. **Augmenter l'Engagement** : Un contenu adapté au style et au ton attendus par l'audience est plus engageant. Par exemple, un ton léger et humoristique peut mieux convenir à une audience jeune, tandis qu'un style formel est plus approprié pour des professionnels.
3. **Améliorer la Pertinence des Informations** : La prise en compte de l'audience permet de sélectionner les informations pertinentes pour le contexte spécifique. Pour une audience professionnelle, on privilégiera des données précises et des références d'experts, tandis qu'un contenu pour des débutants pourrait se concentrer sur les principes de base.

Comment Adapter les Prompts en Fonction de l'Audience

Pour formuler des prompts efficaces en fonction de l'audience, il est utile de suivre un processus en trois étapes qui aide à déterminer le niveau de complexité, le ton et les détails à inclure dans la réponse.

1. **Définir le Niveau de Connaissance de l'Audience** : Le niveau de connaissance et de familiarité de l'audience avec le sujet est un élément fondamental à prendre en compte.
   - **Public Débutant** : Pour une audience novice, il est préférable de formuler des prompts demandant des explications simples et des exemples concrets, sans jargon technique. Par exemple, « Explique le

fonctionnement de l'IA de manière simple pour quelqu'un qui n'a jamais étudié le sujet. »

- ○ **Public Intermédiaire** : Pour une audience ayant quelques connaissances de base, un prompt plus détaillé est pertinent. Par exemple, « Donne une explication du machine learning en mettant l'accent sur les méthodes supervisées et non supervisées. »
- ○ **Public Expert** : Pour un public expert, le prompt peut inclure des termes techniques et demander des informations détaillées. Par exemple, « Explique les différences entre les réseaux de neurones convolutifs et récurrents dans l'apprentissage profond. »

2. **Choisir un Ton et un Style Appropriés** : En fonction de l'audience, le ton et le style de la réponse doivent être ajustés pour être en phase avec les attentes du public.

- ○ **Ton Formatif et Pédagogique** : Ce ton convient à des étudiants ou à des novices qui cherchent à apprendre. Par exemple, un prompt comme « Peux-tu expliquer ce qu'est un algorithme en des termes simples ? » encourage l'IA à utiliser un style pédagogique.
- ○ **Ton Professionnel et Technique** : Ce ton est préférable pour des audiences spécialisées, telles que des scientifiques ou des experts. Par exemple, « Fournis une analyse détaillée de l'impact des algorithmes de compression de données en informatique. »
- ○ **Ton Léger et Créatif** : Pour une audience générale ou créative, un ton léger ou humoristique peut rendre le contenu plus engageant. Par exemple, « Explique le concept de l'IA comme si tu racontais une histoire drôle. »

3. **Déterminer les Informations et Exemples Pertinents** : Adapter les exemples et les informations à l'audience est essentiel pour rendre la réponse plus pertinente et utile.

- ○ **Exemples Simples et Concrets pour les Débutants** : Pour un public novice, des exemples concrets et des analogies aident à simplifier les concepts. Par exemple, « Explique l'apprentissage supervisé en utilisant l'analogie d'un enseignant et d'un élève. »
- ○ **Études de Cas et Données Chiffrées pour les Experts** : Pour un public expert, inclure des études de cas et des références à des recherches récentes ou des données techniques peut enrichir la réponse. Par exemple, « Donne des exemples de projets utilisant le machine learning dans la recherche médicale et inclue des données récentes. »

Exemples Pratiques d'Adaptation des Prompts selon l'Audience

Voici quelques exemples de prompts adaptés en fonction de l'audience cible :

- **Pour des Étudiants Débutants en IA** :

- Prompt : « Explique les bases de l'intelligence artificielle en termes simples, comme si tu t'adressais à des étudiants de lycée. »
  - Avantage : Le ton pédagogique et le niveau de simplicité permettent une réponse accessible et compréhensible.
- **Pour des Professionnels du Marketing** :
  - Prompt : « Comment l'intelligence artificielle peut-elle être utilisée pour améliorer la segmentation du marché ? »
  - Avantage : Ce prompt oriente l'IA vers une réponse pratique et spécifique au domaine du marketing, en évitant des explications trop techniques.
- **Pour des Chercheurs en Sciences des Données** :
  - Prompt : « Analyse l'utilisation des réseaux de neurones dans les techniques de reconnaissance d'image, en discutant des architectures CNN et RNN. »
  - Avantage : La spécificité et les termes techniques indiquent que la réponse doit être détaillée, avec une analyse technique appropriée pour des chercheurs.
- **Pour un Public Général Curieux de l'IA** :
  - Prompt : « Qu'est-ce que l'intelligence artificielle et comment est-elle utilisée dans notre quotidien ? Donne des exemples concrets. »
  - Avantage : Le ton général et les exemples concrets rendent la réponse intéressante et accessible au grand public.

Les Bénéfices d'une Adaptation des Prompts en Fonction de l'Audience

1. **Amélioration de la Pertinence et de la Clarté** : En adaptant le prompt à l'audience, on obtient une réponse directement utile et adaptée au niveau de connaissance et aux intérêts du public.
2. **Accroissement de l'Engagement** : Une réponse écrite dans un style et un ton appropriés capte mieux l'attention de l'audience, rendant l'interaction avec l'IA plus captivante et engageante.
3. **Réduction des Risques de Confusion ou de Complexité Inutile** : Les réponses sont formulées à un niveau de complexité adapté, ce qui réduit le risque que l'audience se sente dépassée par un vocabulaire trop technique ou, inversement, frustrée par une réponse trop simpliste.
4. **Personnalisation Accrue de l'Expérience Utilisateur** : En adaptant le contenu aux besoins et attentes de l'audience, l'utilisateur améliore la satisfaction de son audience et rend chaque interaction avec l'IA plus efficace et plus agréable.

Conclusion : La Prise en Compte de l'Audience comme Clé de la Pertinence des Prompts

Connaître son audience et adapter les prompts en fonction de son niveau de connaissance, de son style préféré et de ses besoins spécifiques est une pratique essentielle pour maximiser la pertinence des réponses générées par l'IA. En utilisant des mots adaptés, un ton pertinent, et des exemples adéquats, l'utilisateur peut transformer chaque réponse en un contenu informatif, engageant et parfaitement aligné avec les attentes de son public.

Cette approche permet non seulement d'améliorer la qualité des réponses de l'IA mais aussi de rendre chaque interaction plus efficace et enrichissante, assurant que le contenu est utile et apprécié par l'audience visée.

1.3.3 Exemples de Prompts selon Différents Contextes et Intentions

La formulation d'un prompt doit souvent être ajustée en fonction du contexte et de l'intention de l'utilisateur. Que ce soit pour obtenir une réponse simple, un contenu créatif, une analyse détaillée ou une explication pédagogique, chaque type de demande nécessite une structure particulière pour obtenir des résultats optimaux. Voici une série d'exemples de prompts adaptés à différents contextes et intentions, illustrant comment formuler les requêtes pour répondre à des besoins variés.

1. Prompts pour Obtenir des Informations Factuelles

Lorsqu'un utilisateur souhaite obtenir des informations factuelles et directes, le prompt doit être formulé de manière concise et explicite pour que l'IA comprenne le besoin de donner une réponse factuelle.

- **Exemple 1 : Définition Simple**
  - **Prompt** : « Qu'est-ce que l'effet de serre ? »
  - **Intention** : Obtenir une explication claire et concise d'un phénomène scientifique.
  - **Contexte** : Convient pour des informations générales ou de base sur un sujet.
- **Exemple 2 : Informations Contextuelles**
  - **Prompt** : « Quels sont les principaux facteurs économiques influençant la croissance en Afrique en 2023 ? »
  - **Intention** : Obtenir une réponse factuelle avec des informations récentes et spécifiques au contexte géographique et temporel.
  - **Contexte** : Convient pour des informations actualisées sur des sujets spécifiques.
- **Exemple 3 : Historique**
  - **Prompt** : « Raconte l'histoire de la Révolution industrielle en Europe. »
  - **Intention** : Obtenir un aperçu historique structuré.

o **Contexte** : Idéal pour une vue d'ensemble sur des événements historiques importants.

2. Prompts pour des Explications Pédagogiques ou Vulgarisées

Lorsque l'objectif est d'expliquer un concept de manière accessible, le prompt doit préciser le niveau de complexité attendu. Ces prompts sont adaptés pour des étudiants, des novices ou toute audience cherchant une compréhension simplifiée d'un sujet.

- **Exemple 1 : Explication Simplifiée**
  - o **Prompt** : « Explique la blockchain de manière simple pour un public qui ne connaît rien à la technologie. »
  - o **Intention** : Rendre compréhensible un sujet technique pour des débutants.
  - o **Contexte** : Parfait pour des articles pédagogiques, des présentations pour débutants, ou des explications pour le grand public.
- **Exemple 2 : Vulgarisation Scientifique**
  - o **Prompt** : « Décris le processus de photosynthèse comme si tu l'expliquais à un enfant de 10 ans. »
  - o **Intention** : Simplifier le langage scientifique pour rendre le concept accessible aux jeunes.
  - o **Contexte** : Idéal pour les contenus éducatifs destinés aux enfants ou aux jeunes étudiants.
- **Exemple 3 : Comparaison Didactique**
  - o **Prompt** : « Compare les systèmes économiques du capitalisme et du socialisme en termes simples. »
  - o **Intention** : Offrir une comparaison facile à comprendre entre deux concepts économiques complexes.
  - o **Contexte** : Utile pour les étudiants ou les novices dans le domaine de l'économie.

3. Prompts pour des Analyses ou Perspectives Critiques

Pour une analyse approfondie ou une réponse critique, le prompt doit inclure des termes qui demandent une évaluation, une comparaison ou une réflexion sur les implications d'un sujet donné.

- **Exemple 1 : Analyse Comparée**
  - o **Prompt** : « Analyse les avantages et inconvénients de l'énergie solaire par rapport à l'énergie éolienne. »
  - o **Intention** : Obtenir une réponse structurée qui pèse les points positifs et négatifs des deux sources d'énergie.
  - o **Contexte** : Utilisé pour des études comparatives ou des évaluations critiques dans un contexte scientifique ou économique.

- **Exemple 2 : Perspective Critique**
  - **Prompt** : « Quelle est votre opinion sur l'impact de l'IA dans le domaine de l'emploi et de l'automatisation ? Fournissez une analyse des avantages et des risques. »
  - **Intention** : Explorer les implications positives et négatives d'un phénomène technologique.
  - **Contexte** : Convient pour des articles de réflexion, des débats ou des discussions sur des thèmes sociaux et technologiques.
- **Exemple 3 : Développement Argumentatif**
  - **Prompt** : « Développe un argument en faveur de l'enseignement à distance pour les universités, en abordant les aspects de flexibilité et d'accessibilité. »
  - **Intention** : Fournir un développement structuré en faveur d'un point de vue spécifique.
  - **Contexte** : Utilisé dans des contextes académiques ou argumentatifs, pour des discussions structurées.

4. Prompts pour des Conseils Pratiques ou des Recommandations

Pour obtenir des conseils ou des recommandations pratiques, le prompt doit clairement indiquer que l'utilisateur recherche des suggestions concrètes et applicables.

- **Exemple 1 : Astuces et Conseils**
  - **Prompt** : « Donne cinq astuces pour améliorer la productivité au travail avec des techniques de gestion du temps. »
  - **Intention** : Obtenir des conseils pratiques pour un public professionnel cherchant à augmenter son efficacité.
  - **Contexte** : Adapté pour des articles, des guides, ou des conseils pratiques dans un environnement de travail.
- **Exemple 2 : Recommandations pour la Santé**
  - **Prompt** : « Quelles sont les meilleures pratiques pour améliorer la qualité du sommeil ? »
  - **Intention** : Recevoir des recommandations concrètes pour améliorer une habitude quotidienne.
  - **Contexte** : Convient pour des blogs de santé, des guides de bien-être, ou des conseils de vie quotidienne.
- **Exemple 3 : Conseils Financiers**
  - **Prompt** : « Quels conseils financiers donneriez-vous à une personne qui débute dans l'investissement ? »
  - **Intention** : Fournir des recommandations spécifiques adaptées aux débutants en investissement.
  - **Contexte** : Parfait pour les conseils en finance personnelle et l'éducation financière.

5. Prompts pour du Contenu Créatif et Inspirant

Pour un contenu créatif, le prompt doit encourager l'IA à faire preuve d'imagination ou de créativité, en indiquant si possible le type de texte ou le style attendu.

- **Exemple 1 : Histoire Courte**
  - **Prompt** : « Raconte une courte histoire d'aventure dans un monde de fantasy où un dragon et un chevalier deviennent amis. »
  - **Intention** : Créer un contenu imaginatif et divertissant pour un public jeune ou amateur de fiction.
  - **Contexte** : Idéal pour des contes, des histoires pour enfants, ou des contenus créatifs.
- **Exemple 2 : Poème Inspirant**
  - **Prompt** : « Écris un poème inspirant sur la nature et la beauté de l'automne. »
  - **Intention** : Produire un texte poétique et inspirant sur un thème saisonnier.
  - **Contexte** : Adapté pour des blogs littéraires, des publications sur les réseaux sociaux ou des créations artistiques.
- **Exemple 3 : Texte Motivant**
  - **Prompt** : « Rédige un texte motivant pour encourager les jeunes entrepreneurs à persévérer malgré les échecs. »
  - **Intention** : Offrir une motivation et un soutien psychologique aux entrepreneurs.
  - **Contexte** : Convient pour des articles de développement personnel, des publications inspirantes ou des discours de motivation.

6. Prompts pour des Explications Techniques ou Spécialisées

Pour des sujets techniques ou spécialisés, le prompt doit indiquer le domaine précis et utiliser un vocabulaire qui demande une réponse experte, incluant des termes techniques spécifiques.

- **Exemple 1 : Explication Technique**
  - **Prompt** : « Explique le fonctionnement des réseaux de neurones convolutifs (CNN) en traitement d'images. »
  - **Intention** : Obtenir une réponse détaillée et technique adaptée à un public expert.
  - **Contexte** : Idéal pour les étudiants en science des données ou les professionnels de l'IA.
- **Exemple 2 : Analyse Juridique**
  - **Prompt** : « Donne un aperçu des récentes réformes de la loi sur la protection des données personnelles dans l'Union européenne. »
  - **Intention** : Fournir une réponse juridique précise et actualisée.

- ○ **Contexte** : Adapté aux professionnels du droit, aux analystes de conformité, ou aux chercheurs.
- **Exemple 3 : Diagnostic Médical Général**
  - ○ **Prompt** : « Explique les principaux symptômes de la grippe et les recommandations pour le traitement. »
  - ○ **Intention** : Fournir des informations de base pour le grand public, avec des détails médicaux généraux.
  - ○ **Contexte** : Convient pour des articles de santé grand public ou des conseils médicaux généraux.

Conclusion : L'Importance d'Adapter le Prompt selon le Contexte et l'Intention

Ces exemples démontrent comment ajuster la formulation d'un prompt pour obtenir des réponses plus adaptées au contexte et à l'intention spécifique de la demande. En variant les termes, en précisant le style ou le niveau de complexité attendu, et en adaptant le ton en fonction de l'audience, l'utilisateur peut optimiser chaque interaction avec l'IA pour une réponse pertinente et ciblée. Adapter les prompts selon le contexte et l'intention permet d'obtenir des informations utiles et directement applicables, tout en renforçant l'engagement et la clarté des réponses fournies par l'IA.

2.1.1 Choisir des Mots-Clés Précis et Significatifs

Les mots-clés jouent un rôle fondamental dans la formulation de prompts efficaces et pertinents. En sélectionnant des mots-clés précis et significatifs, l'utilisateur oriente l'intelligence artificielle vers une interprétation plus claire et plus ciblée de sa demande. Ce choix permet à l'IA de mieux comprendre l'intention du prompt, d'identifier les aspects essentiels, et de générer une réponse qui répond précisément aux attentes de l'utilisateur. Dans cette section, nous explorerons l'importance de choisir des mots-clés adaptés, ainsi que des stratégies pour les identifier et les utiliser efficacement dans les prompts.

Pourquoi les Mots-Clés Précis et Significatifs Sont-Ils Importants ?

1. **Clarté de l'Intention** : Les mots-clés agissent comme des points de repère qui permettent à l'IA de saisir l'objectif principal de la demande. Sans ces mots-clés, la réponse peut manquer de direction ou se révéler trop générale. Par exemple, dans le prompt « Quels sont les défis de l'énergie ? », le terme « énergie » est trop vaste, ce qui pourrait amener l'IA à couvrir plusieurs types d'énergie (énergie solaire, nucléaire, éolienne, etc.). En revanche, « défis de l'énergie solaire en milieu urbain » fournit des mots-clés spécifiques qui orientent la réponse vers un sujet précis.
2. **Pertinence et Précision de la Réponse** : En utilisant des mots-clés précis, l'utilisateur permet à l'IA de concentrer sa réponse sur les éléments essentiels et de réduire les informations non pertinentes. Par exemple, pour une question comme « Les effets de la pollution sur la santé », les mots « effets », « pollution », et « santé » aident l'IA à se focaliser sur les impacts sanitaires de la pollution, sans se disperser vers d'autres effets environnementaux.
3. **Adaptation au Niveau de Complexité Souhaité** : Les mots-clés aident également à indiquer le niveau de complexité ou de technicité attendu dans la réponse. L'utilisation de termes spécifiques ou techniques montre à l'IA qu'une réponse détaillée est souhaitée, tandis que des mots simples peuvent signaler la demande d'une explication plus accessible. Par exemple, « Explique la photosynthèse » peut être un prompt général, tandis que « Explique le processus de fixation du carbone dans la photosynthèse des plantes C4 » oriente l'IA vers une réponse plus technique.

Stratégies pour Choisir des Mots-Clés Précis et Significatifs

Pour sélectionner les mots-clés les plus appropriés dans un prompt, il est utile de suivre certaines stratégies pour clarifier l'objectif et guider l'IA vers une réponse ciblée.

1. **Identifier les Concepts Clés** : Avant de formuler le prompt, déterminer les éléments essentiels du sujet. En identifiant les concepts fondamentaux à

aborder, l'utilisateur peut insérer des mots-clés qui assurent que la réponse inclura ces aspects spécifiques.

- ○ **Exemple** : Pour une question sur l'impact économique du changement climatique, les mots-clés pourraient être « impact économique » et « changement climatique », plutôt qu'un terme général comme « effets ».

2. **Préciser le Contexte et la Cible** : Ajouter des mots-clés qui définissent le contexte (géographique, temporel, sectoriel) et la cible spécifique de la demande peut affiner la réponse.

- ○ **Exemple** : « Conséquences du réchauffement climatique sur l'agriculture en Afrique » est plus précis que « conséquences du réchauffement climatique », car le mot-clé « agriculture » oriente l'IA vers les impacts sur un secteur particulier, et « en Afrique » spécifie la région d'intérêt.

3. **Utiliser des Termes Techniques ou Spécifiques** : Si la demande concerne un domaine spécialisé, inclure des termes techniques ou spécifiques permet de recevoir une réponse adaptée aux connaissances de l'utilisateur.

- ○ **Exemple** : « Avantages du deep learning par rapport au machine learning » précise que l'on attend une réponse technique sur l'apprentissage profond, par opposition à un prompt général sur l'apprentissage automatique.

4. **Limiter l'Ambiguïté par des Mots-Clés Univoques** : Utiliser des mots-clés qui éliminent les possibles ambiguïtés permet de clarifier la demande pour l'IA.

- ○ **Exemple** : Dans le prompt « Défis du système de santé en zone rurale », les mots « système de santé » et « zone rurale » limitent les ambiguïtés et guident l'IA vers une analyse des problèmes de santé propres aux régions rurales, évitant les discussions générales sur les systèmes de santé.

Exemples de Prompts avec des Mots-Clés Précis et Significatifs

Voici quelques exemples de prompts montrant l'importance de mots-clés spécifiques pour obtenir une réponse ciblée et pertinente :

- **Prompt Vague** : « Parle des changements climatiques. »
  - ○ **Amélioration avec Mots-Clés** : « Explique les effets des changements climatiques sur les écosystèmes marins et côtiers en Asie du Sud-Est. »
  - ○ **Mots-Clés Précis** : « effets », « écosystèmes marins et côtiers », « Asie du Sud-Est »
  - ○ **Avantage** : Le prompt est plus ciblé, demandant une réponse axée sur une région spécifique et un type d'écosystème particulier.
- **Prompt Général** : « Donne des conseils pour la santé. »

- o **Amélioration avec Mots-Clés** : « Quels sont les meilleurs conseils pour améliorer la santé cardiovasculaire chez les personnes âgées ? »
- o **Mots-Clés Précis** : « conseils », « santé cardiovasculaire », « personnes âgées »
- o **Avantage** : La demande est mieux définie et oriente l'IA vers des recommandations spécifiques pour un groupe d'âge particulier et une catégorie de santé spécifique.
- **Prompt Large** : « Parle de l'intelligence artificielle. »
  - o **Amélioration avec Mots-Clés** : « Explique les applications de l'intelligence artificielle dans le secteur de la santé, en mettant l'accent sur le diagnostic médical. »
  - o **Mots-Clés Précis** : « applications », « intelligence artificielle », « secteur de la santé », « diagnostic médical »
  - o **Avantage** : Le prompt guide l'IA vers une explication concrète sur le domaine médical, en focalisant la réponse sur les usages pratiques de l'IA dans le diagnostic.

Erreurs à Éviter dans le Choix des Mots-Clés

Certaines erreurs courantes peuvent réduire la pertinence des réponses générées par l'IA. Voici les erreurs à éviter pour maximiser l'efficacité des mots-clés dans un prompt :

1. **Mots-Clés Trop Généraux** : Évitez les termes trop larges ou généraux qui peuvent mener à des réponses vagues.
   - o **Exemple d'Erreur** : « Explique les problèmes de l'éducation. » (trop général)
   - o **Solution** : « Explique les défis de l'éducation numérique dans les écoles publiques en milieu rural. »
2. **Mots-Clés Ambigus** : Les mots à double sens ou sujets à interprétation peuvent provoquer des réponses inadaptées.
   - o **Exemple d'Erreur** : « Donne des exemples de réseaux. » (réseaux sociaux, réseaux de neurones, réseaux de transport, etc.)
   - o **Solution** : « Donne des exemples de réseaux de neurones utilisés en intelligence artificielle. »
3. **Absence de Contexte** : Ignorer le contexte ou la cible de la demande peut rendre la réponse imprécise.
   - o **Exemple d'Erreur** : « Parle de la pollution. »
   - o **Solution** : « Explique l'impact de la pollution de l'air sur la santé publique dans les grandes villes. »
4. **Redondance de Mots-Clés** : L'ajout de mots-clés redondants ou similaires peut rendre le prompt confus sans ajouter de clarté.
   - o **Exemple d'Erreur** : « Décris les effets des changements climatiques et du réchauffement global. »

○ **Solution** : « Décris les effets du réchauffement climatique sur les écosystèmes. »

Conclusion : Utiliser les Mots-Clés pour Optimiser la Pertinence des Prompts

Choisir des mots-clés précis et significatifs est un outil puissant pour guider l'IA vers une réponse plus ciblée, pertinente et alignée avec les attentes de l'utilisateur. Les mots-clés fonctionnent comme des repères qui orientent l'IA en définissant le contexte, le niveau de détail et l'intention de la demande. En évitant les termes généraux et ambigus, en ajoutant des spécificités contextuelles, et en clarifiant les concepts clés, l'utilisateur peut formuler des prompts qui maximisent la qualité et la pertinence des réponses de l'IA.

La maîtrise du choix des mots-clés est ainsi une compétence essentielle pour les utilisateurs souhaitant optimiser leur interaction avec l'IA et obtenir des réponses précises et utiles.

2.1.2 Comprendre l'Importance de l'Ordre des Mots

L'ordre des mots dans un prompt est essentiel pour diriger l'intelligence artificielle vers une interprétation précise de la demande. Comme les modèles de langage, tels que ChatGPT, traitent les mots en fonction de leur séquence, la manière dont ils sont ordonnés influence directement la compréhension et la pertinence de la réponse. Un ordre optimal des mots peut ainsi clarifier l'intention de l'utilisateur et éviter des malentendus qui pourraient survenir dans un prompt ambigu ou mal structuré.

Pourquoi l'Ordre des Mots est Crucial dans un Prompt

L'ordre des mots aide l'IA à déterminer :

1. **Le Sujet Principal de la Requête** : En plaçant les mots importants au début du prompt, on indique immédiatement le thème central de la question ou de l'instruction. Par exemple, dans « Décris les avantages de l'énergie solaire par rapport à l'énergie éolienne », le mot « avantages » placé au début indique que la réponse devrait porter spécifiquement sur les aspects positifs et la comparaison.
2. **Le Type de Réponse Attendue** : L'ordre des mots permet aussi de préciser la forme de la réponse. Par exemple, un prompt qui commence par « Liste les... » suggère une réponse sous forme de liste, tandis qu'un prompt qui commence par « Explique... » indique qu'une explication détaillée est attendue.

3. **Les Priorités et le Contexte de la Réponse** : En structurant les mots de manière hiérarchique, l'utilisateur peut établir les priorités de la réponse et guider l'IA vers les éléments à traiter en premier. Par exemple, dans « Explique les causes du changement climatique en te concentrant sur les émissions de gaz à effet de serre », l'ordre de la phrase signale que les causes générales doivent être abordées d'abord, avec une attention particulière aux émissions de gaz.

Exemples Illustratifs de l'Impact de l'Ordre des Mots

Pour illustrer l'importance de l'ordre des mots, comparons différents prompts et analysons comment les changements dans la séquence des mots peuvent influencer la réponse de l'IA.

- **Exemple 1 : Variations de Cibles dans la Réponse**
  - **Prompt 1** : « Décris les avantages de l'énergie solaire par rapport à l'énergie éolienne. »
  - **Prompt 2** : « Compare l'énergie solaire et l'énergie éolienne en termes d'avantages. »
  - **Impact** : Dans le premier prompt, le mot « avantages » est placé en début de phrase, ce qui suggère que l'accent doit être mis sur les points positifs de l'énergie solaire en particulier. Dans le deuxième prompt, la phrase est structurée pour une comparaison plus équilibrée entre les deux sources d'énergie, indiquant que l'IA doit évaluer les deux options de manière égale.
- **Exemple 2 : Précision dans les Résultats Attendus**
  - **Prompt 1** : « Liste les applications de l'intelligence artificielle dans le domaine de la médecine. »
  - **Prompt 2** : « Dans le domaine de la médecine, liste les applications de l'intelligence artificielle. »
  - **Impact** : Bien que les deux prompts semblent similaires, le premier prompt commence par « liste les applications », ce qui oriente l'IA vers une réponse sous forme de liste en focalisant d'abord sur l'IA. Le second prompt place d'abord le contexte (« dans le domaine de la médecine »), ce qui peut amener l'IA à inclure davantage d'informations contextuelles avant de lister les applications.
- **Exemple 3 : Importance des Termes Techniques et Ordre de Traitement**
  - **Prompt 1** : « Explique comment les réseaux de neurones traitent les images. »
  - **Prompt 2** : « Explique le traitement des images par les réseaux de neurones. »
  - **Impact** : Dans le premier prompt, l'accent est mis sur « les réseaux de neurones », ce qui signifie que la réponse devrait commencer par expliquer ce que sont les réseaux de neurones, puis passer à leur

utilisation dans le traitement d'images. Dans le second prompt, le terme « traitement des images » est mis en avant, indiquant que la priorité est d'abord sur la technique de traitement des images, avec les réseaux de neurones comme sujet secondaire.

Principes pour Structurer un Prompt de Manière Optimale

Pour tirer parti de l'ordre des mots dans un prompt, il est utile de suivre certains principes :

1. **Placer le Sujet Principal en Premier** : Si un élément spécifique de la réponse est prioritaire, placez-le au début du prompt. Cela aide l'IA à identifier immédiatement le thème central de la demande.
   - **Exemple** : « Quels sont les effets de la pollution de l'air sur la santé humaine ? » Ce prompt met l'accent sur les « effets », ce qui guide l'IA à fournir une réponse détaillée sur les conséquences pour la santé.
2. **Indiquer le Contexte Avant les Instructions de Détail** : Lorsque le contexte est essentiel, mentionnez-le avant de spécifier le type de réponse souhaitée. Cela permet de cadrer le sujet avant de demander des précisions.
   - **Exemple** : « Dans le contexte de l'éducation, explique les avantages de l'apprentissage en ligne. » Le contexte est d'abord donné (éducation), ce qui permet à l'IA de comprendre le cadre avant de se concentrer sur les avantages de l'apprentissage en ligne.
3. **Placer les Mots-Clés Techniques au Bon Endroit** : Pour des réponses techniques ou complexes, l'emplacement des termes techniques dans le prompt aide l'IA à déterminer l'importance de chaque aspect. Par exemple, pour une question portant sur la technologie, placez le terme clé technique proche de la question principale pour orienter la précision de la réponse.
   - **Exemple** : « Explique l'architecture des réseaux de neurones convolutifs en traitement d'image. » Ici, l'accent est mis sur l'« architecture », orientant l'IA vers des informations sur la structure technique du modèle plutôt que sur une description générale.
4. **Utiliser des Structures Conditionnelles pour Clarifier les Priorités** : Lorsque plusieurs éléments doivent être inclus, une structure conditionnelle (comme « tout en… » ou « en se concentrant sur… ») aide à clarifier les priorités et les attentes.
   - **Exemple** : « Décris le fonctionnement des cellules solaires tout en mettant l'accent sur le processus de conversion de l'énergie solaire en électricité. » La priorité donnée au processus de conversion oriente l'IA vers une réponse détaillée sur cet aspect spécifique.

Erreurs Courantes d'Ordre des Mots et Comment les Éviter

L'ordre des mots peut facilement rendre un prompt ambigu ou imprécis s'il n'est pas correctement structuré. Voici des erreurs fréquentes et des conseils pour les éviter :

1. **Commencer Par un Terme Trop Vague** : Des mots vagues comme « information », « choses » ou « parler » placés au début peuvent rendre le prompt trop général, ce qui entraîne des réponses imprécises.
   - **Erreur** : « Parle des choses importantes dans la psychologie. »
   - **Correction** : « Décris les concepts clés de la psychologie, comme la motivation et les émotions. »
2. **Omettre le Contexte en Début de Phrase** : Lorsqu'un contexte spécifique est attendu mais placé à la fin du prompt, l'IA peut générer une réponse trop générale.
   - **Erreur** : « Donne une liste des innovations importantes, dans le domaine de la santé. »
   - **Correction** : « Dans le domaine de la santé, liste les innovations importantes. »
3. **Utiliser Plusieurs Focalisations Simultanées** : Si plusieurs éléments sont mis en avant sans priorité claire, l'IA pourrait mal interpréter l'objectif principal du prompt.
   - **Erreur** : « Explique les avantages de l'énergie solaire et parle des défis liés aux énergies renouvelables. »
   - **Correction** : « Explique les avantages de l'énergie solaire en te concentrant sur les défis spécifiques aux énergies renouvelables. »

Conclusion : L'Ordre des Mots comme Facteur de Précision dans les Prompts

L'ordre des mots joue un rôle crucial dans la formulation des prompts, influençant directement la précision, la pertinence et la structure de la réponse de l'IA. En plaçant les éléments importants en début de phrase, en indiquant le contexte avant les détails spécifiques, et en structurant les mots de manière à hiérarchiser les priorités, l'utilisateur peut optimiser la formulation de chaque prompt.

Prendre le temps de structurer l'ordre des mots dans un prompt garantit une communication plus claire avec l'IA et améliore la qualité des réponses obtenues. La maîtrise de cette technique avancée permet aux utilisateurs d'adapter chaque prompt aux besoins spécifiques de l'interaction, maximisant ainsi l'utilité et la pertinence des informations fournies par l'IA.

2.1.3 Exemples de Mots-Clés et Impact sur la Qualité des Réponses

Les mots-clés jouent un rôle déterminant dans la formulation des prompts pour l'IA, car ils orientent la compréhension et influencent directement la précision et la pertinence des réponses. Les mots-clés permettent de centrer la réponse sur des sujets, des niveaux de complexité ou des contextes spécifiques, ce qui améliore la qualité des interactions avec l'IA. Dans cette section, nous explorerons plusieurs exemples concrets de mots-clés et analyserons leur impact sur la qualité des réponses.

Exemples de Mots-Clés et leur Impact sur la Qualité des Réponses

1. **Mots-Clés Techniques pour les Réponses Spécialisées**
   - **Prompt sans mots-clés techniques** : « Explique l'apprentissage profond. »
   - **Prompt avec mots-clés techniques** : « Explique l'apprentissage profond en détaillant les réseaux de neurones convolutifs (CNN) et récurrents (RNN). »
   - **Impact** : Dans le premier prompt, l'IA fournira une réponse générale sur l'apprentissage profond, ce qui pourrait manquer de détails techniques. En ajoutant les mots-clés « réseaux de neurones convolutifs » et « récurrents », le prompt oriente l'IA vers une réponse plus détaillée et technique, en se concentrant sur des architectures spécifiques utilisées en apprentissage profond.
2. **Mots-Clés Géographiques pour des Réponses Contextualisées**
   - **Prompt sans mots-clés géographiques** : « Quels sont les impacts du changement climatique ? »
   - **Prompt avec mots-clés géographiques** : « Quels sont les impacts du changement climatique en Afrique subsaharienne ? »
   - **Impact** : Le premier prompt pourrait générer une réponse générale sur les impacts du changement climatique dans le monde. En incluant le mot-clé « Afrique subsaharienne », l'IA oriente sa réponse vers un contexte géographique spécifique, ce qui permet de fournir des informations plus pertinentes sur cette région et d'aborder des problèmes environnementaux propres à cette zone.
3. **Mots-Clés Temporaux pour les Réponses Actualisées**
   - **Prompt sans mots-clés temporaux** : « Décris les tendances du marché de l'énergie. »
   - **Prompt avec mots-clés temporaux** : « Décris les tendances du marché de l'énergie en 2023. »
   - **Impact** : Sans le mot-clé temporel, l'IA pourrait fournir une réponse globale qui couvre des tendances historiques et actuelles, mais sans précision sur les données récentes. L'ajout de « 2023 » oriente la

réponse vers les tendances actuelles, offrant une réponse actualisée et plus pertinente pour l'utilisateur intéressé par le contexte actuel.

4. **Mots-Clés pour le Niveau de Complexité**
   - **Prompt sans indication de complexité** : « Explique la blockchain. »
   - **Prompt avec mots-clés pour un niveau de complexité** : « Explique la blockchain de manière simple pour un novice. »
   - **Impact** : Le premier prompt pourrait produire une réponse technique, plus difficile à comprendre pour un débutant. En ajoutant le mot-clé « pour un novice », l'IA adapte la réponse avec des termes simples et évite le jargon technique, rendant l'explication accessible à un public non initié.

5. **Mots-Clés pour des Réponses Structurées**
   - **Prompt sans mots-clés de structure** : « Parle-moi de la gestion du temps. »
   - **Prompt avec mots-clés de structure** : « Donne cinq conseils pratiques pour une meilleure gestion du temps. »
   - **Impact** : Le premier prompt peut générer une réponse descriptive générale, mais sans structure claire. En utilisant « cinq conseils pratiques », le prompt spécifie le nombre d'éléments attendus et oriente l'IA vers une réponse structurée en plusieurs points, ce qui rend le contenu plus facile à lire et à appliquer.

6. **Mots-Clés pour le Style de Réponse**
   - **Prompt sans indication de style** : « Explique la physique quantique. »
   - **Prompt avec mots-clés de style** : « Explique la physique quantique de manière ludique et imagée. »
   - **Impact** : Le premier prompt pourrait donner une réponse factuelle et potentiellement complexe. En ajoutant « de manière ludique et imagée », le prompt incite l'IA à utiliser un ton léger et des métaphores, facilitant la compréhension d'un sujet complexe pour un public plus large ou pour ceux qui préfèrent une approche moins formelle.

7. **Mots-Clés pour des Comparaisons**
   - **Prompt sans mots-clés de comparaison** : « Parle-moi de l'énergie éolienne. »
   - **Prompt avec mots-clés de comparaison** : « Compare les avantages et inconvénients de l'énergie éolienne par rapport à l'énergie solaire. »
   - **Impact** : Le premier prompt produit une description de l'énergie éolienne, mais en ajoutant les mots-clés « avantages », « inconvénients » et « par rapport à l'énergie solaire », le prompt guide l'IA vers une comparaison structurée. Cette structure facilite l'évaluation des différences entre les deux types d'énergie pour l'utilisateur.

8. **Mots-Clés pour des Applications Pratiques**

- Prompt sans indication d'application : « Décris l'intelligence artificielle. »
- Prompt avec mots-clés d'application pratique : « Décris comment l'intelligence artificielle peut être utilisée dans le domaine de la santé. »
- Impact : Le premier prompt pourrait aboutir à une explication générale de l'IA. En ajoutant le mot-clé « domaine de la santé », le prompt guide l'IA vers des exemples spécifiques d'applications dans le secteur médical, ce qui rend la réponse directement utile pour un lecteur intéressé par ce domaine.

Les Bénéfices des Mots-Clés pour la Qualité des Réponses

L'intégration de mots-clés adaptés dans un prompt améliore la qualité des réponses en plusieurs points :

1. **Réponses Plus Précises et Pertinentes** : Les mots-clés limitent le champ de réponse et aident l'IA à mieux comprendre l'intention de l'utilisateur, ce qui permet d'obtenir des réponses mieux ciblées et plus pertinentes.
2. **Contenu Personnalisé selon les Besoins** : En utilisant des mots-clés spécifiques, l'utilisateur peut guider l'IA pour obtenir une réponse qui s'aligne exactement avec ses besoins, que ce soit en termes de complexité, de contexte, ou de style.
3. **Gain d'Efficacité et de Temps** : Des prompts bien structurés avec des mots-clés appropriés permettent de réduire les reformulations et les ajustements, offrant une réponse satisfaisante dès le premier essai.
4. **Amélioration de la Clarté et de la Lisibilité** : Les mots-clés peuvent structurer la réponse, en demandant par exemple une liste de points, une comparaison, ou une analyse. Cela rend les informations plus digestes et facilite leur utilisation.

Conclusion : L'Art de Choisir les Bons Mots-Clés

Les mots-clés constituent un levier essentiel pour affiner la qualité des réponses de l'IA. Ils permettent d'orienter l'interprétation du prompt et d'optimiser le contenu généré en fonction des besoins spécifiques de l'utilisateur. La maîtrise du choix des mots-clés aide à transformer des requêtes générales en demandes ciblées, produisant des réponses plus utiles, claires et directement applicables. En intégrant les mots-clés adéquats, l'utilisateur peut maximiser la pertinence et l'efficacité de chaque interaction avec l'IA.

2.2.1 La Formulation en Phrases Courtes vs. Longues

La structure des phrases dans un prompt peut significativement affecter la manière dont l'intelligence artificielle interprète et répond à une demande. La formulation en phrases courtes ou longues présente des avantages et des inconvénients spécifiques qui influencent la clarté, la précision, et la complexité des réponses générées par l'IA. Ce chapitre explore les impacts et les meilleures pratiques pour choisir entre phrases courtes et phrases longues lors de la formulation de prompts.

L'Impact des Phrases Courtes dans les Prompts

Les phrases courtes sont claires, directes et concises, ce qui aide l'IA à identifier les informations essentielles rapidement et à minimiser les risques de confusion. Utiliser des phrases courtes dans un prompt est particulièrement efficace lorsque l'utilisateur souhaite obtenir une réponse précise, concise ou lorsque le sujet est simple.

1. **Clarté et Précision** : Les phrases courtes permettent de se concentrer sur une idée ou un concept à la fois, ce qui rend le prompt plus facile à interpréter pour l'IA. Par exemple, un prompt comme « Qu'est-ce que l'effet de serre ? » est clair et invite l'IA à donner une définition simple. Cette approche évite les risques d'interprétation multiple et garantit une réponse plus directe.
2. **Réduction des Ambiguïtés** : Avec des phrases courtes, il est plus facile de réduire les ambiguïtés en formulant des questions directes et explicites. Par exemple, « Décris trois avantages des énergies renouvelables » fournit des directives claires que l'IA peut suivre précisément.
3. **Pertinence pour des Questions Simples** : Les phrases courtes sont particulièrement adaptées pour des questions qui ne nécessitent pas de contexte complexe ou de nuances supplémentaires. Par exemple, « Donne-moi la définition du machine learning » permet une réponse rapide et directe sans besoin de développement détaillé.
   - **Exemple de prompt court et clair** : « Explique le processus de digestion humaine. »
   - **Réponse attendue** : Une description concise du processus, car le prompt ne comporte qu'une seule question sans autre contexte ou sous-questions.

Inconvénients des Phrases Courtes

1. **Manque de Contexte et de Précision Nuancée** : Les phrases courtes peuvent parfois manquer de contexte, rendant la demande trop générale. Par exemple, « Explique la psychologie » risque de générer une réponse trop large, car l'IA n'a pas suffisamment d'informations pour savoir quel aspect de la psychologie l'utilisateur souhaite explorer.
2. **Limitation des Réponses Complexes** : Si l'utilisateur souhaite une réponse détaillée ou nuancée, un prompt formulé en phrases courtes peut amener l'IA

à donner une réponse simpliste. Par exemple, « Parle-moi des réseaux de neurones » n'indique pas si l'utilisateur souhaite une introduction simple ou une analyse complexe, ce qui peut limiter la profondeur de la réponse.

L'Impact des Phrases Longues dans les Prompts

Les phrases longues permettent de fournir plus de contexte et d'intégrer plusieurs éléments dans un même prompt, ce qui peut orienter l'IA vers une réponse plus détaillée et nuancée. Les prompts en phrases longues sont souvent utilisés lorsque l'utilisateur a besoin d'une réponse complexe, d'une analyse approfondie, ou lorsque le contexte est essentiel pour une bonne interprétation.

1. **Contexte et Détails Multiples** : Les phrases longues permettent d'inclure plusieurs aspects d'un sujet, guidant l'IA pour qu'elle prenne en compte des éléments spécifiques. Par exemple, « Décris le processus de photosynthèse en mettant l'accent sur l'absorption de la lumière et la production de glucose » fournit des détails précis qui orientent la réponse vers un aspect technique.
2. **Possibilité d'Inclure des Directives Précises** : Dans une phrase longue, l'utilisateur peut préciser des consignes comme le style ou la longueur de la réponse souhaitée. Par exemple, « Donne une analyse détaillée des avantages de l'énergie solaire, en incluant des exemples de réussite dans différents pays, dans un style informatif et structuré. » Ces directives permettent d'obtenir une réponse plus proche des attentes.
3. **Adapté pour des Sujets Complexes et Analytiques** : Les phrases longues sont utiles pour des questions nécessitant une réflexion approfondie, une analyse comparative, ou une explication technique. Elles permettent de préciser le niveau de détail attendu et les aspects spécifiques à aborder.
   - **Exemple de prompt long et détaillé** : « Explique comment l'IA est utilisée dans le domaine médical pour le diagnostic, le traitement et la prévention des maladies, en donnant des exemples concrets. »
   - **Réponse attendue** : Une réponse détaillée abordant plusieurs aspects de l'utilisation de l'IA dans la médecine, avec des exemples pertinents pour chaque aspect.

Inconvénients des Phrases Longues

1. **Risque d'Ambiguïté et de Complexité Excessive** : Une phrase trop longue ou complexe peut devenir difficile à interpréter pour l'IA, surtout si elle inclut plusieurs idées ou concepts en une seule question. Par exemple, « Explique les concepts de machine learning et d'apprentissage profond et compare leurs applications en IA dans les domaines du marketing, de la finance, et de la médecine, en donnant des exemples concrets. » La longueur et la complexité de ce prompt peuvent rendre difficile l'obtention d'une réponse structurée et exhaustive.

2. **Risque de Réponse Incomplète** : Plus un prompt est long, plus il est possible que certains éléments soient ignorés ou sous-traités dans la réponse. Par exemple, si un prompt demande plusieurs éléments (« Explique les causes et effets du réchauffement climatique, les solutions possibles, et l'impact sur les écosystèmes marins et terrestres »), l'IA peut fournir une réponse qui ne couvre pas tous les aspects de manière équilibrée.

Comment Choisir entre Phrases Courtes et Longues pour les Prompts

Le choix entre des phrases courtes et des phrases longues dépend de l'objectif de la demande, du niveau de détail attendu et de la complexité du sujet. Voici quelques bonnes pratiques pour optimiser la formulation des prompts selon le contexte :

1. **Utiliser des Phrases Courtes pour des Questions Directes et Simples** : Pour des questions qui ne nécessitent pas de contexte approfondi, comme des définitions ou des informations basiques, les phrases courtes sont idéales.
   - **Exemple** : « Qu'est-ce que la photosynthèse ? »
2. **Préférer les Phrases Longues pour des Réponses Nuancées ou Contextuelles** : Pour des sujets complexes ou nécessitant des analyses détaillées, les phrases longues permettent d'inclure plus d'instructions, de contexte et d'aspects spécifiques.
   - **Exemple** : « Décris les étapes du processus de photosynthèse, en expliquant les rôles de la chlorophylle et de la lumière dans la transformation du dioxyde de carbone en glucose. »
3. **Combiner Phrases Courtes et Longues pour les Requêtes Multi-Parties** : Lorsque le sujet est vaste mais nécessite plusieurs sous-questions, il peut être efficace d'utiliser plusieurs phrases courtes regroupées dans un même prompt pour guider l'IA vers une réponse structurée.
   - **Exemple** : « Parle-moi du réchauffement climatique. Quels en sont les effets principaux sur les écosystèmes terrestres ? Et quels impacts observe-t-on dans les océans ? »
4. **Diviser les Prompts Longs en Sections Logiques** : Pour éviter les réponses incomplètes, il est recommandé de diviser une demande complexe en prompts plus courts et spécifiques, ou en étapes successives. Cela permet de traiter chaque partie de manière approfondie.
   - **Exemple de prompt divisé** :
     - « Explique les causes du réchauffement climatique. »
     - « Maintenant, décris les effets du réchauffement climatique sur les océans. »
     - « Enfin, quelles solutions sont proposées pour réduire le réchauffement climatique ? »

Conclusion : La Clé est dans l'Équilibre et l'Adaptation

Le choix entre phrases courtes et longues dépend avant tout de la nature de la demande et du type de réponse souhaitée. Les phrases courtes garantissent clarté et concision, idéales pour des questions simples ou directes. Les phrases longues, quant à elles, permettent d'apporter un contexte supplémentaire et de formuler des requêtes plus complexes, mais doivent être bien structurées pour éviter des réponses incomplètes ou ambiguës. En équilibrant les deux approches et en adaptant la structure en fonction du sujet et des attentes, l'utilisateur peut optimiser ses prompts pour obtenir des réponses plus précises, détaillées et adaptées à ses besoins.

2.2.2 L'Utilisation de Phrases Interrogatives pour Guider l'IA

Dans la formulation des prompts, l'utilisation de phrases interrogatives joue un rôle fondamental pour guider l'intelligence artificielle (IA) vers des réponses spécifiques, précises et souvent plus engageantes. Poser des questions aide l'IA à comprendre non seulement le type d'information recherché, mais aussi la forme et le niveau de détail attendu dans la réponse. En structurant un prompt sous forme de question, l'utilisateur peut orienter efficacement l'IA et obtenir une réponse qui répond exactement aux attentes. Cette section explore les avantages des phrases interrogatives, les types de questions à utiliser selon les besoins, et des exemples concrets d'application.

Pourquoi Utiliser des Phrases Interrogatives pour Guider l'IA ?

1. **Cadrer la Réponse** : Les questions permettent de structurer la réponse de l'IA, en limitant le champ d'investigation à une information précise. Une phrase interrogative comme « Quels sont les avantages de l'énergie solaire ? » indique clairement à l'IA que l'utilisateur attend une liste ou une description des avantages, ce qui permet d'éviter une réponse trop large ou hors sujet.
2. **Préciser le Niveau de Détail** : Une question bien formulée aide l'IA à comprendre le niveau de détail souhaité. Par exemple, une question fermée comme « L'énergie solaire est-elle une source d'énergie renouvelable ? » invite à une réponse concise, tandis qu'une question ouverte comme « Comment l'énergie solaire est-elle utilisée dans l'industrie moderne ? » suggère une réponse plus approfondie.
3. **Encourager une Réponse Structurée** : Les questions poussent l'IA à organiser ses réponses de manière logique, ce qui améliore la lisibilité et la pertinence de l'information. Par exemple, en posant une question de type « Quels sont les impacts environnementaux, économiques et sociaux de

l'énergie solaire ? », l'utilisateur amène l'IA à structurer la réponse en trois parties distinctes.

4. **Engager l'IA dans une Analyse ou une Réflexion** : Certaines questions peuvent inciter l'IA à adopter un ton plus analytique ou réflexif, ce qui est utile pour des sujets nécessitant une interprétation ou une évaluation. Par exemple, « Quels sont les défis et les limitations actuelles de l'énergie solaire ? » encourage l'IA à fournir une réponse critique et nuancée.

Types de Questions pour Guider l'IA

Différents types de phrases interrogatives peuvent être utilisés pour obtenir des réponses variées. Voici les principaux types de questions et comment les utiliser efficacement dans les prompts.

1. **Questions Fermées** : Ces questions appellent des réponses concises, souvent par « oui » ou « non », ou avec des informations brèves.
   - **Exemples** :
     - « L'énergie solaire est-elle une source d'énergie renouvelable ? »
     - « La pollution de l'air a-t-elle un impact sur la santé humaine ? »
   - **Utilisation** : Les questions fermées sont idéales pour des réponses rapides et directes. Elles permettent de valider des informations spécifiques ou de confirmer une hypothèse.
2. **Questions Ouvertes** : Ces questions demandent des réponses développées et encouragent l'IA à fournir une explication plus détaillée.
   - **Exemples** :
     - « Comment fonctionne l'intelligence artificielle dans le domaine de la médecine ? »
     - « Pourquoi la biodiversité est-elle essentielle à l'équilibre des écosystèmes ? »
   - **Utilisation** : Les questions ouvertes sont adaptées pour explorer un sujet en profondeur. Elles sont particulièrement utiles pour des explications complexes ou des analyses.
3. **Questions Guidées par Catégories** : En posant des questions qui segmentent la réponse par catégories, l'utilisateur peut obtenir une réponse structurée.
   - **Exemples** :
     - « Quels sont les avantages et les inconvénients des énergies renouvelables ? »
     - « Quels sont les effets de la pollution sur l'air, l'eau, et les sols ? »
   - **Utilisation** : Ce type de question guide l'IA vers une réponse bien organisée, utile pour des sujets qui peuvent être abordés sous plusieurs angles ou dimensions.

4. **Questions Comparatives** : Les questions qui demandent une comparaison permettent d'obtenir une réponse qui met en contraste deux éléments ou concepts.
    - **Exemples** :
        - « En quoi le capitalisme diffère-t-il du socialisme ? »
        - « Quels sont les avantages du télétravail par rapport au travail en présentiel ? »
    - **Utilisation** : Les questions comparatives sont idéales pour évaluer les différences et les similarités entre deux concepts, ce qui est particulièrement utile dans des analyses critiques.
5. **Questions Hypothétiques** : Les questions hypothétiques invitent l'IA à imaginer ou à prévoir des scénarios possibles.
    - **Exemples** :
        - « Que se passerait-il si la température mondiale augmentait de 2 degrés ? »
        - « Comment les entreprises pourraient-elles se préparer à une transition vers une économie durable ? »
    - **Utilisation** : Ces questions sont utiles pour explorer des scénarios futurs ou envisager des hypothèses, particulièrement dans des discussions prospectives.

Exemples Pratiques de Phrases Interrogatives dans les Prompts

Voici des exemples concrets montrant comment les phrases interrogatives peuvent être utilisées pour guider l'IA dans différents contextes :

- **Demande d'Informations Factuelles** :
    - **Prompt** : « Quels sont les principaux gaz responsables de l'effet de serre ? »
    - **Avantage** : Une question directe qui limite la réponse aux éléments essentiels, évitant les détails superflus.
- **Analyse Critique** :
    - **Prompt** : « Quels sont les avantages et les risques associés à l'intelligence artificielle dans le secteur de la santé ? »
    - **Avantage** : En posant une question comparative, l'utilisateur incite l'IA à fournir une réponse équilibrée qui pèse les deux aspects.
- **Exploration Théorique** :
    - **Prompt** : « Que se passerait-il si les énergies fossiles étaient entièrement remplacées par les énergies renouvelables ? »
    - **Avantage** : Une question hypothétique qui encourage l'IA à explorer les conséquences potentielles d'un scénario futur.
- **Demande de Comparaison** :
    - **Prompt** : « En quoi la photosynthèse diffère-t-elle de la respiration cellulaire ? »

- o **Avantage** : La question comparative permet d'obtenir une réponse structurée, expliquant chaque processus avant d'aborder leurs différences.
- **Demande de Conseils Pratiques** :
  - o **Prompt** : « Quels conseils donneriez-vous à un débutant pour se lancer en programmation ? »
  - o **Avantage** : En formulant une question ouverte orientée vers des conseils, l'utilisateur guide l'IA vers une réponse pratique et motivante.

Bonnes Pratiques pour Formuler des Questions dans les Prompts

Pour maximiser l'efficacité des questions dans les prompts, voici quelques bonnes pratiques :

1. **Être Clair et Précis** : Formuler des questions simples et directes, sans ambiguïté. Une question précise permet à l'IA de cerner exactement ce qui est attendu.
   - o Exemple : Préférez « Quels sont les impacts environnementaux de l'énergie solaire ? » à une question plus vague comme « Parle-moi de l'énergie solaire. »
2. **Poser une Question à la Fois** : Éviter de poser plusieurs questions dans un même prompt, car cela peut compliquer la réponse. Il est plus efficace de poser des questions distinctes ou de décomposer la question en plusieurs étapes.
   - o Exemple : Plutôt que de demander « Quelles sont les causes et les solutions de la pollution de l'eau ? », poser deux questions séparées : « Quelles sont les principales causes de la pollution de l'eau ? » puis « Quelles solutions existent pour réduire la pollution de l'eau ? »
3. **Utiliser des Questions Suivies** : Si une réponse initiale est donnée mais nécessite des précisions, poser une question de suivi pour obtenir un complément d'information.
   - o Exemple : Après avoir obtenu une réponse générale à « Qu'est-ce que la photosynthèse ? », on peut demander « Quels sont les organes impliqués dans ce processus chez les plantes ? »
4. **Orienter la Réponse avec des Indicateurs** : Lorsqu'une structure ou un style particulier est souhaité, indiquer ce format dans la question. Par exemple, si l'on souhaite une liste, formuler la question de façon à ce que cela soit clair.
   - o Exemple : « Quels sont les trois principaux avantages des énergies renouvelables ? » oriente l'IA vers une réponse sous forme de liste.

Conclusion : Maximiser la Pertinence des Réponses avec les Phrases Interrogatives

L'utilisation de phrases interrogatives est une technique puissante pour guider l'IA vers des réponses pertinentes, structurées et bien adaptées aux besoins de l'utilisateur. En posant des questions claires, précises, et adaptées à l'intention de la demande, l'utilisateur peut obtenir des informations spécifiques, faciliter la compréhension, et encourager des analyses plus nuancées. Les phrases interrogatives offrent ainsi une méthode efficace pour interagir avec l'IA, permettant d'obtenir des réponses plus ciblées et de meilleure qualité, adaptées à une variété de contextes et d'objectifs.

2.2.3 Structurer les Prompts pour des Réponses Exhaustives ou Synthétiques

Dans l'interaction avec une IA comme ChatGPT, la structure d'un prompt détermine en grande partie la longueur, la profondeur, et la nature de la réponse. Les utilisateurs peuvent orienter l'IA vers des réponses exhaustives, détaillées et approfondies ou, au contraire, vers des réponses synthétiques et concises. En structurant un prompt de manière réfléchie, il est possible d'obtenir des réponses adaptées à l'objectif recherché, qu'il s'agisse d'une analyse complète ou d'un résumé rapide.

Réponses Exhaustives : Structure et Techniques

Une réponse exhaustive est une réponse détaillée, qui explore un sujet en profondeur et fournit des explications complètes. Les prompts orientés vers des réponses exhaustives sont souvent utilisés pour des analyses, des explications approfondies, des comparaisons, ou des développements théoriques. Voici quelques techniques pour structurer un prompt en vue d'obtenir une réponse exhaustive :

1. **Inclure des Termes Clés de Profondeur et de Détail** : Utiliser des mots comme « analyse détaillée », « en profondeur », « explique chaque point », ou « développe » indique à l'IA que la réponse doit être complète.
   - ○ **Exemple** : « Analyse en profondeur les causes et les conséquences de la crise climatique mondiale. »
   - ○ **Impact** : Ce prompt encourage l'IA à aborder tous les aspects de la question, en expliquant les causes et les impacts dans un format structuré et complet.
2. **Demander une Réponse Structurée par Étapes ou Sections** : En suggérant des étapes ou des sous-sections, l'utilisateur guide l'IA vers une réponse organisée et exhaustive.
   - ○ **Exemple** : « Explique les étapes principales du processus de photosynthèse, en détaillant chaque phase et son rôle spécifique. »

o **Impact** : Ce prompt structure la réponse en plusieurs segments, permettant à l'IA de traiter chaque partie de manière approfondie.

3. **Inclure des Indications de Longueur Minimale** : Pour garantir que la réponse sera suffisamment détaillée, il est possible de suggérer une longueur approximative, en demandant par exemple une réponse en plusieurs paragraphes.

   o **Exemple** : « Fournis une explication d'environ 300 mots sur le fonctionnement des neurones dans le cerveau humain. »

   o **Impact** : En précisant la longueur, on incite l'IA à fournir un niveau de détail adapté à la longueur suggérée, permettant d'obtenir une réponse complète.

4. **Poser des Questions Complémentaires dans le Prompt** : En ajoutant des sous-questions dans le même prompt, on invite l'IA à couvrir tous les aspects pertinents du sujet.

   o **Exemple** : « Explique la blockchain en détaillant son fonctionnement, ses avantages, et ses inconvénients. »

   o **Impact** : La réponse sera plus exhaustive, car l'IA est amenée à couvrir plusieurs facettes du sujet, offrant ainsi un développement riche en informations.

Réponses Synthétiques : Structure et Techniques

Une réponse synthétique est concise et se concentre sur les points essentiels d'un sujet. Elle est souvent utilisée pour des résumés, des définitions rapides, ou des informations de base. Structurer un prompt pour une réponse synthétique nécessite de donner des indications claires sur la brièveté attendue, afin que l'IA fournisse un résumé ou une réponse courte et directe.

1. **Utiliser des Termes Clés de Concision** : Employer des expressions comme « résumé », « en bref », « en quelques mots », ou « synthétise » aide à signaler que la réponse doit être courte.

   o **Exemple** : « Résume en quelques mots les principaux avantages des énergies renouvelables. »

   o **Impact** : Ce prompt encourage l'IA à fournir une réponse brève, en se concentrant sur les avantages principaux sans entrer dans les détails.

2. **Demander une Limite de Mots ou de Phrases** : Indiquer une longueur spécifique (comme un nombre de mots ou de phrases) aide à limiter la réponse.

   o **Exemple** : « Explique la théorie de l'évolution en une phrase. »

   o **Impact** : Cette contrainte pousse l'IA à synthétiser l'information au maximum, pour une réponse rapide et directe.

3. **Focus sur les Points Essentiels** : Formuler le prompt de manière à orienter l'IA vers les points principaux uniquement, en excluant les détails secondaires.

- ○ **Exemple** : « Donne les trois éléments clés de la gestion du temps. »
- ○ **Impact** : Ce prompt encourage l'IA à se limiter aux points les plus importants, produisant une réponse concise et ciblée.
4. **Éviter les Demandes de Développement ou d'Explication Complète** : Éliminer des termes comme « en profondeur » ou « détaille » pour éviter que l'IA fournisse une réponse trop longue.
   - ○ **Exemple** : « Quels sont les principaux défis de l'intelligence artificielle ? »
   - ○ **Impact** : Ce prompt général conduit l'IA à offrir un aperçu concis des principaux défis, sans entrer dans des explications détaillées.

Exemples Pratiques : Structurer pour des Réponses Exhaustives vs. Synthétiques

Pour illustrer la différence de structure entre des prompts pour réponses exhaustives et pour réponses synthétiques, voici quelques exemples concrets :

- **Exhaustif** : « Décris en détail le cycle de l'eau, en expliquant chaque étape (évaporation, condensation, précipitation, infiltration) et son importance écologique. »
  - ○ **Intention** : Obtenir une réponse complète, couvrant chaque étape avec une explication détaillée de son rôle écologique.
- **Synthétique** : « Résume le cycle de l'eau en une ou deux phrases. »
  - ○ **Intention** : Obtenir une explication courte et concise, adaptée à un public qui souhaite juste un aperçu.
- **Exhaustif** : « Analyse les avantages et les inconvénients de la transition énergétique en abordant les aspects économiques, environnementaux, et sociaux. »
  - ○ **Intention** : Obtenir une analyse détaillée avec plusieurs perspectives, donnant une vision complète des impacts de la transition énergétique.
- **Synthétique** : « Quels sont les avantages et les inconvénients de la transition énergétique ? Résume-les brièvement. »
  - ○ **Intention** : Obtenir une réponse concise qui présente les principaux points sans entrer dans les détails.
- **Exhaustif** : « Explique en détail les principales étapes du processus de recrutement, en couvrant la définition de poste, la présélection, l'entretien et l'intégration. »
  - ○ **Intention** : Fournir un guide détaillé des étapes, adapté à un public cherchant une compréhension approfondie du recrutement.
- **Synthétique** : « Quels sont les principales étapes du recrutement ? Donne une réponse rapide. »
  - ○ **Intention** : Obtenir un aperçu rapide des étapes, sans développement détaillé.

Bénéfices d'une Structuration Optimisée des Prompts

Adapter la structure des prompts pour obtenir des réponses exhaustives ou synthétiques offre plusieurs avantages :

1. **Réponses Alignées sur les Objectifs** : En structurant le prompt, l'utilisateur peut obtenir la réponse adaptée au contexte, qu'il s'agisse d'un résumé rapide ou d'une analyse approfondie.
2. **Efficacité et Pertinence** : Des prompts bien structurés permettent d'obtenir directement la réponse nécessaire, réduisant le besoin de reformuler la demande.
3. **Optimisation de l'Utilisation de l'IA** : En ajustant la longueur et le niveau de détail des réponses, l'utilisateur tire le meilleur parti de l'IA pour des besoins spécifiques, qu'ils soient informatifs, analytiques, ou simplement synthétiques.

Conclusion : Structurer les Prompts pour Cibler la Longueur et la Profondeur des Réponses

La capacité à structurer les prompts en fonction du besoin d'une réponse exhaustive ou synthétique est un atout précieux pour tout utilisateur. En ajustant les termes, en indiquant des niveaux de détail et en définissant des limites de longueur, l'utilisateur peut optimiser chaque interaction avec l'IA pour des réponses adaptées au contexte et aux attentes. Structurer les prompts de cette manière permet d'obtenir des résultats plus cohérents et pertinents, rendant l'utilisation de l'IA plus efficace et ciblée, quel que soit l'objectif.

2.3.1 Pratique Guidée : Améliorer un Prompt Basique

Pour perfectionner ses compétences dans la formulation de prompts, il est utile de pratiquer sur des exemples concrets et de les améliorer progressivement. Cette section propose un exercice guidé qui permet d'identifier les faiblesses d'un prompt basique et de le transformer en un prompt plus précis, adapté et efficace.

Objectif de l'Exercice

Cet exercice a pour but de montrer comment, en améliorant la clarté, la précision et la contextualisation d'un prompt, on peut obtenir des réponses de l'IA plus pertinentes et mieux alignées avec les attentes de l'utilisateur. En suivant ces étapes, le lecteur apprendra à détecter les faiblesses d'un prompt basique et à les corriger pour optimiser le résultat.

Exemple de Prompt Basique

Prenons comme point de départ le prompt basique suivant :

- **Prompt Basique** : « Parle-moi des énergies renouvelables. »

Bien que ce prompt soit compréhensible, il est trop général et manque de précision. Il risque de donner lieu à une réponse large et générique, qui pourrait être trop vaste ou ne pas cibler les informations spécifiques recherchées par l'utilisateur.

Étapes pour Améliorer le Prompt Basique

Améliorer un prompt passe par plusieurs étapes : préciser l'objectif, clarifier le contexte, adapter le ton et le niveau de détail, et structurer la demande.

1. **Clarifier l'Objectif** : Déterminer ce que l'utilisateur souhaite obtenir comme information.
   - **Question à se poser** : Souhaite-t-il une vue d'ensemble, une analyse spécifique, des avantages et inconvénients, ou une comparaison avec d'autres sources d'énergie ?
   - **Exemple d'objectif défini** : L'utilisateur souhaite comprendre les avantages des énergies renouvelables pour l'environnement.
2. **Ajouter un Contexte Pertinent** : En précisant le contexte, on peut guider l'IA vers une réponse plus ciblée.
   - **Question à se poser** : Où et pour qui cette information est-elle pertinente ? S'agit-il d'un contexte spécifique (géographique, économique, etc.) ?
   - **Exemple de contexte** : Supposons que l'utilisateur cherche des informations sur les avantages des énergies renouvelables en Europe.
3. **Adapter le Niveau de Détail et de Complexité** : Ajuster le prompt pour le niveau de connaissances de l'audience visée.

- ○ **Question à se poser** : Le public est-il composé de débutants, d'experts, de professionnels ? Quel niveau de détail est approprié ?
  - ○ **Exemple de précision de niveau** : Le prompt peut être formulé pour une audience générale avec une explication simple.
4. **Préciser le Format ou la Structure Attendue** : Préciser si l'utilisateur souhaite un résumé, une liste de points, un développement structuré, etc.
  - ○ **Question à se poser** : Un format spécifique est-il requis pour faciliter la lecture ou la compréhension ?
  - ○ **Exemple de format** : L'utilisateur souhaite obtenir une liste des avantages des énergies renouvelables.

Version Améliorée du Prompt

En appliquant les étapes ci-dessus, voici une version améliorée du prompt :

- **Prompt Amélioré** : « Liste cinq avantages des énergies renouvelables pour l'environnement en Europe, avec des explications simples accessibles au grand public. »

Analyse des Améliorations

1. **Clarté et Précision** : En précisant que l'on souhaite une « liste de cinq avantages », le prompt devient plus précis, et l'IA peut structurer sa réponse en suivant ce format.
2. **Contexte Spécifique** : L'ajout du contexte géographique « en Europe » permet d'obtenir une réponse adaptée à un cadre régional précis, ce qui est utile si l'on veut éviter des informations générales et se concentrer sur une région spécifique.
3. **Audience et Complexité** : En indiquant « avec des explications simples accessibles au grand public », on adapte la réponse au niveau de connaissance attendu, évitant ainsi les termes techniques qui pourraient compliquer la compréhension pour un lecteur novice.
4. **Format et Structure** : En précisant que l'on souhaite une « liste », on oriente l'IA vers un format structuré qui facilite la lecture et rend les informations plus facilement digestibles.

Comparaison des Résultats avec le Prompt Basique

- **Réponse au Prompt Basique** : Une réponse générale, couvrant peut-être tous les types d'énergie renouvelable, sans spécifier les avantages environnementaux ni le contexte européen.
- **Réponse au Prompt Amélioré** : Une réponse concise, organisée en une liste de cinq points, chaque point décrivant un avantage environnemental des énergies renouvelables en Europe, avec des termes simples.

Autres Exemples d'Amélioration de Prompts Basique

Pour renforcer la compréhension, voici d'autres exemples de prompts basiques et leurs versions améliorées :

- **Prompt Basique** : « Explique l'intelligence artificielle. »
  - **Prompt Amélioré** : « Explique les bases de l'intelligence artificielle de manière simple pour des étudiants de lycée, en décrivant ses principales applications. »
- **Prompt Basique** : « Parle des effets du changement climatique. »
  - **Prompt Amélioré** : « Décris les principaux effets du changement climatique sur les écosystèmes marins, en incluant des exemples concrets et récents. »
- **Prompt Basique** : « Donne des conseils pour rester productif. »
  - **Prompt Amélioré** : « Liste cinq conseils pratiques pour améliorer la productivité au travail, en se concentrant sur des techniques de gestion du temps. »

Exercice Pratique pour le Lecteur

Pour s'entraîner, voici un prompt basique que le lecteur peut essayer d'améliorer :

- **Prompt Basique** : « Raconte-moi l'histoire de l'art moderne. »

Questions pour guider l'amélioration :

- Quel est l'objectif de la demande ? Est-ce pour obtenir une vue d'ensemble, une analyse d'un mouvement spécifique, ou une description d'œuvres emblématiques ?
- Quel est le public visé ? Des étudiants d'art, des amateurs d'art, des professionnels ?
- Y a-t-il un contexte ou une période précise qui pourrait enrichir la réponse ?

Conclusion

Cet exercice de perfectionnement des prompts montre l'importance de clarifier l'objectif, le contexte, l'audience et le format attendu pour obtenir des réponses de l'IA plus pertinentes et de meilleure qualité. En pratiquant ces étapes et en améliorant ses prompts, le lecteur développe une compétence essentielle pour maximiser l'efficacité et la précision des interactions avec l'IA.

2.3.2 Comparaison de Différentes Structures pour un Même Objectif

L'art de formuler des prompts pour une intelligence artificielle repose non seulement sur la clarté et la précision, mais aussi sur la structure même du prompt. Selon la manière dont un prompt est structuré, l'IA peut produire des réponses sensiblement différentes, même si l'objectif est le même. Comparer différentes structures permet d'identifier les formulations les plus efficaces pour obtenir le type de réponse souhaité, en optimisant la concision, le niveau de détail et la pertinence de l'information.

Dans cette section, nous examinerons comment plusieurs structures de prompts, ayant toutes le même objectif, influencent les réponses de l'IA. Ces exemples illustreront comment le choix des mots, l'ordre des informations, et le niveau de détail influencent la qualité et la précision des réponses générées.

Exercice de Comparaison : Objectif « Expliquer la Blockchain »

L'objectif de cet exercice est d'obtenir une explication claire de la blockchain, mais chaque prompt est formulé différemment pour observer l'impact de la structure sur la réponse.

Structure 1 : Demande Générale

- **Prompt** : « Qu'est-ce que la blockchain ? »
- **Objectif** : Obtenir une définition basique et concise.
- **Analyse** : Ce prompt général amène l'IA à donner une définition standard et relativement succincte de la blockchain. La réponse est simple et vise un niveau de compréhension de base. Cependant, elle manque souvent de profondeur et d'exemples concrets.
- **Exemple de Réponse Potentielle** : « La blockchain est une technologie de stockage et de transmission d'informations, sécurisée et décentralisée, qui permet de créer un registre de données inviolable et transparent. »

Structure 2 : Demande Contextuelle avec Niveau d'Explication

- **Prompt** : « Explique ce qu'est la blockchain pour quelqu'un qui n'a aucune connaissance technique. »
- **Objectif** : Fournir une explication simplifiée et accessible aux novices.
- **Analyse** : En précisant que l'explication est destinée à des non-initiés, ce prompt incite l'IA à vulgariser le sujet et à éviter le jargon technique. La réponse est généralement plus détaillée, avec des analogies et des exemples simples, ce qui la rend plus accessible.
- **Exemple de Réponse Potentielle** : « La blockchain est comme un grand livre de comptes partagé entre plusieurs personnes. Chaque fois qu'une nouvelle transaction est ajoutée, tout le monde reçoit une copie de cette

information, ce qui rend la fraude ou les modifications impossibles sans que tout le monde le sache. »

Structure 3 : Demande avec Niveau de Détail Spécifié

- **Prompt** : « Donne une explication détaillée de la blockchain en expliquant les concepts de blocs, de décentralisation, et de sécurité. »
- **Objectif** : Obtenir une réponse approfondie qui couvre des aspects techniques spécifiques.
- **Analyse** : En précisant les éléments à aborder (blocs, décentralisation, sécurité), ce prompt guide l'IA vers une réponse plus détaillée et organisée. La réponse est plus structurée et aborde des points spécifiques, ce qui est utile pour des lecteurs ayant déjà une certaine base de compréhension.
- **Exemple de Réponse Potentielle** : « La blockchain est une structure décentralisée où les données sont stockées en blocs liés entre eux. Chaque bloc contient des informations sur des transactions, un horodatage, et un lien vers le bloc précédent. La sécurité est assurée par des techniques de cryptographie, rendant les informations inviolables et transparentes. »

Structure 4 : Demande de Comparaison

- **Prompt** : « Compare la blockchain avec une base de données traditionnelle en expliquant les différences principales en termes de sécurité, de décentralisation, et de transparence. »
- **Objectif** : Obtenir une comparaison détaillée mettant en avant les différences entre la blockchain et une base de données classique.
- **Analyse** : Ce prompt oriente l'IA vers une réponse comparative, aidant à mettre en évidence les caractéristiques uniques de la blockchain par rapport aux systèmes traditionnels. Ce type de structure favorise une compréhension plus approfondie des avantages et inconvénients de chaque technologie.
- **Exemple de Réponse Potentielle** : « La blockchain est décentralisée, ce qui signifie qu'aucun organisme unique ne contrôle les données, contrairement aux bases de données traditionnelles souvent centralisées. La transparence et la sécurité sont également renforcées en blockchain grâce à la cryptographie, alors que les bases de données dépendent des autorisations d'accès pour maintenir la sécurité. »

Structure 5 : Demande d'Exemple Concret

- **Prompt** : « Explique comment fonctionne la blockchain en donnant un exemple concret, comme l'utilisation de cette technologie dans le Bitcoin. »
- **Objectif** : Illustrer le concept de blockchain par un exemple spécifique pour le rendre plus concret.
- **Analyse** : En demandant un exemple concret, ce prompt amène l'IA à illustrer le fonctionnement de la blockchain par une application pratique. Cela facilite

la compréhension pour les lecteurs en rendant le concept plus tangible et pertinent.

- **Exemple de Réponse Potentielle** : « Dans le cas du Bitcoin, la blockchain est utilisée pour enregistrer toutes les transactions de manière transparente. Chaque transaction est ajoutée sous forme de bloc dans une chaîne, ce qui permet aux utilisateurs de vérifier l'historique des échanges sans avoir besoin d'une autorité centrale. »

Exercice de Comparaison : Objectif « Conseils pour la Productivité »

Dans ce second exercice, l'objectif est d'obtenir des conseils pour améliorer la productivité au travail. Ici aussi, différentes structures sont utilisées pour voir comment elles influencent la nature des réponses.

Structure 1 : Demande Générale

- **Prompt** : « Comment puis-je être plus productif au travail ? »
- **Objectif** : Obtenir des conseils généraux pour améliorer la productivité.
- **Analyse** : Ce prompt général amène l'IA à donner des conseils basiques et généraux. La réponse est souvent rapide et directe, mais peut manquer de spécificité.
- **Exemple de Réponse Potentielle** : « Pour être plus productif, essayez de planifier votre journée, de réduire les distractions, de faire des pauses régulières, et de prioriser vos tâches. »

Structure 2 : Demande Structurée par Techniques Spécifiques

- **Prompt** : « Donne cinq astuces pratiques pour améliorer la gestion du temps au travail. »
- **Objectif** : Obtenir des astuces précises axées sur la gestion du temps.
- **Analyse** : En spécifiant le nombre de conseils et en précisant le domaine (gestion du temps), ce prompt oriente l'IA vers une réponse plus ciblée. La réponse est structurée en cinq points, facilitant la lecture et offrant des conseils pratiques.
- **Exemple de Réponse Potentielle** : « 1) Utilisez la méthode Pomodoro pour travailler en sprints ; 2) Classez vos tâches par priorité ; 3) Définissez des plages horaires pour chaque activité ; 4) Limitez les réunions non essentielles ; 5) Terminez les tâches les plus importantes le matin. »

Structure 3 : Demande avec Audience Ciblée

- **Prompt** : « Quels conseils donneriez-vous pour améliorer la productivité des étudiants en université ? »
- **Objectif** : Obtenir des conseils spécifiques pour une audience étudiante.

- **Analyse** : En spécifiant l'audience, ce prompt permet à l'IA d'adapter les conseils à un contexte universitaire. La réponse contient donc des recommandations adaptées aux besoins et contraintes des étudiants.
- **Exemple de Réponse Potentielle** : « Pour les étudiants, il est important de créer un planning hebdomadaire, de se concentrer sur une matière à la fois, de faire des pauses courtes mais fréquentes, et d'utiliser des techniques de révision active pour mieux mémoriser. »

Structure 4 : Demande de Développement Argumenté

- **Prompt** : « Explique pourquoi la planification quotidienne est essentielle pour une productivité optimale. »
- **Objectif** : Obtenir une réponse développée sur un aspect spécifique de la productivité.
- **Analyse** : Ce prompt pousse l'IA à approfondir le sujet de la planification quotidienne. La réponse est structurée et argumentée, expliquant les avantages spécifiques de cette technique pour améliorer la productivité.
- **Exemple de Réponse Potentielle** : « La planification quotidienne aide à structurer les tâches et à éviter la procrastination. En ayant une vision claire des objectifs de la journée, il est plus facile de rester concentré et de prioriser les tâches importantes. Cela permet aussi de limiter les pertes de temps et d'améliorer la gestion du temps. »

Conclusion : L'Importance de la Structure dans l'Efficacité des Prompts

Les exercices de comparaison montrent que la structure d'un prompt a un impact significatif sur la qualité et la pertinence de la réponse de l'IA. Selon la formulation et les précisions apportées, l'IA adapte son niveau de détail, sa structure de réponse et la clarté des informations fournies. Choisir la structure de prompt adéquate permet d'obtenir des réponses optimisées en fonction de l'objectif, qu'il s'agisse d'une simple définition, d'une analyse approfondie, d'un conseil pratique ou d'une explication vulgarisée. En maîtrisant les techniques de structuration de prompts, l'utilisateur peut exploiter pleinement le potentiel de l'IA pour des réponses plus efficaces et adaptées à chaque besoin.

2.3.3 Défis de Création : Adapter un Prompt selon Différentes Intentions

Les intentions de l'utilisateur, comme obtenir une réponse informative, engager une réflexion critique, inspirer un contenu créatif, ou fournir des conseils pratiques, influencent directement la formulation du prompt. Adapter un même prompt selon différentes intentions est un excellent exercice pour maîtriser la flexibilité de la formulation des prompts et optimiser l'interaction avec l'IA. Dans ce défi de création, nous explorerons comment transformer un même sujet en différents types de prompts adaptés à des intentions spécifiques.

Exercice 1 : Adapter un Prompt pour Différentes Intentions

Prenons le thème « les avantages de l'intelligence artificielle » et adaptons-le en fonction de plusieurs intentions possibles.

1. **Intention : Informative (obtenir des faits ou des explications)**
   - **Prompt** : « Quels sont les principaux avantages de l'intelligence artificielle dans le domaine de la santé ? »
   - **Objectif** : Obtenir une réponse factuelle qui décrit les bénéfices concrets de l'IA pour un usage médical, comme l'aide au diagnostic, la gestion des données de santé, ou la personnalisation des traitements.
   - **Astuce** : Utiliser des mots-clés précis, comme « avantages » et « domaine de la santé », pour guider l'IA vers une réponse ciblée.

2. **Intention : Critique (analyser et peser les aspects positifs et négatifs)**
   - **Prompt** : « Analyse les avantages et les inconvénients de l'intelligence artificielle dans les emplois de bureau. »
   - **Objectif** : Obtenir une réponse équilibrée qui présente les effets positifs (automatisation des tâches, efficacité accrue) et les effets potentiellement négatifs (perte d'emplois, dépendance aux machines).
   - **Astuce** : Utiliser le mot « analyse » pour indiquer que l'IA doit fournir une réponse comparative, en abordant à la fois les avantages et les inconvénients.

3. **Intention : Conseils Pratiques (suggestions ou recommandations)**
   - **Prompt** : « Comment les petites entreprises peuvent-elles tirer profit de l'intelligence artificielle ? Donne des conseils pratiques. »
   - **Objectif** : Recevoir des recommandations concrètes et applicables pour aider les petites entreprises à utiliser l'IA, comme l'automatisation des tâches répétitives, l'analyse des données clients, ou l'optimisation des ressources.
   - **Astuce** : Spécifier « conseils pratiques » pour que l'IA fournisse des suggestions orientées vers l'action, adaptées aux besoins des entreprises.

4. **Intention : Créative (explorer des idées ou produire un contenu inspirant)**

- **Prompt** : « Imagine un scénario futuriste où l'intelligence artificielle transforme complètement la vie quotidienne en 2050. »
- **Objectif** : Créer un contenu imaginatif et inspirant sur l'impact de l'IA dans un futur hypothétique, en explorant des innovations potentielles dans la vie quotidienne.
- **Astuce** : Utiliser des mots comme « imagine » et « futuriste » pour encourager une réponse créative et conceptuelle.

Exercice 2 : Prendre un Sujet et Varier les Intentions

Dans cet exercice, le sujet « l'importance des énergies renouvelables » sera décliné en fonction de différentes intentions, montrant comment la reformulation modifie la nature des réponses attendues.

1. **Intention : Vulgarisation (explication simplifiée pour les débutants)**
   - **Prompt** : « Explique pourquoi les énergies renouvelables sont importantes pour un public qui découvre le sujet. »
   - **Objectif** : Obtenir une réponse simple et accessible, adaptée aux débutants, avec des exemples concrets et sans jargon technique.
   - **Astuce** : Indiquer clairement « public qui découvre le sujet » pour que l'IA adapte la réponse avec des explications de base et des termes simplifiés.
2. **Intention : Analyse Environnementale (perspective spécialisée)**
   - **Prompt** : « Analyse l'impact des énergies renouvelables sur la réduction des émissions de CO_2 dans les pays en développement. »
   - **Objectif** : Obtenir une analyse spécialisée centrée sur les effets des énergies renouvelables dans un contexte environnemental précis, avec des données et des perspectives adaptées aux politiques des pays en développement.
   - **Astuce** : Préciser le contexte géographique et le sujet environnemental pour une réponse ciblée.
3. **Intention : Argumentatif (développer une position sur un sujet)**
   - **Prompt** : « Développe un argument en faveur de l'augmentation des investissements publics dans les énergies renouvelables. »
   - **Objectif** : Obtenir un argument structuré en faveur des investissements dans les énergies renouvelables, avec des raisons fondées et des preuves pour soutenir la position.
   - **Astuce** : Utiliser le terme « développe un argument » pour indiquer que l'IA doit produire un texte persuasif avec des éléments de preuve et un ton assertif.
4. **Intention : Stratégique (conseils ou recommandations pour un plan d'action)**

- **Prompt** : « Quelles stratégies les entreprises peuvent-elles adopter pour intégrer davantage d'énergies renouvelables dans leurs opérations ? »
- **Objectif** : Recevoir des suggestions pratiques de stratégies que les entreprises pourraient suivre pour augmenter l'utilisation d'énergies renouvelables dans leur fonctionnement.
- **Astuce** : Préciser « stratégies » et « entreprises » pour guider l'IA vers des recommandations concrètes et orientées vers l'application pratique.

Exercice 3 : Adapter un Sujet Culturel à Diverses Intentions

Pour illustrer encore davantage la flexibilité des prompts, prenons le sujet « l'influence des réseaux sociaux » et voyons comment le décliner en fonction de différentes intentions.

1. **Intention : Historique (contexte et évolution)**
   - **Prompt** : « Décris l'évolution des réseaux sociaux depuis leur création jusqu'à aujourd'hui. »
   - **Objectif** : Obtenir un résumé historique de l'émergence et de l'évolution des réseaux sociaux.
   - **Astuce** : Utiliser des termes comme « évolution » et « depuis leur création » pour orienter l'IA vers une réponse chronologique.
2. **Intention : Sociale (analyse des impacts sur le comportement humain)**
   - **Prompt** : « Analyse comment les réseaux sociaux influencent le comportement et la communication des jeunes. »
   - **Objectif** : Obtenir une analyse approfondie des effets des réseaux sociaux sur les jeunes, notamment en ce qui concerne la communication et les interactions sociales.
   - **Astuce** : Préciser l'audience cible (« jeunes ») et le domaine d'impact (« comportement et communication ») pour que l'IA se concentre sur ces aspects.
3. **Intention : Préventive (conseils de sécurité en ligne)**
   - **Prompt** : « Quels conseils donner aux parents pour assurer la sécurité de leurs enfants sur les réseaux sociaux ? »
   - **Objectif** : Fournir des conseils pratiques aux parents pour protéger leurs enfants en ligne, en abordant la vie privée, la gestion du temps d'écran et les pratiques de cybersécurité.
   - **Astuce** : Indiquer un public spécifique (« parents ») et un objectif concret (« sécurité de leurs enfants ») pour que l'IA oriente la réponse vers des recommandations spécifiques.
4. **Intention : Créative (imagination d'un scénario futur)**
   - **Prompt** : « Imagine un futur où les réseaux sociaux deviennent des plateformes de réalité virtuelle immersive. Décris cette expérience. »

- Objectif : Créer un scénario fictif et inspirant sur l'avenir des réseaux sociaux dans un monde virtuel, en explorant de nouvelles possibilités interactives et immersives.
- Astuce : Utiliser des mots comme « imagine » et « réalité virtuelle immersive » pour inviter l'IA à élaborer un récit créatif et original.

Conclusion : Savoir Adapter les Prompts pour Atteindre l'Intention Souhaitée

Adapter un même sujet à différentes intentions est un exercice précieux pour perfectionner la formulation de prompts et tirer pleinement parti des capacités de l'IA. Cela permet d'obtenir des réponses variées et spécifiques, parfaitement alignées avec l'objectif de l'utilisateur.

Les clés pour réussir cet exercice sont :

- Identifier clairement l'intention (informatif, critique, créatif, etc.).
- Utiliser des mots-clés et des termes qui orientent l'IA vers le style et le ton de réponse attendu.
- Contextualiser la demande pour garantir une réponse pertinente.

En appliquant ces stratégies, l'utilisateur peut obtenir des réponses enrichissantes et adaptées à chaque situation, faisant de la formulation de prompts un véritable outil de communication avec l'IA.

Chapitre 3 : Les Outils pour la Création de Prompts Efficaces

- **3.1 Utiliser les Modèles d'IA comme Outils d'Apprentissage**
  - ○ 3.1.1 Comprendre les spécificités de ChatGPT
  - ○ 3.1.2 Introduction aux autres modèles de langage et leurs différences
  - ○ 3.1.3 Explorer les modèles d'IA pour améliorer les prompts
- **3.2 Analyse et Révision des Prompts**
  - ○ 3.2.1 Tester différents prompts pour un même objectif
  - ○ 3.2.2 L'importance de la révision : ajuster pour la précision
  - ○ 3.2.3 Exemples pratiques d'amélioration de prompts
- **3.3 Outils et Ressources pour Perfectionner ses Prompts**
  - ○ 3.3.1 Références académiques, sites et outils de perfectionnement
  - ○ 3.3.2 Utiliser des plateformes de test et d'évaluation de prompts
  - ○ 3.3.3 Ressources pour apprendre de cas pratiques et de prompts populaires

3.1.1 Comprendre les Spécificités de ChatGPT

ChatGPT, un modèle d'intelligence artificielle développé par OpenAI, est conçu pour interpréter des requêtes textuelles, générer des réponses, et faciliter des interactions variées avec ses utilisateurs. Contrairement à un humain, ChatGPT ne comprend pas véritablement le langage mais s'appuie sur des patterns linguistiques pour prédire la meilleure suite de mots en fonction du contexte et du prompt donné. Comprendre les spécificités de ChatGPT aide l'utilisateur à maximiser l'efficacité de ses interactions et à obtenir des réponses plus précises et adaptées aux attentes.

Les Bases du Fonctionnement de ChatGPT

ChatGPT est un modèle de traitement du langage naturel (NLP) basé sur l'architecture des transformateurs. Il est entraîné sur une large base de données textuelles pour apprendre les relations entre les mots, les phrases et les structures grammaticales. Voici quelques caractéristiques spécifiques de son fonctionnement :

1. **Analyse Probabiliste** : ChatGPT génère ses réponses en se basant sur les probabilités des mots les plus pertinents en fonction de ceux qui précèdent. En d'autres termes, il ne « comprend » pas le sens d'une phrase, mais prédit les mots qui suivent en fonction des millions de structures linguistiques rencontrées lors de son entraînement.
2. **Utilisation des Modèles Pré-Formés** : ChatGPT est entraîné avec une quantité massive de données textuelles couvrant des sujets variés, mais il n'a pas de connaissances spécifiques à jour. Ses informations sont limitées aux données disponibles jusqu'à une certaine date d'entraînement, ce qui signifie que pour les événements récents ou des informations en constante évolution, ses réponses peuvent être obsolètes.
3. **Absence de Mémoire Personnelle entre les Sessions** : Bien qu'il puisse conserver le contexte d'une conversation en cours dans une session, ChatGPT n'a pas de mémoire au-delà de cette session. Cela signifie que chaque nouvelle interaction démarre sans aucun historique personnel ou contextualisé des échanges passés, contrairement à un humain qui pourrait se souvenir d'informations spécifiques sur une personne ou une discussion.
4. **Adaptabilité en Fonction du Prompt** : ChatGPT s'adapte aux variations de style, de ton et de complexité en fonction des instructions fournies dans le prompt. Il peut ajuster ses réponses pour fournir des informations pédagogiques, techniques, créatives ou synthétiques, selon les besoins exprimés. Cette flexibilité en fait un outil puissant pour les utilisateurs qui savent formuler des prompts précis.

Forces et Limites de ChatGPT

Pour maximiser l'utilisation de ChatGPT, il est important de connaître ses forces et ses limites, car cela détermine les types de tâches pour lesquelles il est le plus efficace et les domaines où il peut être moins performant.

1. **Forces de ChatGPT**
   - **Réponses Rapides et Synthétiques** : ChatGPT est extrêmement rapide pour générer des réponses informatives et synthétiques, ce qui est idéal pour

obtenir des informations de base ou des explications courtes sur une large variété de sujets.

- **Flexibilité de Style et de Ton** : ChatGPT peut adapter son style d'écriture pour répondre à des demandes variées, comme des textes formels, créatifs, pédagogiques, ou techniques. Cela en fait un outil polyvalent pour une multitude de contextes et d'audiences.
- **Capacité à Engager une Conversation** : Le modèle est conçu pour simuler une interaction naturelle et répondre de manière cohérente aux questions de suivi, rendant l'expérience plus fluide et engageante.

2. **Limites de ChatGPT**

- **Absence de Compréhension Réelle** : ChatGPT ne comprend pas le contenu de la même manière qu'un humain. Il ne peut pas saisir les subtilités des intentions ou des émotions dans les questions de manière authentique. Il reproduit les patterns de langage sans avoir conscience du sujet ou de la logique derrière les mots.
- **Biais dans les Réponses** : Étant donné que ChatGPT a été entraîné sur des données textuelles provenant de diverses sources, il peut refléter des biais présents dans ces données. Par exemple, des perspectives majoritaires ou culturellement influencées peuvent être reproduites dans ses réponses.
- **Limitation d'Actualisation des Connaissances** : ChatGPT est limité aux données disponibles jusqu'à une certaine date et n'a pas accès à des informations en temps réel. Il est donc moins utile pour des événements récents ou des informations spécifiques à jour.

Techniques pour Maximiser l'Utilisation de ChatGPT

En exploitant les spécificités de ChatGPT, les utilisateurs peuvent formuler des prompts plus précis et ainsi optimiser les réponses obtenues. Voici quelques techniques pour tirer le meilleur parti de ChatGPT :

1. **Utiliser des Prompts Clairs et Détaillés** : Pour obtenir une réponse ciblée, il est important d'indiquer explicitement les attentes dans le prompt, en précisant le sujet, le niveau de complexité, et le style souhaité. Par exemple, plutôt que de poser une question vague (« Parle-moi des énergies renouvelables »), un prompt plus détaillé comme « Explique les avantages et inconvénients des énergies renouvelables pour un public d'étudiants » améliorera la pertinence de la réponse.
2. **Segmenter les Requêtes Complexes** : ChatGPT gère mieux les demandes courtes et concises. Pour une question complexe ou multi-parties, il est souvent préférable de la diviser en plusieurs questions spécifiques, afin que l'IA puisse traiter chaque aspect de manière plus précise.
3. **Indiquer le Contexte et le Public** : ChatGPT est capable de s'adapter au contexte, mais il est utile de le lui indiquer. Par exemple, un prompt comme « Explique la révolution industrielle en Europe pour un public de jeunes étudiants » guidera l'IA vers une réponse adaptée aux jeunes lecteurs.
4. **Utiliser des Questions de Suivi pour Affiner les Réponses** : Si la première réponse de ChatGPT est trop générale ou ne correspond pas exactement aux attentes, poser des questions de suivi peut permettre d'obtenir des précisions

supplémentaires. Cette méthode permet d'approfondir un sujet ou d'orienter la conversation vers des points spécifiques.

5. **Demander des Réponses dans un Format Spécifique** : Pour des tâches spécifiques, indiquer le format souhaité dans le prompt aide ChatGPT à structurer sa réponse en fonction. Par exemple, demander « Donne-moi une liste des étapes pour développer un plan de projet » guidera l'IA vers une réponse sous forme de liste.

Applications Pratiques de ChatGPT

En connaissant les spécificités de ChatGPT, l'utilisateur peut l'exploiter dans divers domaines et pour des applications variées :

1. **Assistance à la Rédaction et à la Création de Contenu** : ChatGPT est idéal pour générer des idées, rédiger des ébauches de contenu, ou structurer des informations pour des articles, des blogs, ou des présentations. Par exemple, il peut aider à développer des introductions, résumer des points clés, ou fournir des listes d'arguments.

2. **Support à l'Éducation et à la Formation** : ChatGPT peut simplifier des concepts complexes pour les débutants, proposer des exercices de révision, ou répondre à des questions d'étudiants sur des sujets variés. Il est particulièrement utile pour expliquer des principes de base en sciences, en histoire, ou en économie.

3. **Brainstorming et Génération d'Idées Créatives** : Grâce à sa flexibilité, ChatGPT est un excellent outil pour générer des idées créatives, que ce soit pour des campagnes marketing, des scénarios de fiction, ou des concepts de produits. Par exemple, demander « Propose des idées pour une campagne de sensibilisation sur le recyclage » permet d'obtenir une liste de suggestions innovantes.

4. **Recherche Préliminaire et Collecte d'Informations** : ChatGPT peut servir d'outil de recherche rapide pour des sujets généraux. Bien qu'il ne remplace pas des sources spécialisées, il est utile pour une première vue d'ensemble sur un sujet avant d'approfondir la recherche.

5. **Aide aux Décisions et Conseils Pratiques** : ChatGPT peut fournir des conseils de base en gestion du temps, en organisation, ou en productivité, en fonction des besoins de l'utilisateur. Bien que ses réponses ne soient pas expertes, elles peuvent constituer un point de départ pour des décisions simples et pratiques.

Conclusion : Tirer le Meilleur Parti des Spécificités de ChatGPT

Comprendre les spécificités de ChatGPT est essentiel pour optimiser son utilisation comme outil d'apprentissage et de génération de contenu. En maîtrisant ses forces, comme la flexibilité de style et la capacité à synthétiser des informations, et en étant conscient de ses limites, comme l'absence de compréhension réelle et de mémoire, les utilisateurs peuvent exploiter pleinement le potentiel de ChatGPT.

Avec des prompts bien formulés et en utilisant des techniques d'ajustement en fonction des réponses obtenues, ChatGPT devient un allié puissant pour l'éducation, la création de contenu, la recherche d'informations, et l'assistance dans des tâches variées. Cette connaissance permet d'intégrer ChatGPT de manière stratégique dans des activités professionnelles, éducatives, et personnelles, rendant chaque interaction plus précise, efficace et enrichissante.

3.1.2 Introduction aux Autres Modèles de Langage et leurs Différences

Les modèles de langage basés sur l'intelligence artificielle se sont diversifiés au fil des ans, chacun possédant des caractéristiques uniques qui influencent leur capacité à traiter, analyser et générer du texte. Connaître les différents modèles de langage et leurs spécificités permet aux utilisateurs de choisir l'outil le plus adapté à leurs besoins, que ce soit pour une analyse approfondie, des interactions créatives, ou des tâches spécifiques. Dans cette section, nous explorons les principaux modèles de langage actuels, leurs différences fondamentales, et les cas d'usage où ils excellent.

1. GPT (Generative Pretrained Transformer) - OpenAI

Description : GPT, développé par OpenAI, est l'un des modèles de langage les plus avancés et les plus utilisés dans le domaine du traitement du langage naturel (NLP). Conçu pour générer du texte en imitant des schémas linguistiques humains, GPT est particulièrement efficace pour des tâches variées, allant de la rédaction créative aux explications techniques.

- Versions : GPT a évolué depuis sa première version (GPT-1) jusqu'à GPT-4. Chaque version améliore la compréhension contextuelle, la longueur des réponses, et la capacité à gérer des conversations complexes.
- Points Forts : Capacité de génération de texte fluide, compréhension du contexte sur plusieurs étapes de conversation, flexibilité d'utilisation pour des tâches diverses (écriture, traduction, résumés).
- Limites : Absence de mémoire d'interaction entre les sessions, manque de précision pour des sujets très spécialisés (en particulier dans les versions antérieures).
- Cas d'Usage : Rédaction d'articles, brainstorming créatif, réponses à des questions ouvertes, génération de textes conversationnels et explicatifs.

2. BERT (Bidirectional Encoder Representations from Transformers) - Google

Description : BERT, développé par Google, est un modèle de langage principalement conçu pour la compréhension du langage naturel. Contrairement à GPT, qui se concentre sur la génération de texte, BERT excelle dans les tâches de compréhension et d'analyse de texte, comme la classification de texte, la détection d'entités nommées, et la réponse à des questions factuelles.

- Caractéristique Principale : BERT utilise une approche bidirectionnelle, ce qui signifie qu'il prend en compte le contexte des mots en analysant les deux côtés d'un mot donné dans une phrase. Cela améliore sa précision dans la compréhension du contexte.
- Points Forts : Excellente capacité d'analyse et de compréhension de texte, particulièrement utile pour les tâches de classification, d'analyse de sentiments, et de réponses à des questions précises.
- Limites : Moins efficace pour la génération de texte créatif, ne traite généralement pas bien les dialogues ou les conversations complexes.
- Cas d'Usage : Recherche d'information (ex. Google Search), classification de texte, réponse à des questions factuelles, analyse de sentiments pour des enquêtes ou des avis clients.

3. T5 (Text-To-Text Transfer Transformer) - Google

Description : Le modèle T5 de Google est un modèle de transformation du langage conçu pour traiter toutes les tâches NLP sous la forme d'une transformation « texte vers texte ». Autrement dit, que ce soit pour traduire, résumer, ou répondre à des questions, chaque tâche est formulée comme une entrée textuelle à laquelle le modèle répond par du texte.

- Approche Unique : T5 utilise une approche unifiée de texte en entrée et en sortie, ce qui permet d'appliquer le même modèle à une grande variété de tâches NLP.
- Points Forts : Flexibilité dans la gestion des tâches de transformation de texte, telles que la traduction, le résumé, et la réponse à des questions. La structure « texte vers texte » permet d'avoir un modèle polyvalent.
- Limites : Bien que polyvalent, T5 peut être moins performant que des modèles spécialisés dans des tâches complexes ou conversationnelles, comme les dialogues continus.
- Cas d'Usage : Résumé de documents, traduction de texte, génération de réponses pour des systèmes de questions-réponses, reformulation de texte.

4. RoBERTa (A Robustly Optimized BERT Pretraining Approach) - Facebook

Description : RoBERTa, développé par Facebook, est une version améliorée de BERT. Il suit la même approche bidirectionnelle pour la compréhension du texte mais est entraîné sur de plus grands ensembles de données et avec des paramètres ajustés pour des performances accrues en matière de compréhension contextuelle.

- Caractéristique Principale : Optimisé pour la compréhension du contexte avec un volume d'entraînement plus important que BERT, ce qui améliore la précision des prédictions.
- Points Forts : Excellente capacité d'analyse et de compréhension de texte, amélioration des performances sur des tâches complexes de classification et de compréhension du langage naturel.
- Limites : Comme BERT, RoBERTa n'est pas conçu pour la génération de texte, donc il n'est pas adapté pour les réponses longues ou les tâches créatives.
- Cas d'Usage : Analyse de sentiments, classification de texte, détection d'entités, tâches de recherche d'information.

5. XLNet - Google et Carnegie Mellon University

Description : XLNet est un modèle de langage développé par Google et Carnegie Mellon qui combine les atouts des modèles auto-régressifs comme GPT et des modèles bidirectionnels comme BERT. Cela lui permet de mieux comprendre les contextes et de produire des prédictions plus précises.

- Caractéristique Unique : XLNet utilise un mécanisme de permutation qui améliore sa capacité de compréhension du contexte tout en offrant une flexibilité accrue dans la génération de texte.
- Points Forts : Précision dans la compréhension contextuelle, capacité à prédire des séquences de texte en prenant en compte différentes permutations de phrases.
- Limites : Complexité accrue en raison du mécanisme de permutation, ce qui le rend moins efficace pour certaines tâches où la simplicité est privilégiée.
- Cas d'Usage : Tâches nécessitant une compréhension contextuelle complexe, telles que la réponse à des questions avec plusieurs sous-entendus, l'analyse de texte dans des environnements hautement techniques.

6. CTRL (Conditional Transformer Language) - Salesforce

Description : CTRL est un modèle développé par Salesforce pour générer des textes longs et cohérents sous la supervision de l'utilisateur. Contrairement aux autres modèles, il est conditionnel, ce qui signifie que l'utilisateur peut contrôler le style et le ton du texte généré en ajoutant des instructions précises au début du prompt.

- Caractéristique Unique : Le modèle CTRL permet un certain contrôle sur le contenu généré grâce à des mots-clés et des préfixes de commande, permettant de personnaliser la sortie selon les besoins spécifiques.
- Points Forts : Excellente capacité de génération de texte cohérent et structuré, hautement personnalisable.
- Limites : Le besoin de préfixes de commande peut rendre l'utilisation plus complexe, et il est moins performant dans les tâches de compréhension contextuelle pure.
- Cas d'Usage : Génération de contenu avec des contraintes stylistiques précises, rédaction de textes longs (articles, essais), applications nécessitant un contrôle strict du style de sortie.

7. ALBERT (A Lite BERT) - Google

Description : ALBERT est une version allégée de BERT, conçue pour être plus efficace en termes de mémoire et de vitesse de traitement. Il est optimisé pour les tâches de compréhension du langage sans nécessiter autant de puissance de calcul que d'autres modèles de langage volumineux.

- Caractéristique Unique : Sa structure plus légère permet de l'intégrer dans des systèmes nécessitant une rapidité d'exécution et une consommation de ressources minimales.
- Points Forts : Rapide et efficace pour les tâches de compréhension du langage, capable de traiter des tâches NLP sans exiger des ressources massives.
- Limites : Moins performant pour les tâches nécessitant une analyse contextuelle très profonde, plus adapté aux applications nécessitant des réponses simples.
- Cas d'Usage : Applications mobiles ou embarquées, tâches de compréhension basique (analyse de sentiments, classification de texte).

Synthèse des Différences entre les Modèles

Modèle	Utilisation Principale	Caractéristique Unique	Limites principales
GPT	Génération de texte créatif et explicatif	Modèle génératif, flexible	Moins performant en analyse fine
BERT	Compréhension et analyse de texte	Analyse bidirectionnelle	Moins adapté pour la génération
T5	Transformation de texte vers texte	Modèle tout-en-un pour le texte	Moins performant en dialogue long
RoBERTa	Compréhension contextuelle avancée	Version optimisée de BERT	Pas de génération créative
XLNet	Prédiction contextuelle avancée	Mécanisme de permutation	Complexité élevée
CTRL	Génération de texte contrôlé	Personnalisation par préfixe	Demande des préfixes spécifiques
ALBERT	Compréhension rapide, faible coût	Version légère de BERT	Moins adapté aux analyses profondes

Conclusion : Choisir le Bon Modèle pour Chaque Besoin

Les modèles de langage présentent des capacités et des spécialisations variées qui les rendent plus ou moins adaptés à différents contextes. En comprenant les différences fondamentales entre ces modèles, les utilisateurs peuvent choisir celui qui répond le mieux à leurs objectifs, qu'il s'agisse de la génération créative, de l'analyse de texte, ou de la compréhension contextuelle. Les choix de modèles adaptés permettent de tirer le meilleur parti de l'intelligence artificielle pour obtenir des réponses précises, cohérentes et alignées avec les besoins spécifiques de chaque tâche.

3.1.3 Explorer les Modèles d'IA pour Améliorer les Prompts

Les modèles d'IA, comme ChatGPT, BERT, et d'autres variantes développées pour le traitement du langage naturel, offrent des outils puissants pour la création et l'optimisation de prompts. Chacun de ces modèles présente des caractéristiques spécifiques et des capacités uniques, ce qui en fait des instruments de choix pour les utilisateurs cherchant à perfectionner leur formulation de prompts. En explorant et en testant ces modèles, il est possible d'améliorer la qualité et la pertinence des réponses, en apprenant les nuances de chaque IA et en tirant parti de leurs forces respectives.

Les Différents Types de Modèles d'IA et leurs Particularités

1. **GPT (Generative Pre-trained Transformer) : ChatGPT et ses variantes**
   - **Particularité** : Les modèles GPT, y compris ChatGPT, sont conçus pour générer du texte de manière cohérente et contextualisée. Ils se distinguent par leur capacité à produire du contenu long et structuré et à imiter différents tons et styles.
   - **Utilisation pour les Prompts** : GPT est excellent pour des réponses narratives, des explications pédagogiques et des contenus créatifs. En utilisant des prompts bien formulés, les utilisateurs peuvent obtenir des réponses nuancées et contextuellement riches.
   - **Amélioration des Prompts** : Pour tirer parti de GPT, il est recommandé de tester des variantes de prompts en jouant sur la longueur, la spécificité, et le ton, afin de voir comment le modèle réagit et ajuste la qualité des réponses.
2. **BERT (Bidirectional Encoder Representations from Transformers)**
   - **Particularité** : Contrairement à GPT, BERT est un modèle basé sur l'encodage bidirectionnel, ce qui signifie qu'il est particulièrement performant dans l'analyse de la relation entre les mots d'une phrase, ce qui lui permet de mieux comprendre le contexte de chaque mot.

- ○ **Utilisation pour les Prompts** : BERT est bien adapté pour les tâches de compréhension de texte, comme la classification de requêtes, la recherche d'informations spécifiques, et les réponses courtes et précises.
- ○ **Amélioration des Prompts** : En utilisant BERT, les utilisateurs peuvent explorer des formulations directes et concises, qui exploitent la capacité du modèle à interpréter des questions précises et à extraire des informations spécifiques dans des textes longs.

3. **T5 (Text-To-Text Transfer Transformer)**
   - ○ **Particularité** : T5 est conçu pour transformer toute tâche de traitement du langage en une tâche de génération de texte. Il peut ainsi répondre à une grande variété de prompts allant de la traduction à la génération de résumés.
   - ○ **Utilisation pour les Prompts** : Ce modèle est très flexible et utile pour des tâches où l'on souhaite transformer une information d'un format à un autre, par exemple, réécrire un texte en langage formel ou générer des résumés synthétiques.
   - ○ **Amélioration des Prompts** : T5 permet de tester des prompts qui incluent des instructions de reformulation ou de synthèse, ce qui est idéal pour explorer différentes manières de présenter une information ou pour synthétiser des textes complexes.

4. **DistilGPT et DistilBERT**
   - ○ **Particularité** : Ces modèles sont des versions allégées de GPT et BERT, conçues pour offrir des réponses rapides tout en consommant moins de ressources.
   - ○ **Utilisation pour les Prompts** : DistilGPT et DistilBERT sont particulièrement adaptés pour des tâches nécessitant une vitesse de réponse accrue, comme les assistants en ligne ou les chatbots.
   - ○ **Amélioration des Prompts** : En utilisant des prompts concis et directs, les utilisateurs peuvent optimiser l'interaction avec ces modèles plus légers pour des réponses rapides et claires, idéales pour des interactions en temps réel.

Comment Utiliser Ces Modèles pour Optimiser les Prompts

En explorant ces différents modèles, les utilisateurs peuvent adapter leurs prompts pour répondre aux spécificités de chaque IA et obtenir des résultats optimisés. Voici quelques stratégies pour exploiter les forces des modèles d'IA et améliorer les prompts :

1. **Tester des Variantes de Prompts sur Différents Modèles** : Un même sujet peut être abordé différemment selon le modèle utilisé. Par exemple, un prompt nécessitant une réponse narrative pourrait fonctionner très bien avec GPT, tandis qu'un prompt visant des réponses brèves et factuelles serait

mieux adapté à BERT ou DistilBERT. Tester des variantes de prompts sur plusieurs modèles permet d'observer les nuances de réponse de chaque IA et de choisir le modèle qui s'aligne le mieux avec l'intention de l'utilisateur.

2. **Adapter la Complexité et la Spécificité du Prompt au Modèle Choisi** : Certains modèles, comme BERT, sont plus performants pour des prompts directs et concis. En revanche, GPT est adapté aux requêtes complexes et narratives. Pour chaque modèle, il est pertinent d'ajuster la complexité de la formulation et de tester comment le modèle gère les prompts plus simples ou plus détaillés.

3. **Utiliser les Points Forts des Modèles pour Répondre à des Intentions Spécifiques** : En connaissant les points forts de chaque modèle, les utilisateurs peuvent choisir celui qui correspond le mieux à leurs besoins. Par exemple :
   - **GPT** pour des réponses créatives et des récits détaillés,
   - **BERT** pour des réponses factuelles et précises,
   - **T5** pour la reformulation et la synthèse.

4. **Analyser les Limites de chaque Modèle pour Affiner les Prompts** : Chaque modèle a aussi ses limites. Par exemple, BERT peut parfois fournir des réponses limitées en longueur, tandis que GPT peut générer des réponses trop longues ou non centrées. En prenant en compte ces limites, les utilisateurs peuvent formuler des prompts plus adaptés en évitant des formulations trop vagues ou en imposant des limites spécifiques dans les instructions données.

Exemples Pratiques d'Amélioration des Prompts avec Différents Modèles d'IA

Voici des exemples concrets montrant comment un même sujet peut être formulé différemment selon les caractéristiques du modèle choisi :

1. **Sujet : Les Avantages des Énergies Renouvelables**
   - **Avec GPT** (pour une réponse détaillée et narrative) :
     - **Prompt** : « Rédige un article expliquant en détail les avantages des énergies renouvelables en mettant en avant des exemples concrets et un ton inspirant. »
     - **Résultat attendu** : Un texte long et structuré avec des exemples concrets et une présentation engageante des avantages.
   - **Avec BERT** (pour une réponse concise et factuelle) :
     - **Prompt** : « Quels sont les trois principaux avantages des énergies renouvelables ? »
     - **Résultat attendu** : Une réponse brève et factuelle, focalisée sur trois points principaux sans détail narratif.
   - **Avec T5** (pour une reformulation ou un résumé) :

- **Prompt** : « Résume en 50 mots les avantages des énergies renouvelables. »
- **Résultat attendu** : Un résumé court et synthétique des avantages.

2. **Sujet : Explication du Confinement des Particules dans un Réacteur à Fusion**
   - **Avec GPT** (pour une explication pédagogique et détaillée) :
     - **Prompt** : « Explique le concept du confinement des particules dans un réacteur à fusion, comme si tu parlais à un étudiant en physique. »
     - **Résultat attendu** : Une réponse détaillée et accessible, expliquant le concept avec des exemples pédagogiques.
   - **Avec BERT** (pour une réponse technique et concise) :
     - **Prompt** : « Qu'est-ce que le confinement des particules dans un réacteur à fusion ? »
     - **Résultat attendu** : Une définition concise du terme, sans exemples pédagogiques.
   - **Avec DistilBERT** (pour une réponse rapide en contexte de chatbot) :
     - **Prompt** : « Peux-tu me dire rapidement ce qu'est le confinement des particules dans la fusion nucléaire ? »
     - **Résultat attendu** : Une réponse brève et rapide, idéale pour un chatbot.

3. **Sujet : Résumé de la Révolution Française**
   - **Avec T5** (pour un résumé condensé) :
     - **Prompt** : « Résume en 100 mots les principales causes et conséquences de la Révolution française. »
     - **Résultat attendu** : Une réponse synthétique, idéale pour une introduction ou un aperçu général.
   - **Avec GPT** (pour une version plus développée et narrative) :
     - **Prompt** : « Rédige un article de 500 mots sur les causes et conséquences de la Révolution française, en adoptant un ton historique et descriptif. »
     - **Résultat attendu** : Une réponse narrative et détaillée, donnant un contexte historique et expliquant en profondeur chaque aspect.

Conclusion : L'Importance d'Explorer les Modèles d'IA pour Maîtriser la Création de Prompts

Explorer les caractéristiques et les particularités des différents modèles d'IA permet de perfectionner la formulation des prompts et d'adapter chaque demande en fonction des capacités spécifiques de chaque modèle. Connaître les points forts et les limites des modèles tels que GPT, BERT, T5 et leurs variantes allégées permet aux utilisateurs de sélectionner l'IA la plus appropriée pour chaque tâche et d'optimiser ainsi la pertinence et la qualité des réponses.

Maîtriser l'art de choisir et d'adapter les prompts à chaque modèle d'IA est une compétence essentielle pour ceux qui cherchent à maximiser les résultats dans leurs interactions avec les intelligences artificielles. Cela ouvre de nouvelles possibilités d'apprentissage et d'application pratique, en exploitant pleinement le potentiel de chaque modèle dans la création de prompts efficaces et ciblés.

3.2.1 Tester Différents Prompts pour un Même Objectif

L'analyse et la révision des prompts sont des étapes cruciales pour obtenir des réponses optimales et adaptées aux objectifs de l'utilisateur. Tester différents prompts pour un même objectif permet de comparer la précision, la pertinence, et le style des réponses générées par l'IA. Cette technique aide à affiner la formulation des prompts, à mieux comprendre comment le modèle réagit à différentes structures, et à maximiser la qualité des réponses. Voici comment procéder pour tester différents prompts, avec des exemples et des étapes pratiques pour évaluer les résultats.

Pourquoi Tester Différents Prompts pour un Même Objectif ?

1. **Identifier la Meilleure Formulation** : Tester plusieurs versions d'un prompt aide à trouver la formulation la plus efficace, qui guide l'IA vers une réponse parfaitement alignée avec les attentes de l'utilisateur.
2. **Optimiser la Clarté et la Précision** : En comparant les réponses à des formulations différentes, on peut déterminer quelle structure ou quel choix de mots clarifie le mieux la demande et réduit les ambiguïtés.
3. **Comprendre l'Impact de la Formulation** : Chaque modèle d'IA réagit différemment en fonction des mots et des structures employés. Tester plusieurs versions permet de mieux comprendre comment l'IA interprète les prompts et quels ajustements sont nécessaires pour affiner les résultats.

Étapes pour Tester Différents Prompts

1. **Définir l'Objectif Clair et Précis** : Avant de tester les prompts, il est essentiel de clarifier l'objectif de la demande. Par exemple, si l'objectif est d'obtenir une explication simple du concept de machine learning, il faut garder cet objectif en tête pour évaluer chaque réponse.
2. **Créer Plusieurs Versions du Prompt** : Rédigez différentes formulations de prompt, en variant le style, la structure, les mots-clés, ou la longueur. Les modifications peuvent inclure l'ajout de contexte, la simplification des termes ou la spécification du ton souhaité.
3. **Analyser et Comparer les Réponses** : Pour chaque version du prompt, notez la qualité de la réponse obtenue en fonction de critères comme la clarté, la pertinence, la précision, et l'adaptation au ton souhaité.
4. **Affiner et Réviser les Prompts** : En fonction des résultats des tests, combinez les éléments efficaces de chaque version pour créer un prompt final plus performant.

Exemples de Tests de Prompts pour un Même Objectif

Prenons un objectif simple : obtenir une explication de la « blockchain » accessible aux débutants. Voici plusieurs versions de prompts testés pour cet objectif, ainsi qu'une analyse de chaque résultat.

1. **Prompt 1 : Explication Simple**
   - **Prompt** : « Qu'est-ce que la blockchain ? Explique en des termes simples. »
   - **Résultat** : Cette formulation fournit généralement une réponse basique, adaptée aux débutants, en évitant le jargon technique. Cependant, elle peut parfois manquer de détails pour les lecteurs qui souhaitent des exemples.
   - **Analyse** : Ce prompt est clair pour une explication de base, mais peut être amélioré en ajoutant un exemple concret pour illustrer le concept.

2. **Prompt 2 : Explication avec Exemple Concret**
   - **Prompt** : « Explique ce qu'est la blockchain de manière simple, avec un exemple concret pour illustrer. »
   - **Résultat** : La réponse est plus complète, intégrant un exemple pratique (comme une transaction en Bitcoin) pour clarifier l'explication.
   - **Analyse** : En ajoutant la demande d'un exemple concret, la réponse devient plus accessible et illustrée, ce qui la rend plus engageante pour les débutants.

3. **Prompt 3 : Définition Vulgarisée pour les Non-Initiés**
   - **Prompt** : « Définis la blockchain comme si tu t'adressais à quelqu'un qui n'a jamais entendu parler de technologie. »
   - **Résultat** : La réponse est vulgarisée, avec un ton particulièrement simplifié, mais peut parfois devenir trop simpliste, au point de manquer des concepts fondamentaux.
   - **Analyse** : Cette formulation est utile pour les personnes totalement novices, mais peut être insuffisante pour les lecteurs qui recherchent une compréhension légèrement plus technique.

4. **Prompt 4 : Comparaison Didactique**
   - **Prompt** : « Explique la blockchain en la comparant à un registre comptable. »
   - **Résultat** : La réponse utilise une comparaison avec un registre comptable, ce qui aide à visualiser le concept de manière concrète et simplifiée.
   - **Analyse** : Cette comparaison rend la réponse plus accessible pour les débutants qui comprennent déjà le concept d'enregistrement de données, mais elle pourrait être confondante si l'utilisateur n'a pas de contexte sur les registres comptables.

5. **Prompt 5 : Utilisation Pratique et Importance**
   - **Prompt** : « Pourquoi la blockchain est-elle importante, et comment fonctionne-t-elle dans les transactions financières ? »
   - **Résultat** : La réponse met l'accent sur l'application pratique dans le domaine financier, ce qui donne une perspective de l'utilité réelle de la blockchain.
   - **Analyse** : Bien que cette formulation soit instructive et contextualisée, elle peut s'avérer trop technique si l'audience n'est pas familiarisée avec les transactions financières.

Analyse et Comparaison des Résultats

Après avoir testé et comparé les résultats, on peut constater que chaque formulation du prompt affecte la réponse différemment :

- **Prompt 2 (Explication avec Exemple Concret)** fournit un bon équilibre entre simplicité et illustration, ce qui le rend idéal pour des débutants ayant besoin d'une explication claire et d'un exemple pour visualiser.
- **Prompt 3 (Définition Vulgarisée pour les Non-Initiés)** est parfait pour une audience totalement novice, mais il pourrait être trop simpliste si une compréhension plus approfondie est requise.
- **Prompt 4 (Comparaison Didactique)** permet une approche analogique, utile pour les publics qui bénéficient de comparaisons, mais il peut créer une confusion si l'audience n'a pas de contexte préalable.

En combinant les éléments les plus efficaces de chaque formulation, on pourrait créer un prompt optimisé, comme :
« Explique ce qu'est la blockchain de manière simple, avec un exemple concret et une comparaison avec un registre comptable pour aider à comprendre. »

Ce prompt finalisé associe la clarté, l'illustration concrète et la comparaison, ce qui en fait une version complète et polyvalente, susceptible de répondre aux attentes de l'audience de manière optimale.

Autre Exemple de Test de Prompts : Analyser les Effets du Télétravail

Prenons l'objectif suivant : obtenir une analyse des effets du télétravail sur la productivité des employés.

1. **Prompt 1 : Analyse Simple**
   - **Prompt** : « Quels sont les effets du télétravail sur la productivité des employés ? »
   - **Résultat** : La réponse fournit une vue d'ensemble des effets du télétravail, mais peut être assez générique et manquer de profondeur.
2. **Prompt 2 : Demande de Comparaison**
   - **Prompt** : « Compare les effets du télétravail sur la productivité avec le travail en présentiel. »
   - **Résultat** : La réponse inclut une comparaison entre le télétravail et le travail en présentiel, ce qui donne une vision plus complète des avantages et des inconvénients des deux modes de travail.
3. **Prompt 3 : Demande d'Études ou de Données**
   - **Prompt** : « Quels sont les effets du télétravail sur la productivité des employés ? Appuie ta réponse sur des études ou des données récentes. »
   - **Résultat** : La réponse intègre des références à des études ou des statistiques, renforçant la crédibilité et la profondeur de l'analyse.
4. **Prompt 4 : Analyse Critique**
   - **Prompt** : « Analyse de manière critique les effets positifs et négatifs du télétravail sur la productivité des employés. »
   - **Résultat** : La réponse offre une analyse nuancée et critique, abordant à la fois les avantages et les défis, avec une structure comparative.
5. **Prompt 5 : Perspectives et Conseils**
   - **Prompt** : « Quels conseils donner aux managers pour maximiser la productivité des employés en télétravail ? »
   - **Résultat** : La réponse se concentre sur des conseils pratiques, utiles pour les managers souhaitant optimiser les performances en télétravail.

Synthèse des Tests et Création du Prompt Final

Après avoir analysé chaque version, le **Prompt 3 (Demande d'Études ou de Données)** et le **Prompt 4 (Analyse Critique)** se démarquent pour une audience qui souhaite une réponse approfondie et bien étayée. Pour une version finale optimisée, on pourrait formuler :

« Analyse les effets du télétravail sur la productivité des employés en comparant avec le travail en présentiel et en citant des études ou données récentes. »

Ce prompt optimisé combine les éléments les plus pertinents, à savoir une analyse comparative, l'intégration de données factuelles et un regard critique, pour obtenir une réponse complète et informative.

Conclusion : La Valeur des Tests de Prompts

Tester différents prompts pour un même objectif est un exercice de perfectionnement essentiel. En explorant différentes formulations et en analysant les résultats, l'utilisateur affine sa capacité à formuler des prompts clairs et efficaces. La comparaison des versions permet de découvrir la meilleure approche pour atteindre un objectif donné, en obtenant des réponses précises et en réduisant les allers-retours.

La clé pour un prompt réussi réside dans la capacité à adapter et combiner les éléments les plus performants de chaque version testée, pour créer une formulation optimale qui guide l'IA vers une réponse idéale.

3.2.2 L'Importance de la Révision : Ajuster pour la Précision

La révision des prompts est une étape cruciale pour obtenir des réponses précises et adaptées aux attentes de l'utilisateur. En ajustant un prompt après une première interaction avec l'IA, on peut corriger les ambiguïtés, ajouter des détails spécifiques, et affiner la structure pour mieux orienter la réponse. Ce processus de révision aide à éliminer les imprécisions et à s'assurer que le prompt communique l'intention de manière claire et concise.

Pourquoi la Révision des Prompts est Essentielle

La révision permet d'améliorer la formulation d'un prompt en fonction de la réponse initiale obtenue et des ajustements nécessaires pour aligner cette réponse avec l'objectif. Voici pourquoi cette étape est si importante :

1. **Amélioration de la Précision et de la Pertinence** : Réviser le prompt aide à clarifier l'objectif et à guider l'IA pour qu'elle fournisse une réponse plus précise. En ajoutant des mots-clés ou en reformulant certains éléments, on peut éviter des réponses vagues ou hors sujet.

2. **Réduction des Ambiguïtés** : Une première formulation peut souvent inclure des termes ou des structures qui prêtent à confusion. En révisant le prompt, on identifie et corrige ces ambiguïtés, réduisant ainsi les interprétations possibles pour l'IA.
3. **Affinage de la Spécificité** : Un prompt révisé permet d'ajouter des détails spécifiques en fonction de la première réponse, notamment si celle-ci manque de profondeur ou de précision. Cela aide à focaliser la réponse sur les aspects les plus pertinents pour l'utilisateur.

Étapes pour Réviser un Prompt avec Précision

Pour ajuster un prompt avec précision, il est utile de suivre une approche structurée. Voici les principales étapes pour réviser efficacement un prompt :

1. **Analyser la Première Réponse de l'IA** : Avant de réviser le prompt, il est important de comprendre pourquoi la réponse initiale ne correspond pas exactement aux attentes. Est-elle trop vague ? Manque-t-elle de détails ? Contient-elle des informations hors sujet ? Cette analyse aide à cibler les points à corriger.
2. **Identifier les Éléments à Préciser** : Déterminer les informations qui devraient être ajoutées ou reformulées pour améliorer la clarté. Par exemple, des détails supplémentaires sur le contexte, le style de réponse ou la structure souhaitée peuvent rendre le prompt plus précis.
3. **Reformuler les Éléments Ambigus** : Éliminer les termes flous ou trop généraux qui peuvent prêter à confusion. Préciser les mots-clés ou remplacer les phrases ambiguës par des expressions plus directes et spécifiques.
4. **Ajouter des Instructions Claires sur le Format et le Ton** : Si la réponse attendue doit suivre un certain format (liste, paragraphe court, essai structuré), l'ajout de cette information dans le prompt permet de guider l'IA plus efficacement.
5. **Tester et Ajuster** : Après chaque révision, il est conseillé de tester le prompt pour évaluer si les ajustements apportent les résultats escomptés. Parfois, plusieurs itérations sont nécessaires pour atteindre un niveau optimal de précision.

Exemples de Révision pour Améliorer la Précision d'un Prompt

Pour illustrer l'importance de la révision et de l'ajustement des prompts, voici quelques exemples concrets montrant comment une révision ciblée peut transformer un prompt initial en une demande plus claire et plus efficace.

- **Exemple 1 : Prompt Initial Trop Vague**
  - **Prompt initial** : « Explique les avantages des énergies renouvelables. »
  - **Analyse** : Ce prompt pourrait donner une réponse trop générale, sans spécifier les types d'énergies renouvelables ou les domaines d'avantages.
  - **Prompt révisé** : « Explique trois avantages environnementaux et économiques de l'énergie solaire et de l'énergie éolienne. »
  - **Amélioration** : En précisant le type d'énergie et les domaines d'avantages, le prompt devient plus ciblé et guide l'IA vers une réponse structurée et détaillée.
- **Exemple 2 : Prompt Ambigu Manquant de Contexte**
  - **Prompt initial** : « Parle-moi de la psychologie. »
  - **Analyse** : Ce prompt est trop large, car la psychologie comprend de nombreux sous-domaines (psychologie cognitive, sociale, clinique, etc.).
  - **Prompt révisé** : « Donne une introduction à la psychologie cognitive, en expliquant comment elle étudie les processus mentaux comme la mémoire et l'attention. »
  - **Amélioration** : Le prompt révisé précise le domaine de la psychologie et les aspects à couvrir, ce qui permet d'obtenir une réponse plus pertinente et alignée avec un sujet spécifique.
- **Exemple 3 : Révision pour Inclure des Détails Spécifiques**
  - **Prompt initial** : « Comment améliorer la productivité ? »
  - **Analyse** : Ce prompt risque de fournir une réponse générique qui couvre des conseils trop larges.
  - **Prompt révisé** : « Comment un travailleur indépendant peut-il améliorer sa productivité en utilisant des techniques de gestion du temps ? »
  - **Amélioration** : En ajoutant le profil de l'audience (travailleur indépendant) et le type de conseils recherchés (gestion du temps), le prompt oriente l'IA vers des réponses plus spécifiques et applicables.
- **Exemple 4 : Révision pour Adapter le Format de Réponse**
  - **Prompt initial** : « Quels sont les principaux défis de la télétravail ? »
  - **Analyse** : Ce prompt pourrait générer une réponse en paragraphes alors qu'une liste serait plus facile à lire et à comprendre.
  - **Prompt révisé** : « Dresse une liste des cinq principaux défis du télétravail, en incluant des conseils pour les surmonter. »

- ○ **Amélioration** : En précisant le format attendu (liste) et en ajoutant une demande de conseils, le prompt devient plus précis et structure la réponse de manière plus pratique.

Bonnes Pratiques pour une Révision Efficace

Pour optimiser la révision des prompts et ajuster la précision des réponses de l'IA, voici quelques bonnes pratiques à appliquer :

1. **Clarifier les Intentions de la Réponse** : Toujours réfléchir à ce que l'on attend de la réponse avant de reformuler le prompt. Si l'objectif est un résumé, un détail spécifique, ou une analyse complète, ces informations doivent être présentes dans le prompt.
2. **Éviter les Expressions Trop Générales** : Les prompts contenant des mots vagues comme « parler », « expliquer », ou « décrire » sans contexte supplémentaire peuvent produire des réponses trop larges. Les remplacer par des termes plus spécifiques oriente mieux la réponse.
3. **Spécifier le Public Cible** : Si la réponse doit être adaptée à un certain public (débutant, expert, jeunes étudiants), indiquer cette information dans le prompt peut améliorer la précision et le ton de la réponse.
4. **Tester et Réajuster Rapidement** : La révision est souvent un processus itératif ; il peut être nécessaire de tester le prompt plusieurs fois, en ajustant légèrement la formulation jusqu'à obtenir la réponse désirée.
5. **Utiliser des Questions Fermées pour Réponses Ciblées** : Si une réponse concise est recherchée, formuler des questions fermées ou très précises aide à limiter l'étendue de la réponse.

Conclusion : La Révision pour Obtenir des Prompts Précis et Efficaces

La révision des prompts est une pratique essentielle pour maîtriser l'interaction avec l'IA et garantir des réponses précises, pertinentes, et adaptées aux besoins spécifiques de l'utilisateur. En prenant le temps de reformuler et d'ajuster un prompt après une première réponse, l'utilisateur peut éliminer les ambiguïtés, préciser les attentes, et orienter l'IA vers des réponses de meilleure qualité.

Cette capacité à ajuster les prompts pour plus de précision permet à l'utilisateur de tirer pleinement parti des capacités de l'IA, transformant chaque interaction en un échange constructif et enrichissant.

3.3.1 Références Académiques, Sites et Outils de Perfectionnement

Pour perfectionner ses compétences en formulation de prompts et tirer le meilleur parti de l'interaction avec l'IA, il est essentiel d'explorer diverses ressources académiques, sites spécialisés et outils conçus pour aider les utilisateurs à affiner leurs compétences. Ce chapitre présente des références académiques pour approfondir la théorie de l'interaction avec les modèles de langage, des sites et plateformes pour s'exercer, ainsi que des outils pratiques pour tester et analyser des prompts.

Références Académiques et Lectures Recommandées

Les recherches académiques fournissent une compréhension fondamentale de la manière dont les modèles de langage naturel interprètent et répondent aux prompts. Voici quelques références et lectures recommandées pour mieux comprendre la science et la théorie derrière la formulation de prompts efficaces :

1. **"Attention Is All You Need" – Vaswani et al. (2017)**
   - **Résumé** : Cet article fondamental sur les réseaux de neurones attentionnels, qui a donné naissance à l'architecture Transformer, explique les bases des modèles de langage actuels, y compris ChatGPT.
   - **Utilité pour les prompts** : Comprendre comment les IA basées sur le Transformer traitent l'information aide à mieux formuler des prompts. Cet article est une base pour comprendre pourquoi certains mots ou structures sont plus efficaces dans un prompt.
2. **"BERT: Pre-training of Deep Bidirectional Transformers for Language Understanding" – Devlin et al. (2019)**
   - **Résumé** : Ce document présente BERT, l'un des premiers modèles de langage bidirectionnels, qui permet de comprendre comment l'IA traite le contexte dans les deux sens d'une phrase.
   - **Utilité pour les prompts** : En comprenant la capacité des modèles bidirectionnels à interpréter le contexte, les utilisateurs peuvent apprendre à formuler des prompts avec une structure claire, optimisant la pertinence des réponses.
3. **"GPT-3: Language Models are Few-Shot Learners" – Brown et al. (2020)**
   - **Résumé** : Cet article présente le modèle GPT-3, détaillant sa capacité à comprendre les prompts avec peu ou pas d'exemples et à générer des réponses contextuelles variées.
   - **Utilité pour les prompts** : Cet article permet de saisir comment les modèles GPT interprètent et répondent aux informations dans les prompts, et pourquoi fournir des exemples dans le prompt peut améliorer la qualité des réponses.
4. **Livres et Ressources Complémentaires**

- "**Deep Learning**" – **Ian Goodfellow, Yoshua Bengio, Aaron Courville** : Un ouvrage de référence en intelligence artificielle, qui explore les concepts fondamentaux de l'apprentissage profond, essentiels pour comprendre comment les modèles de langage traitent l'information.
- "**Natural Language Processing with Python**" – **Steven Bird, Ewan Klein, Edward Loper** : Un guide pratique pour le traitement du langage naturel en Python, utile pour les utilisateurs souhaitant expérimenter directement avec la création de modèles et la formulation de prompts.

Sites et Plateformes pour Pratiquer la Création de Prompts

Pour perfectionner ses compétences, il est utile de s'exercer sur des sites et plateformes offrant des interactions avec des modèles de langage. Voici quelques sites qui permettent aux utilisateurs de tester leurs prompts, d'explorer différents types de réponses et d'améliorer leurs techniques :

1. **OpenAI Playground**
   - **Description** : Le Playground d'OpenAI est une plateforme qui permet aux utilisateurs de tester des prompts directement avec différents modèles de langage GPT.
   - **Utilité pour les prompts** : L'interface simple et interactive permet de tester différents formats de prompts, de varier le ton et la complexité, et de voir comment le modèle réagit. Le Playground offre également des paramètres ajustables, comme la « température » (qui détermine la créativité des réponses), permettant d'affiner davantage les résultats.
2. **AI Dungeon**
   - **Description** : AI Dungeon est une plateforme ludique qui utilise un modèle de langage pour générer des scénarios d'aventures interactives basées sur les prompts de l'utilisateur.
   - **Utilité pour les prompts** : En pratiquant la formulation de prompts dans un contexte de storytelling, les utilisateurs peuvent développer leurs compétences créatives et explorer comment les prompts influencent le déroulement des récits. Cette pratique est particulièrement utile pour apprendre à rédiger des prompts imaginatifs et inspirants.
3. **GPT-3 Sandbox**
   - **Description** : Proposé par des développeurs indépendants, le GPT-3 Sandbox permet d'interagir avec GPT-3 en testant divers types de prompts et en explorant des paramètres personnalisés.
   - **Utilité pour les prompts** : Le Sandbox offre un environnement contrôlé pour tester les effets de la longueur des prompts, de la sélection des mots-clés, et de la précision des instructions sur la

qualité des réponses. Il s'agit d'un outil précieux pour les utilisateurs cherchant à perfectionner leurs techniques.

4. **Copy.ai**
   o **Description** : Copy.ai est une plateforme de génération de contenu automatisé, souvent utilisée pour le marketing, qui permet de créer des prompts spécifiques pour des besoins comme la rédaction de copies publicitaires, de posts de réseaux sociaux, ou de descriptions de produits.
   o **Utilité pour les prompts** : Copy.ai aide à perfectionner les prompts en fournissant des suggestions optimisées pour des besoins commerciaux spécifiques. Elle permet également de voir comment des variations mineures dans les prompts peuvent influencer le style et le ton des réponses.

5. **QuillBot**
   o **Description** : QuillBot est un outil de paraphrase et de reformulation qui permet aux utilisateurs de reformuler des phrases en modifiant le style, le ton et la complexité.
   o **Utilité pour les prompts** : En reformulant des phrases, les utilisateurs peuvent apprendre comment structurer leurs prompts différemment pour obtenir des variations dans les réponses, ce qui est particulièrement utile pour explorer des tonalités et des styles variés.

Outils d'Analyse et d'Évaluation des Prompts

Pour perfectionner ses prompts, il est également utile de disposer d'outils qui permettent d'analyser et d'évaluer les résultats obtenus. Ces outils peuvent aider à comprendre ce qui fonctionne bien et à identifier les éléments à améliorer.

1. **PromptPerfect**
   o **Description** : PromptPerfect est un outil en ligne conçu pour analyser l'efficacité des prompts, en fournissant des recommandations d'optimisation et en mettant en évidence les parties du prompt qui influencent le plus la réponse.
   o **Utilité pour les prompts** : Cet outil aide les utilisateurs à diagnostiquer les faiblesses potentielles de leurs prompts et à tester différentes formulations pour améliorer la clarté et la précision des réponses obtenues.

2. **Perplexity AI**
   o **Description** : Perplexity est un outil qui mesure la complexité et l'incertitude des modèles de langage dans leurs réponses aux prompts.
   o **Utilité pour les prompts** : Perplexity AI est particulièrement utile pour identifier les prompts qui pourraient être trop vagues ou ambiguës, permettant ainsi aux utilisateurs de reformuler leur demande pour obtenir une réponse plus cohérente et fiable.

3. **TextRanch**
   - **Description** : TextRanch est un service en ligne où des experts en langue corrigent et améliorent le texte de l'utilisateur, en apportant des suggestions pour clarifier ou affiner le contenu.
   - **Utilité pour les prompts** : Les utilisateurs peuvent soumettre leurs prompts pour recevoir des conseils de rédaction. Cela permet de s'assurer que le prompt est aussi clair et bien formulé que possible, augmentant ainsi les chances d'obtenir une réponse pertinente de l'IA.
4. **Grammarly**
   - **Description** : Grammarly est un correcteur de grammaire et de style qui propose des améliorations de clarté et de concision.
   - **Utilité pour les prompts** : En passant les prompts par Grammarly, les utilisateurs peuvent corriger les erreurs linguistiques, s'assurer de la clarté des phrases et ajuster le ton pour mieux cadrer avec l'intention de la demande.
5. **Prompt Engineering Workshops et Cours en Ligne**
   - **Description** : Divers sites comme Coursera, Udemy, et OpenAI proposent des ateliers et des cours de prompt engineering, expliquant les meilleures pratiques de formulation et les techniques avancées pour optimiser l'interaction avec les IA.
   - **Utilité pour les prompts** : Ces formations offrent une approche structurée pour comprendre et appliquer les principes de la création de prompts efficaces. Elles permettent de bénéficier de l'expertise d'instructeurs spécialisés dans le domaine de l'IA.

Conclusion : Les Ressources Essentielles pour Devenir un Expert en Formulation de Prompts

Les références académiques, les sites pratiques et les outils d'analyse décrits ici forment un ensemble complet de ressources pour perfectionner ses compétences en création de prompts. En combinant la théorie académique avec la pratique interactive et les retours analytiques, les utilisateurs peuvent affiner leurs techniques et maximiser l'efficacité de leurs interactions avec l'IA.

Ces outils et ressources permettent non seulement d'améliorer la clarté et la précision des prompts, mais également de s'adapter à des intentions spécifiques et d'explorer des approches variées. En utilisant ces outils de manière régulière, les utilisateurs peuvent progressivement devenir experts dans l'art de la formulation de prompts efficaces, transformant chaque interaction avec l'IA en une expérience enrichissante et productive.

3.3.2 Utiliser des Plateformes de Test et d'Évaluation de Prompts

Pour perfectionner ses compétences en création de prompts et maximiser la pertinence des réponses de l'IA, les utilisateurs peuvent tirer parti de plateformes spécialisées dans le test et l'évaluation des prompts. Ces outils permettent aux utilisateurs d'expérimenter, de tester différentes formulations, et d'analyser les réponses fournies pour affiner leur approche. L'utilisation de telles plateformes peut considérablement améliorer la précision, l'efficacité, et la qualité des interactions avec des modèles d'IA comme ChatGPT.

Pourquoi Tester et Évaluer les Prompts ?

Le test et l'évaluation des prompts sont essentiels pour plusieurs raisons :

1. **Amélioration de la Pertinence des Réponses** : Tester différents types de prompts pour une même question permet de comprendre lesquels produisent des réponses précises et alignées avec les intentions de l'utilisateur. En identifiant les formulations qui fonctionnent le mieux, l'utilisateur peut affiner ses prompts pour garantir des réponses optimales.
2. **Adaptation aux Différents Types d'IA** : Les plateformes de test permettent de vérifier comment différents modèles de langage (par exemple, GPT-3, GPT-4, ou d'autres modèles d'IA) répondent aux mêmes prompts. Les modèles peuvent avoir des réponses variées selon leurs entraînements et leurs capacités. Tester les prompts sur plusieurs modèles aide donc à adapter la formulation aux spécificités de chaque IA.
3. **Identification des Limites et des Biais des Prompts** : Les plateformes d'évaluation permettent de détecter si un prompt est trop large, trop spécifique, ou potentiellement biaisé. Les résultats d'évaluation montrent les points forts et les faiblesses des prompts, permettant de corriger les formulations pour des résultats plus neutres ou plus nuancés.

Exemples de Plateformes et Outils pour Tester et Évaluer les Prompts

Voici quelques exemples de plateformes couramment utilisées pour tester et évaluer les prompts, ainsi que leurs fonctionnalités principales :

1. **OpenAI Playground**
   - **Description** : OpenAI Playground est un espace interactif qui permet de tester des prompts sur différents modèles de GPT en temps réel. Les utilisateurs peuvent choisir parmi plusieurs modèles (GPT-3, GPT-4, etc.) et ajuster des paramètres comme la température, la longueur de la réponse, et le niveau de précision.
   - **Fonctionnalités** :
     - Permet de tester des variations de prompts en temps réel.

- Offre des paramètres de personnalisation, comme la température (pour ajuster la créativité) et le degré de précision.
- Analyse les réponses pour des tests comparatifs entre différents prompts.
  - **Utilisation** : Idéal pour les utilisateurs qui souhaitent affiner leurs prompts en observant directement les variations de réponses en fonction des paramètres.

2. **Prompt Engineering Labs**
   - **Description** : Une plateforme qui aide les utilisateurs à concevoir, tester, et évaluer des prompts de manière collaborative. Elle est conçue pour les ingénieurs en IA, les chercheurs, et les créateurs de contenu cherchant à optimiser leurs interactions avec des modèles de langage.
   - **Fonctionnalités** :
     - Permet de sauvegarder et de comparer des variations de prompts.
     - Offre une évaluation qualitative des réponses, en fournissant des suggestions d'amélioration.
     - Fournit des statistiques d'analyse pour voir quels prompts sont les plus efficaces.
   - **Utilisation** : Particulièrement utile pour ceux qui souhaitent affiner leurs compétences en ingénierie de prompts avec un retour d'expérience collaboratif.

3. **AI Dungeon (Latitude)**
   - **Description** : AI Dungeon est une plateforme qui permet aux utilisateurs de créer des scénarios de texte interactif avec une IA. Elle peut être utilisée pour tester des prompts dans des contextes créatifs et obtenir des réponses imaginatives et immersives.
   - **Fonctionnalités** :
     - Permet de tester des prompts pour des scénarios narratifs et créatifs.
     - Offre des options pour ajuster le style et le ton des réponses.
     - Fournit un retour d'expérience en temps réel pour observer comment les changements de prompts affectent les scénarios générés.
   - **Utilisation** : Idéal pour les créateurs de contenu, écrivains, et artistes cherchant à développer des scénarios ou des histoires.

4. **PromptLayer**
   - **Description** : PromptLayer est un outil de suivi et d'analyse de prompts conçu pour les développeurs et les entreprises. Il enregistre les interactions avec l'IA, permettant de revoir et d'optimiser les prompts utilisés au fil du temps.
   - **Fonctionnalités** :

- Suit les performances des prompts et offre des suggestions pour les améliorer.
- Permet de tester les prompts dans des contextes variés et de comparer les réponses.
- Fournit des analyses de performance pour évaluer l'efficacité des prompts en termes de précision et de pertinence.
  - **Utilisation** : Convient aux entreprises qui utilisent des IA dans des applications spécifiques et qui souhaitent optimiser les performances de leurs prompts au quotidien.
5. **Promptist (Hugging Face)**
  - **Description** : Promptist est une interface développée par Hugging Face pour tester des modèles de langage de manière ouverte et collaborative. Les utilisateurs peuvent explorer, modifier, et tester des prompts en utilisant des modèles hébergés sur Hugging Face.
  - **Fonctionnalités** :
    - Permet aux utilisateurs de partager et d'échanger des prompts pour obtenir des avis et des recommandations d'amélioration.
    - Offre une bibliothèque de prompts testés pour divers usages (santé, éducation, divertissement).
    - Possède une fonction d'évaluation par la communauté pour voir quels prompts sont les plus efficaces.
  - **Utilisation** : Idéal pour les chercheurs et les créateurs de contenu qui souhaitent collaborer avec une communauté pour optimiser leurs prompts.

Étapes pour Tester et Évaluer les Prompts

1. **Formuler et Tester des Variations de Prompts** : Créez plusieurs versions d'un même prompt en changeant les mots-clés, le niveau de détail ou le ton, et testez-les pour voir laquelle produit la réponse la plus satisfaisante. Par exemple, pour un sujet comme « avantages de l'intelligence artificielle », testez des variations allant de « Quels sont les principaux avantages de l'IA ? » à « Comment l'IA améliore-t-elle la vie quotidienne dans les grandes villes ? »
2. **Utiliser les Paramètres d'IA pour Personnaliser les Réponses** : La plupart des plateformes permettent de personnaliser des paramètres comme la « température » (qui contrôle la créativité de la réponse) et la « longueur de la réponse ». Expérimentez avec ces paramètres pour voir comment ils affectent la qualité des réponses.
3. **Analyser et Comparer les Réponses** : Évaluez les réponses obtenues en fonction de leur pertinence, clarté, et précision. Par exemple, vérifiez si la réponse répond bien à l'intention initiale (par exemple, une explication pédagogique pour les débutants ou une analyse approfondie pour des experts).

4. **Enregistrer et Suivre les Performances** : Utilisez les fonctionnalités de suivi disponibles sur certaines plateformes pour enregistrer les prompts et leurs réponses. Cela permet de comparer les performances au fil du temps et d'ajuster les formulations en fonction des résultats.
5. **Intégrer les Suggestions d'Amélioration** : Certaines plateformes proposent des recommandations pour affiner les prompts. Utilisez ces suggestions pour ajuster vos formulations et les tester à nouveau, en intégrant des éléments qui ont montré leur efficacité.

Avantages de l'Utilisation de Plateformes de Test et d'Évaluation

1. **Optimisation Continue des Prompts** : En utilisant des plateformes d'évaluation, les utilisateurs peuvent perfectionner leurs prompts en identifiant les formulations les plus performantes, ce qui permet de tirer le meilleur parti de chaque interaction avec l'IA.
2. **Gain de Temps et d'Efficacité** : Tester les prompts en amont permet d'éviter les interactions répétitives et de produire des réponses de qualité dès la première demande. Cela est particulièrement utile pour les entreprises ou les chercheurs qui dépendent d'interactions précises avec l'IA.
3. **Amélioration de la Qualité des Interactions avec l'IA** : En testant différents paramètres et en ajustant les prompts, les utilisateurs peuvent apprendre comment ajuster le style, le ton et le niveau de détail des réponses en fonction de leurs besoins.
4. **Développement de Compétences en Ingénierie de Prompts** : En analysant les performances des prompts et en s'exerçant sur des plateformes de test, les utilisateurs acquièrent une expertise précieuse dans la création de prompts efficaces, une compétence de plus en plus valorisée dans le domaine de l'intelligence artificielle.

Conclusion : Maximiser l'Impact des Prompts grâce aux Plateformes de Test

Les plateformes de test et d'évaluation de prompts sont des outils indispensables pour ceux qui souhaitent perfectionner leur capacité à interagir avec les modèles d'IA. En permettant de tester, d'analyser et de comparer différents prompts, ces outils offrent des informations essentielles pour adapter et affiner les formulations, garantissant ainsi des réponses de meilleure qualité et plus adaptées aux besoins spécifiques des utilisateurs.

Avec une pratique régulière et l'utilisation de ces plateformes, les utilisateurs peuvent développer une véritable expertise en formulation de prompts, améliorant non seulement la précision des réponses obtenues, mais aussi leur efficacité et leur impact dans les interactions avec l'IA.

3.3.3 Ressources pour Apprendre de Cas Pratiques et de Prompts Populaires

L'une des manières les plus efficaces de perfectionner l'art des prompts est d'étudier des cas pratiques et d'analyser des exemples de prompts populaires utilisés avec succès. Ces ressources permettent d'observer les différentes approches, styles et formulations de prompts qui produisent des réponses claires et pertinentes. Dans cette section, nous explorerons des types de ressources pratiques pour apprendre de prompts bien formulés, ainsi que des exemples de cas d'usage qui peuvent servir d'inspiration.

1. Sites et Plateformes d'Échange de Prompts

Plusieurs plateformes en ligne partagent des exemples de prompts pour divers cas d'utilisation, allant de la génération de contenu créatif à l'analyse technique. Ces plateformes permettent aux utilisateurs d'apprendre de prompts déjà testés et de découvrir des structures efficaces.

- **PromptHero** : Cette plateforme regroupe une large base de données de prompts dans divers domaines, y compris des exemples pour les modèles de génération de texte et d'images. Les utilisateurs peuvent y consulter les prompts les plus populaires et analyser ce qui rend leur formulation réussie.
- **PromptBase** : Un autre marché pour les prompts, PromptBase permet de rechercher des exemples classés par catégories et domaines d'application. Les utilisateurs peuvent acheter des prompts avancés pour des applications spécifiques et étudier leur structure.
- **Communautés Reddit** (ex. : r/PromptCraft) : Reddit est une excellente ressource pour des prompts créatifs et variés. La communauté échange des idées et des exemples, et chaque prompt est souvent accompagné de commentaires expliquant pourquoi il a fonctionné ou comment l'améliorer.

2. Études de Cas et Articles Détaillés sur les Prompts

Les études de cas sont des analyses détaillées de situations où des prompts spécifiques ont été utilisés pour résoudre des problèmes ou produire des contenus spécifiques. Ces études montrent comment les prompts ont été formulés et comment les réponses ont été optimisées.

- **OpenAI Blog** : Le blog d'OpenAI publie régulièrement des articles expliquant comment les utilisateurs peuvent interagir efficacement avec des modèles comme ChatGPT. Certains articles explorent des cas pratiques et offrent des exemples détaillés de prompts, souvent accompagnés d'analyses sur les raisons de leur efficacité.
- **Medium** : De nombreux écrivains et experts en IA partagent des études de cas pratiques sur Medium. On y trouve des articles sur l'optimisation des

prompts, des analyses des meilleures pratiques, et des guides détaillés pour les applications dans des domaines comme l'éducation, le marketing et la recherche.

- **Cas d'études en entreprise** : Certaines entreprises partagent leurs expériences et cas d'usage de l'IA dans des livres blancs ou des articles de blog, notamment dans le domaine du service client, de la création de contenu ou de l'analyse de données. Ces études de cas sont des ressources pratiques pour observer l'application réelle de prompts dans des contextes professionnels.

3. Guides et Cours en Ligne sur les Techniques de Prompting

Certains guides et cours en ligne offrent des formations spécifiques sur la création de prompts. Ces formations couvrent non seulement les bases de la formulation de prompts, mais aussi les techniques avancées, avec des exemples pratiques et des exercices d'application.

- **Coursera et Udemy** : Ces plateformes de cours en ligne proposent plusieurs formations sur l'utilisation des intelligences artificielles et des modèles de langage, avec des modules dédiés à la création de prompts. Les cours incluent souvent des exercices pratiques qui permettent de tester différents types de prompts et d'en voir les résultats en temps réel.
- **Prompt Engineering Academy** : Il s'agit d'une académie en ligne spécialisée dans la formation en création de prompts. Les cours de cette académie couvrent des techniques avancées et des cas pratiques pour des applications spécifiques (service client, rédaction, analyse de données, etc.).
- **Tutoriels sur YouTube** : Plusieurs chaînes YouTube, comme celle de Tech With Tim ou Two Minute Papers, proposent des vidéos sur les prompts et les techniques d'interaction avec l'IA. Ces tutoriels montrent souvent des exemples de prompts en action et expliquent comment ajuster les demandes pour obtenir des résultats optimaux.

4. Outils Interactifs et Applications de Test de Prompts

Certains outils permettent aux utilisateurs de tester et de perfectionner leurs prompts en temps réel. Ces plateformes interactives offrent une rétroaction immédiate et permettent de voir comment de petites variations dans les prompts peuvent affecter les réponses de l'IA.

- **ChatGPT Playground** : La plateforme de démonstration d'OpenAI, le Playground, est un outil qui permet de tester différents prompts et de voir immédiatement comment les réponses changent en fonction de la formulation. Le Playground propose également des exemples de prompts pour divers cas d'usage (création de contenu, conversation, analyse).

- **GPT-3 Prompt Design Tools** : Il existe plusieurs outils d'expérimentation pour GPT-3, qui permettent de tester, sauvegarder et analyser différents prompts pour voir lesquels produisent les réponses les plus pertinentes. Des outils comme « Promptable » offrent des fonctionnalités avancées pour tester et optimiser les prompts en fonction des résultats.
- **AI Dungeon** : Bien que davantage orienté vers le contenu créatif et ludique, AI Dungeon utilise des modèles de langage pour générer des récits interactifs basés sur les prompts des utilisateurs. C'est une ressource précieuse pour explorer comment les prompts peuvent être utilisés pour stimuler la créativité et produire des scénarios complexes.

5. Collections d'Exemples de Prompts Populaires

Plusieurs ressources rassemblent des exemples de prompts populaires et les organisent par catégorie. Ces collections permettent aux utilisateurs de s'inspirer de prompts efficaces dans divers domaines.

- **Exemples de Prompts sur GitHub** : Des collections d'exemples de prompts sont partagées sur GitHub, souvent sous forme de bibliothèques gratuites. On y trouve des listes de prompts pour des applications variées (codage, rédaction de contenu, recherche scientifique, etc.), accompagnées d'instructions sur la façon de les utiliser.
- **Prompts dans les Outils de Productivité (Notion, Airtable)** : Certaines ressources, comme des modèles dans Notion ou Airtable, contiennent des collections d'exemples de prompts conçus pour la productivité personnelle, la gestion de projet et l'organisation des idées. Ces modèles peuvent inspirer les utilisateurs pour concevoir leurs propres prompts dans un contexte professionnel.
- **Livres Blancs et Publications sur l'IA** : Certains éditeurs et chercheurs publient des livres blancs sur les meilleures pratiques dans l'utilisation des modèles de langage, y compris des exemples de prompts pour des contextes d'application spécifiques. Ces ressources sont souvent accessibles gratuitement et fournissent une analyse détaillée des prompts utilisés dans les études de cas.

6. Groupes et Forums d'Échange sur les Prompts

Enfin, les groupes et forums en ligne sont d'excellentes ressources pour partager et discuter des exemples de prompts, poser des questions et obtenir des conseils. Les discussions sur ces plateformes peuvent aider les utilisateurs à perfectionner leurs prompts en apprenant directement des expériences et astuces des autres.

- **Slack et Discord** : Certains serveurs Slack et Discord sont dédiés aux discussions autour de l'intelligence artificielle et de la création de prompts.

Ces communautés sont interactives, et les utilisateurs y partagent fréquemment des exemples de prompts et des retours d'expérience.

- **Forums spécialisés comme Stack Overflow** : Pour des besoins techniques spécifiques, Stack Overflow est une ressource précieuse pour des exemples de prompts destinés au développement et à la programmation. Les membres de la communauté y partagent des prompts et des solutions pour générer du code, tester des fonctions, et résoudre des problèmes techniques.
- **LinkedIn et Groupes Professionnels** : Sur LinkedIn, certains groupes spécialisés dans les technologies de l'IA et de la data science échangent régulièrement des ressources et des conseils sur la création de prompts efficaces pour diverses applications professionnelles.

Conclusion : L'Importance de s'Inspirer de Cas Pratiques et de Prompts Populaires

Pour perfectionner l'art des prompts, apprendre de cas pratiques et de prompts populaires est une approche précieuse. En étudiant comment d'autres ont formulé leurs demandes pour obtenir des réponses spécifiques, les utilisateurs peuvent enrichir leur propre maîtrise des prompts. Ces ressources offrent des perspectives variées et des exemples concrets qui permettent de comprendre comment les différents éléments d'un prompt influencent la qualité et la pertinence des réponses de l'IA.

L'accès à ces ressources, combiné à des exercices réguliers de formulation de prompts et à une exploration des outils interactifs, permet aux utilisateurs d'acquérir une flexibilité et une précision accrues dans la création de prompts, rendant leurs interactions avec l'IA plus productives et mieux adaptées à leurs besoins spécifiques.

Chapitre 4 : Adapter les Prompts pour des Applications Spécifiques

- **4.1 Les Prompts pour le Marketing et la Communication**
  - ○ 4.1.1 Formuler des prompts pour la création de contenu marketing
  - ○ 4.1.2 Prompts pour rédiger des articles, des annonces, et des emails
  - ○ 4.1.3 Techniques pour capter l'attention du lecteur via des prompts
- **4.2 Les Prompts pour l'Éducation et la Formation**
  - ○ 4.2.1 Comment créer des prompts pour enseigner des concepts
  - ○ 4.2.2 Exemples de prompts pour une formation personnalisée
  - ○ 4.2.3 Techniques pour renforcer l'engagement pédagogique
- **4.3 Les Prompts pour la Recherche et l'Analyse de Données**
  - ○ 4.3.1 Formuler des prompts pour extraire des informations précises
  - ○ 4.3.2 Utiliser des prompts pour analyser des données et tirer des conclusions
  - ○ 4.3.3 Étude de cas : prompt d'analyse et interprétation des résultats

4.1.1 Formuler des Prompts pour la Création de Contenu Marketing

Dans le domaine du marketing et de la communication, les prompts peuvent être formulés de manière à générer du contenu ciblé et percutant qui répond aux attentes des audiences et renforce l'image de marque. Créer des prompts efficaces pour le marketing demande de connaître les objectifs de la marque, les besoins du public, et le type de contenu souhaité (ex : publications de réseaux sociaux, articles de blog, descriptions de produits). Cette section explore des exemples de prompts adaptés à différents objectifs de marketing et fournit des astuces pour maximiser leur efficacité.

1. Prompts pour la Création de Publications sur les Réseaux Sociaux

Les réseaux sociaux demandent du contenu attractif, concis, et adapté au ton de la plateforme (Instagram, Twitter, LinkedIn, etc.). Les prompts doivent guider l'IA vers une réponse qui capte l'attention tout en véhiculant les messages clés de la marque.

- **Exemple 1 : Post Inspirant pour Instagram**
  - **Prompt** : « Rédige un post inspirant pour Instagram, pour une marque de fitness, sur l'importance de la persévérance dans l'atteinte des objectifs sportifs. Utilise un ton motivant et inclue un appel à l'action. »
  - **Objectif** : Motiver les abonnés en les encourageant à persévérer dans leurs objectifs tout en promouvant la marque de fitness.
  - **Astuce** : Préciser le ton (« inspirant ») et inclure un appel à l'action pour inciter à l'engagement.
- **Exemple 2 : Tweet Promotionnel**
  - **Prompt** : « Rédige un tweet de 280 caractères pour annoncer une réduction de 20 % sur les vêtements de sport de notre boutique en ligne. Utilise un ton dynamique et inclue un hashtag pertinent. »
  - **Objectif** : Attirer l'attention sur une promotion et encourager les utilisateurs à visiter la boutique.
  - **Astuce** : Limiter la longueur du texte et inclure un appel direct à l'action, adapté aux contraintes de Twitter.
- **Exemple 3 : Publication LinkedIn pour Partager une Étude de Cas**
  - **Prompt** : « Rédige un post LinkedIn présentant une étude de cas sur comment notre logiciel a aidé une entreprise à augmenter sa productivité de 30 %. Utilise un ton professionnel et met en avant les résultats chiffrés. »
  - **Objectif** : Communiquer l'efficacité du logiciel à un public B2B en mettant en valeur des résultats mesurables.
  - **Astuce** : Inclure des données précises pour renforcer la crédibilité et adapter le ton pour une audience professionnelle.

2. Prompts pour la Création d'Articles de Blog

Les articles de blog permettent d'informer, de convaincre, et de fidéliser l'audience. Les prompts pour la création de contenu de blog doivent inclure des indications sur la structure souhaitée et le niveau de détail attendu.

- **Exemple 1 : Article sur un Sujet de Niche**
  - **Prompt** : « Rédige un article de blog de 800 mots sur les tendances émergentes en marketing digital pour les startups. Structure l'article avec une introduction, des sous-titres pour chaque tendance, et une conclusion avec des conseils pratiques. »
  - **Objectif** : Informer les lecteurs sur les tendances actuelles en marketing digital avec un contenu bien structuré et pratique.
  - **Astuce** : Indiquer le nombre de mots, la structure souhaitée, et des éléments spécifiques comme les sous-titres pour guider l'IA dans la rédaction.
- **Exemple 2 : Guide d'Achat pour des Produits**
  - **Prompt** : « Rédige un guide d'achat pour des casques audio de haute qualité, en expliquant les critères importants à prendre en compte (qualité sonore, confort, autonomie). Ajoute des exemples de produits populaires. »
  - **Objectif** : Fournir un guide informatif qui aide les clients potentiels à choisir un produit adapté à leurs besoins.
  - **Astuce** : Spécifier les éléments clés à couvrir (critères d'achat, exemples) pour orienter la rédaction vers un contenu utile et informatif.
- **Exemple 3 : Étude Comparative**
  - **Prompt** : « Rédige un article comparatif sur les avantages et inconvénients des différents canaux de communication en marketing digital (email, réseaux sociaux, SEO). Structure l'article en sections pour chaque canal avec une conclusion recommandant la meilleure approche. »
  - **Objectif** : Offrir aux lecteurs une analyse comparative qui les aide à choisir les canaux adaptés à leur stratégie de marketing.
  - **Astuce** : Indiquer une structure spécifique (sections par canal) pour obtenir un contenu organisé et facile à lire.

3. Prompts pour la Rédaction de Descriptions de Produits

Les descriptions de produits doivent être claires, persuasives, et détaillées. Elles doivent transmettre les avantages du produit tout en créant un attrait pour inciter à l'achat. Les prompts doivent guider l'IA pour fournir une description qui met en avant les caractéristiques et avantages du produit de manière concise.

- **Exemple 1 : Description pour un Produit Électronique**
  - **Prompt** : « Rédige une description pour un smartphone avec un écran haute résolution et une batterie longue durée. Utilise un ton informatif et mets en avant les caractéristiques clés et les avantages pour l'utilisateur. »
  - **Objectif** : Attirer les consommateurs en insistant sur les spécificités techniques et les bénéfices d'utilisation.
  - **Astuce** : Préciser les caractéristiques à mettre en avant et le ton (informatif) pour obtenir une description qui soit à la fois technique et persuasive.

- **Exemple 2 : Texte pour un Produit de Beauté**
  - ○ **Prompt** : « Crée une description séduisante pour une crème hydratante bio qui convient aux peaux sensibles. Mentionne les ingrédients naturels et les bienfaits pour la peau. »
  - ○ **Objectif** : Susciter l'intérêt en insistant sur la naturalité et les effets bénéfiques de la crème pour les peaux sensibles.
  - ○ **Astuce** : Demander de mettre en avant les ingrédients et les bienfaits pour orienter la description vers des arguments de vente.
- **Exemple 3 : Description pour un Service Abonnement**
  - ○ **Prompt** : « Rédige une description pour un service d'abonnement mensuel à une box de produits de jardinage. Utilise un ton amical et explique ce que les clients recevront chaque mois. »
  - ○ **Objectif** : Décrire le contenu de la box de manière attrayante pour susciter l'intérêt des passionnés de jardinage.
  - ○ **Astuce** : Inclure des détails sur ce que les abonnés recevront pour clarifier la valeur ajoutée du service.

4. Prompts pour des Campagnes Publicitaires

Les campagnes publicitaires exigent des messages percutants et concis qui captent immédiatement l'attention. Les prompts pour la création de contenus publicitaires doivent indiquer le ton, le message clé, et le type d'appel à l'action.

- **Exemple 1 : Annonce pour une Offre Spéciale**
  - ○ **Prompt** : « Rédige une annonce accrocheuse pour une offre spéciale de fin de saison avec des réductions allant jusqu'à 50 % sur les articles de mode. Utilise un ton urgent et encourage à l'achat immédiat. »
  - ○ **Objectif** : Attirer les clients potentiels en leur faisant ressentir l'urgence de profiter de l'offre.
  - ○ **Astuce** : Préciser le ton (urgent) et inclure un appel à l'action pour renforcer l'impact de l'annonce.
- **Exemple 2 : Bannière Publicitaire pour un Nouveau Produit**
  - ○ **Prompt** : « Crée un texte court pour une bannière publicitaire en ligne annonçant le lancement d'un nouveau vélo électrique. Utilise un ton dynamique et inclue un message d'appel à la découverte du produit. »
  - ○ **Objectif** : Générer de la curiosité pour le produit et inciter les utilisateurs à cliquer pour en savoir plus.
  - ○ **Astuce** : Limiter le texte et inclure un appel à l'action discret (« Découvrez le nouveau vélo électrique ») pour maximiser le taux de clics.
- **Exemple 3 : Script pour une Vidéo Publicitaire**
  - ○ **Prompt** : « Écris un script de 30 secondes pour une vidéo publicitaire sur les bienfaits d'une application de méditation. Le ton doit être calme et apaisant, et le script doit inclure une invitation à télécharger l'application. »
  - ○ **Objectif** : Créer un message qui suscite un sentiment de sérénité et incite à l'utilisation de l'application.
  - ○ **Astuce** : Spécifier la durée (30 secondes) et le ton pour s'assurer que le script respecte le format et l'ambiance visés.

Conclusion : Adapter les Prompts pour des Contenus Marketing Variés

En marketing, la formulation de prompts adaptés aux différents formats de contenu (posts, articles de blog, descriptions de produits, publicités) permet de répondre aux besoins spécifiques de chaque canal de communication. Utiliser des mots-clés précis, indiquer le ton et la structure souhaitée, et adapter la demande à l'objectif final (informative, persuasive, créative) sont des stratégies essentielles pour créer des prompts efficaces en marketing.

La maîtrise de ces techniques aide les marketeurs et les créateurs de contenu à exploiter pleinement les capacités de l'IA pour produire des textes percutants, engageants, et optimisés pour leur audience, renforçant ainsi l'impact des campagnes et l'efficacité de la communication de marque.

4.1.2 Prompts pour Rédiger des Articles, des Annonces, et des Emails

Dans le domaine du marketing et de la communication, les prompts peuvent être utilisés pour générer des contenus adaptés aux différents formats de communication : articles, annonces publicitaires, et emails. Adapter les prompts pour ces différents formats permet d'optimiser le ton, le style, et le message pour atteindre l'objectif de chaque type de contenu. Cette section explore des exemples de prompts et les stratégies à adopter pour rédiger des articles, des annonces, et des emails efficaces.

Prompts pour Rédiger des Articles

Rédiger des articles pour le marketing et la communication demande des prompts bien structurés afin de garantir des contenus informatifs, engageants, et adaptés au public cible. Voici des exemples de prompts pour divers types d'articles.

1. **Article Informatif**
   - **Prompt** : « Rédige un article de 800 mots expliquant les avantages de l'email marketing pour les petites entreprises, en incluant des statistiques récentes et des études de cas. »
   - **Objectif** : Fournir un contenu informatif avec des données chiffrées et des exemples concrets pour illustrer l'efficacité de l'email marketing pour les petites entreprises.
   - **Astuce** : Inclure des détails spécifiques (longueur, statistiques, études de cas) pour que l'IA structure l'article de manière complète et engageante.
2. **Article de Blog Inspirant**
   - **Prompt** : « Écris un article de blog motivant pour encourager les jeunes entrepreneurs à persévérer malgré les échecs, en utilisant des exemples inspirants d'entrepreneurs célèbres. »

- ○ **Objectif** : Créer un contenu inspirant qui motive les jeunes entrepreneurs à surmonter les défis de l'entrepreneuriat.
- ○ **Astuce** : Mentionner le type de ton souhaité (motivant) et le type d'exemples (entrepreneurs célèbres) pour personnaliser le contenu.

3. **Article SEO Optimisé**
   - ○ **Prompt** : « Rédige un article SEO de 1200 mots sur les meilleures pratiques pour améliorer le taux de conversion d'un site e-commerce, en intégrant les mots-clés "taux de conversion", "optimisation e-commerce", et "expérience utilisateur". »
   - ○ **Objectif** : Créer un article optimisé pour les moteurs de recherche avec des conseils pratiques pour les professionnels du e-commerce.
   - ○ **Astuce** : Inclure des mots-clés spécifiques pour guider l'IA vers un contenu optimisé pour le SEO.

4. **Étude de Cas**
   - ○ **Prompt** : « Écris une étude de cas détaillée sur l'impact des réseaux sociaux dans la croissance d'une marque de mode, en incluant les stratégies de contenu et les résultats obtenus. »
   - ○ **Objectif** : Fournir une analyse en profondeur d'une stratégie de réseaux sociaux avec des exemples concrets et des résultats.
   - ○ **Astuce** : Demander une « étude de cas » pour encourager une approche structurée avec des sections sur les stratégies et les résultats.

Prompts pour Rédiger des Annonces

Les annonces publicitaires nécessitent des prompts concis et orientés vers l'action pour capter l'attention et susciter l'intérêt en quelques mots. Voici comment structurer des prompts pour des annonces efficaces dans divers formats.

1. **Annonce pour les Réseaux Sociaux**
   - ○ **Prompt** : « Rédige une annonce Facebook pour promouvoir une nouvelle gamme de produits de soin de la peau bio, en mettant en avant leurs ingrédients naturels et les bienfaits pour la peau. Inclue un appel à l'action pour encourager les utilisateurs à visiter le site web. »
   - ○ **Objectif** : Créer une annonce captivante qui incite les utilisateurs à en savoir plus sur les produits et à cliquer.
   - ○ **Astuce** : Préciser le réseau social, le message clé (ingrédients naturels, bienfaits pour la peau), et inclure un appel à l'action pour orienter l'IA vers une annonce engageante.

2. **Annonce Google Ads**
   - ○ **Prompt** : « Rédige une annonce Google Ads pour un cabinet de conseil en ressources humaines, en utilisant les mots-clés "conseil RH", "optimisation des performances", et "gestion du personnel". »

- **Objectif** : Obtenir un texte d'annonce succinct et optimisé pour les moteurs de recherche, basé sur des mots-clés stratégiques.
- **Astuce** : Mentionner explicitement les mots-clés pour s'assurer que l'IA intègre ces éléments dans une annonce concise et ciblée.

3. **Annonce Emailing**
   - **Prompt** : « Rédige une annonce emailing pour annoncer les soldes d'été dans une boutique de mode en ligne, en offrant un code de réduction de 20 % et un lien vers la boutique. »
   - **Objectif** : Créer un email attractif pour promouvoir les soldes d'été avec un message clair et un lien d'achat.
   - **Astuce** : Inclure des détails sur le ton (promoteur), le contenu (soldes, code de réduction), et une action spécifique (lien vers la boutique) pour orienter l'IA vers un email incitatif.

4. **Annonce de Lancement de Produit**
   - **Prompt** : « Rédige une annonce LinkedIn pour le lancement d'un logiciel de gestion de projet, en insistant sur ses fonctionnalités uniques et sa facilité d'utilisation pour les équipes de travail. »
   - **Objectif** : Présenter le logiciel de manière concise et attrayante en mettant en avant les bénéfices clés pour les professionnels.
   - **Astuce** : Mentionner le réseau (LinkedIn) et les aspects clés (fonctionnalités, facilité d'utilisation) pour que l'IA produise un texte adapté aux professionnels.

Prompts pour Rédiger des Emails

Les emails marketing nécessitent des prompts structurés et personnalisés selon leur but (informative, promotionnelle, relationnelle). Voici des exemples pour différents types d'emails.

1. **Email de Bienvenue**
   - **Prompt** : « Rédige un email de bienvenue pour les nouveaux abonnés à une newsletter de marketing digital, en présentant brièvement les sujets abordés et en les invitant à suivre nos réseaux sociaux. »
   - **Objectif** : Accueillir les nouveaux abonnés et leur donner un aperçu du contenu de la newsletter.
   - **Astuce** : Indiquer le ton souhaité (chaleureux) et les actions (suivre les réseaux sociaux) pour une communication engageante et informative.

2. **Email de Suivi Après Achat**
   - **Prompt** : « Rédige un email de suivi pour remercier un client après l'achat d'un produit de soin capillaire, en incluant des conseils d'utilisation et un lien pour laisser un avis. »
   - **Objectif** : Renforcer la relation client en offrant des conseils et en encourageant les avis.

- Astuce : Inclure un remerciement et une invitation à interagir (laisser un avis) pour fidéliser le client.

3. **Email Promotionnel**
   - **Prompt** : « Écris un email promotionnel pour une boutique en ligne de décoration intérieure, en annonçant une vente flash avec des réductions de 50 % et un code promo. »
   - **Objectif** : Inciter les destinataires à profiter rapidement de l'offre promotionnelle.
   - **Astuce** : Mentionner la nature de la promotion (vente flash, réduction de 50 %, code promo) pour que l'IA génère un message direct et incitatif.

4. **Email de Relance Abandon de Panier**
   - **Prompt** : « Rédige un email de relance pour un client qui a abandonné son panier dans une boutique de vêtements en ligne, en offrant une réduction de 10 % sur sa première commande pour l'encourager à finaliser l'achat. »
   - **Objectif** : Encourager le client à finaliser son achat en lui proposant un incitatif (réduction de 10 %).
   - **Astuce** : Inclure des éléments spécifiques (panier abandonné, réduction) pour obtenir un email persuasif.

5. **Email de Recommandation Personnalisée**
   - **Prompt** : « Rédige un email personnalisé pour recommander des produits similaires à ceux récemment achetés par un client dans une librairie en ligne, en incluant une suggestion de lecture basée sur ses préférences. »
   - **Objectif** : Encourager les achats répétés en proposant des recommandations pertinentes et personnalisées.
   - **Astuce** : Mentionner le type de recommandations souhaité (produits similaires, suggestion personnalisée) pour adapter le message aux intérêts du client.

Conclusion : Adapter les Prompts pour des Formats Marketing Spécifiques

Les prompts pour rédiger des articles, des annonces, et des emails doivent être adaptés en fonction des objectifs de chaque format. En formulant des prompts clairs et en précisant les informations à inclure (objectif, public cible, ton, type de message), l'utilisateur peut s'assurer que l'IA génère un contenu pertinent et engageant. La maîtrise de ces techniques de prompting est essentielle pour maximiser l'impact des communications marketing, que ce soit pour informer, promouvoir, ou fidéliser.

En variant les éléments spécifiques du prompt, on peut obtenir des contenus parfaitement alignés avec les besoins des différents canaux et formats, tout en maintenant un message cohérent et efficace.

4.1.3 Techniques pour Capter l'Attention du Lecteur via des Prompts

Dans le domaine du marketing et de la communication, l'un des défis majeurs est de capter rapidement l'attention de l'audience et de susciter son intérêt pour le message. La formulation de prompts joue un rôle crucial dans la création de contenus engageants et captivants qui retiennent l'attention du lecteur. En structurant les prompts de manière stratégique, il est possible de guider l'IA pour qu'elle produise des messages accrocheurs, orientés vers les besoins et intérêts de l'audience. Cette section explore des techniques avancées pour formuler des prompts capables de générer du contenu percutant et engageant dans un contexte marketing et de communication.

1. Utiliser des Titres et Questions Accrocheuses

Les titres et les questions accrocheuses sont parmi les moyens les plus efficaces pour attirer l'attention des lecteurs. En formulant un prompt qui demande un titre ou une question engageante, l'IA peut générer des phrases percutantes qui captent l'intérêt dès le premier regard.

- **Technique : Formulation d'un Titre Intrigant**
  - **Prompt** : « Génère un titre accrocheur pour un article sur les nouvelles tendances en marketing digital en 2024. »
  - **Exemple de réponse attendue** : « Découvrez les 5 stratégies de marketing digital incontournables pour 2024 ! »
  - **Astuce** : Utiliser des mots comme « découvrez », « incontournable », ou « secret » dans le prompt pour créer un effet de curiosité et d'urgence.
- **Technique : Question Rhetorique**
  - **Prompt** : « Formule une question percutante pour une campagne sur les avantages du recyclage. »
  - **Exemple de réponse attendue** : « Savez-vous combien vous pourriez économiser en recyclant chaque jour ? »
  - **Astuce** : Les questions rhétoriques suscitent la curiosité et incitent le lecteur à réfléchir ou à se sentir impliqué dans le sujet.

2. Créer un Sentiment d'Urgence ou d'Exclusivité

Dans le marketing, susciter un sentiment d'urgence ou d'exclusivité est une technique efficace pour inciter l'action immédiate. En formulant le prompt pour que l'IA produise un message soulignant la rareté ou l'importance de la réactivité, on peut capter l'attention et encourager l'engagement.

- **Technique : Insister sur l'Urgence**
  - **Prompt** : « Crée un message de lancement pour un produit en édition limitée de produits de beauté. »

- **Exemple de réponse attendue** : « Ne manquez pas notre édition limitée ! Offrez-vous un soin exclusif avant qu'il ne soit épuisé ! »
- **Astuce** : Intégrer des mots comme « édition limitée », « ne manquez pas », et « avant qu'il ne soit trop tard » pour créer une sensation d'urgence.

- **Technique : Mener avec une Offre Exclusive**
  - **Prompt** : « Propose un message pour un accès VIP à un événement de lancement. »
  - **Exemple de réponse attendue** : « Vous faites partie des chanceux invités VIP ! Accédez en avant-première à notre événement exclusif ! »
  - **Astuce** : Mots comme « VIP », « exclusif », « avant-première » renforcent le caractère privilégié et captent l'attention du public cible.

3. Utiliser des Statistiques et des Données Chocs

Les statistiques et les données frappantes sont des moyens efficaces pour capter l'attention, car elles offrent une preuve tangible qui rend le message plus crédible et intrigant. En demandant à l'IA d'intégrer des statistiques dans le contenu, on rend le message plus percutant et difficile à ignorer.

- **Technique : Introduire des Données Chiffrées**
  - **Prompt** : « Rédige un message sur les avantages de l'énergie solaire en utilisant des données impactantes. »
  - **Exemple de réponse attendue** : « Savez-vous que l'énergie solaire peut réduire vos factures d'électricité de 30 % chaque année ? »
  - **Astuce** : Demander des statistiques ou des pourcentages pour attirer l'attention du lecteur et renforcer la crédibilité du message.

- **Technique : Comparaison Basée sur des Données**
  - **Prompt** : « Formule un message pour une campagne de recyclage en illustrant l'impact environnemental. »
  - **Exemple de réponse attendue** : « Un simple geste de recyclage pourrait réduire de 25 % les déchets plastiques dans nos océans. »
  - **Astuce** : Les chiffres concrets aident le lecteur à visualiser l'impact et renforcent l'impact du message.

4. Jouer sur les Émotions et les Valeurs du Lecteur

Les messages émotionnels et ceux qui font appel aux valeurs personnelles du lecteur sont souvent plus engageants. Un prompt bien formulé peut guider l'IA pour qu'elle produise un contenu qui suscite l'empathie, la solidarité, ou d'autres émotions fortes, captant ainsi plus facilement l'attention.

- **Technique : Appel aux Émotions Positives**
  - **Prompt** : « Crée un message inspirant pour une marque de mode éthique qui respecte l'environnement. »

- o **Exemple de réponse attendue** : « Adoptez un style qui reflète vos valeurs. Ensemble, changeons le monde une pièce à la fois. »
- o **Astuce** : Utiliser des mots comme « ensemble », « changeons », et « valeurs » pour stimuler un sentiment de responsabilité et de connexion.
- **Technique : Créer de l'Empathie**
  - o **Prompt** : « Écris un message pour une collecte de fonds pour des enfants en difficulté, en touchant le cœur des donateurs. »
  - o **Exemple de réponse attendue** : « Chaque don compte. Aidez-nous à offrir un avenir meilleur aux enfants qui en ont le plus besoin. »
  - o **Astuce** : Des termes comme « chaque don compte » et « offrir un avenir » éveillent la compassion et incitent à l'action.

5. Utiliser des Appels à l'Action Clairs et Puissants

Les appels à l'action (CTA) sont essentiels dans le marketing pour inciter le lecteur à prendre des mesures immédiates. Un CTA clair et fort, formulé correctement dans le prompt, peut guider l'IA pour générer un message motivant et engageant.

- **Technique : Invitation Directe à l'Action**
  - o **Prompt** : « Propose un CTA pour une newsletter hebdomadaire sur les dernières tendances en technologie. »
  - o **Exemple de réponse attendue** : « Ne manquez plus une seule innovation : inscrivez-vous dès aujourd'hui ! »
  - o **Astuce** : Utiliser des mots comme « inscrivez-vous », « aujourd'hui » pour encourager l'engagement immédiat.
- **Technique : Encouragement à la Découverte**
  - o **Prompt** : « Écris un CTA pour une campagne de test gratuit d'un nouveau logiciel. »
  - o **Exemple de réponse attendue** : « Testez notre logiciel gratuitement et découvrez un monde de possibilités ! »
  - o **Astuce** : Les mots « testez », « gratuitement », « découvrez » créent un sentiment de curiosité et incitent à l'essai.

6. Encourager le Partage et l'Engagement Social

Dans le contexte des réseaux sociaux, les prompts doivent encourager le partage et l'interaction. En formulant des prompts qui incitent à l'engagement, on augmente les chances que le contenu soit partagé et diffusé.

- **Technique : Appel au Partage**
  - o **Prompt** : « Crée un message incitant les utilisateurs à partager des photos de leurs lectures préférées. »
  - o **Exemple de réponse attendue** : « Partagez vos coups de cœur littéraires avec nous ! Mentionnez #LivreDuMoment pour inspirer les autres. »

- ○ **Astuce** : Utiliser des expressions comme « partagez », « inspirez » pour encourager la participation active des utilisateurs.
- **Technique : Encouragement à l'Interaction**
  - ○ **Prompt** : « Écris un message interactif pour un sondage sur les destinations de voyage préférées. »
  - ○ **Exemple de réponse attendue** : « Quelle est votre destination de rêve pour 2024 ? Votez et dites-nous pourquoi ! »
  - ○ **Astuce** : Poser une question et inviter les utilisateurs à donner leur avis rend le message interactif et engageant.

Conclusion : Captiver l'Attention grâce à des Prompts Stratégies de Communication

L'utilisation de ces techniques permet de formuler des prompts pour générer des messages marketing et de communication percutants qui captivent l'attention des lecteurs. En jouant sur les titres accrocheurs, les émotions, les statistiques chocs, et les appels à l'action, les utilisateurs peuvent obtenir de l'IA des réponses engageantes, adaptées aux besoins d'une audience précise. La maîtrise de ces techniques de formulation de prompts est essentielle pour optimiser l'impact des campagnes de communication et maximiser l'engagement de l'audience.

4.2.1 Comment Créer des Prompts pour Enseigner des Concepts

L'utilisation des prompts dans l'éducation et la formation offre un potentiel énorme pour faciliter l'apprentissage de concepts, en rendant les informations plus accessibles, engageantes, et adaptées aux différents niveaux de compréhension des étudiants. La création de prompts éducatifs requiert une approche structurée pour guider l'intelligence artificielle (IA) à fournir des explications claires, pertinentes, et adaptées au niveau des apprenants.

Voici les étapes essentielles et des exemples pour créer des prompts efficaces dans l'enseignement de concepts.

1. Définir le Niveau de Complexité pour Adapter le Langage

La première étape pour un prompt éducatif efficace consiste à identifier le niveau de connaissance des apprenants. Selon qu'ils sont débutants, intermédiaires ou avancés, le langage et la profondeur des explications doivent être adaptés pour garantir une compréhension optimale.

- **Pour les Débutants** : Utilisez un langage simple, avec des analogies et des exemples concrets. Évitez le jargon technique et préférez une approche étape par étape.
    - **Exemple de Prompt** : « Explique le concept de la photosynthèse comme si tu t'adressais à un élève de 10 ans, en utilisant des mots simples et des exemples concrets. »
    - **Objectif** : Fournir une explication claire qui aide les débutants à comprendre les bases sans se perdre dans des détails complexes.
- **Pour les Intermédiaires** : Incluez des termes techniques modérés et commencez à introduire des concepts connexes pour approfondir la compréhension.
    - **Exemple de Prompt** : « Explique le concept de la photosynthèse en mentionnant les rôles de la chlorophylle et de la lumière, pour des étudiants de lycée qui ont déjà des bases en biologie. »
    - **Objectif** : Apporter une explication plus détaillée qui renforce les connaissances tout en restant accessible.
- **Pour les Avancés** : Utilisez des termes techniques et intégrez des détails spécifiques qui mettent en relation le concept étudié avec d'autres notions complexes.
    - **Exemple de Prompt** : « Explique le rôle de la photosynthèse dans le cycle du carbone en abordant les réactions de la phase claire et sombre pour des étudiants en biologie avancée. »
    - **Objectif** : Offrir une explication approfondie, riche en détails scientifiques, pour une audience experte.

2. Utiliser des Analogies et des Exemples pour Faciliter la Compréhension

Les analogies et les exemples concrets permettent de rendre des concepts abstraits plus tangibles. En incluant des exemples dans le prompt, on incite l'IA à fournir une explication plus visuelle et concrète.

- **Prompt avec Analogies** : « Explique le concept de l'ADN en le comparant à un livre de recettes qui contient toutes les instructions pour créer un organisme vivant. »
  - **Objectif** : Simplifier la notion complexe de l'ADN en la reliant à quelque chose de familier, rendant ainsi l'apprentissage plus intuitif pour les débutants.
- **Prompt avec Exemples Concrets** : « Explique la différence entre la conduction et la convection en donnant des exemples concrets du quotidien. »
  - **Objectif** : Aider les apprenants à identifier ces phénomènes dans leur vie quotidienne, ce qui renforce la compréhension par le biais d'exemples pratiques.

3. Découper le Concept en Étapes Claires et Structurées

Certains concepts nécessitent une approche structurée pour être bien assimilés. En demandant une explication étape par étape, on facilite l'assimilation des informations et la compréhension progressive du concept.

- **Exemple de Prompt Étape par Étape** : « Explique le processus de division cellulaire (mitose) étape par étape, en mentionnant ce qui se passe dans chaque phase. »
  - **Objectif** : Permettre à l'IA de détailler chaque phase du processus, offrant ainsi une vue organisée et logique qui favorise la mémorisation.
- **Approche Gradualiste** : « Décompose le concept de la gravité en plusieurs parties : sa définition, son importance dans la vie quotidienne, et les principes de base qui la régissent. »
  - **Objectif** : Faciliter la compréhension par un découpage logique et progressif du concept.

4. Demander des Comparaisons pour Clarifier les Distinctions

Les comparaisons entre des concepts similaires mais distincts permettent aux apprenants de mieux saisir les nuances. En formulant des prompts de comparaison, on aide l'IA à identifier les différences clés entre deux idées, ce qui est particulièrement utile pour l'apprentissage de concepts opposés ou complémentaires.

- **Exemple de Prompt de Comparaison** : « Compare la photosynthèse et la respiration cellulaire, en expliquant en quoi ces deux processus sont opposés. »
  - **Objectif** : Souligner les différences et similitudes, permettant aux apprenants de comprendre comment ces processus fonctionnent ensemble dans un système biologique.
- **Exemple avec Comparaison des Applications** : « Compare le machine learning supervisé et non supervisé, en donnant un exemple d'application pour chaque. »
  - **Objectif** : Clarifier les deux types d'apprentissage en soulignant leurs spécificités et en montrant des applications pratiques.

5. Incorporer des Questions de Réflexion pour Engager l'Apprenant

Les questions de réflexion stimulent la pensée critique et encouragent les apprenants à approfondir leur compréhension. En posant une question qui pousse à la réflexion, on aide les étudiants à relier le concept à des applications pratiques ou des implications plus larges.

- **Exemple de Prompt Réflexif** : « Explique pourquoi la biodiversité est importante pour l'écosystème, puis pose-toi la question : Que se passerait-il si une seule espèce dominait l'ensemble d'un écosystème ? »
  - **Objectif** : Stimuler la réflexion sur les conséquences écologiques et l'importance de la diversité dans la nature.
- **Exemple pour Encourager la Créativité** : « Explique comment fonctionne l'électricité, puis imagine ce que serait la vie quotidienne sans électricité. »
  - **Objectif** : Inciter l'apprenant à réfléchir à l'importance de l'électricité en explorant son absence, ce qui renforce la compréhension de son impact.

6. Demander des Résumés pour Vérifier la Compréhension

Demander à l'IA de fournir un résumé du concept ou une explication en quelques mots peut être une excellente façon de vérifier que l'apprenant a bien assimilé l'information. Les résumés sont utiles pour renforcer la compréhension et la mémorisation.

- **Exemple de Prompt de Résumé** : « Résume en une phrase l'objectif de la photosynthèse pour les plantes. »
  - **Objectif** : Aider l'apprenant à formuler un énoncé clair et succinct du concept, consolidant ainsi sa compréhension.
- **Exemple de Vérification Rapide** : « Explique en trois points simples comment fonctionne le système nerveux humain. »

- Objectif : Assurer que l'apprenant retienne les éléments essentiels du fonctionnement du système nerveux sans entrer dans des détails complexes.

7. Intégrer des Prompts de Validation des Connaissances

Un prompt de validation des connaissances peut être conçu pour vérifier que l'apprenant est capable de reformuler ou d'appliquer le concept dans un nouveau contexte. Cela aide à consolider l'apprentissage en testant la compréhension.

- **Exemple de Prompt de Validation** : « Explique avec tes propres mots pourquoi les volcans sont importants pour la géologie. »
  - **Objectif** : Permettre à l'apprenant de reformuler les connaissances acquises, ce qui renforce la compréhension active.
- **Prompt de Simulation d'Application** : « Imagine que tu dois expliquer le concept de l'empreinte carbone à une personne de ton entourage. Quels arguments utiliserais-tu pour lui montrer son importance ? »
  - **Objectif** : Tester la capacité de l'apprenant à adapter ses connaissances pour une situation réelle, en utilisant des arguments applicables.

Conclusion : Les Meilleures Pratiques pour Créer des Prompts Éducatifs Efficaces

Pour enseigner des concepts efficacement via l'IA, les prompts doivent être clairs, adaptés au niveau des apprenants, et construits de manière à encourager une compréhension profonde et durable. En utilisant des techniques comme l'adaptation du langage, l'utilisation d'exemples et d'analogies, le découpage en étapes, et l'incorporation de questions de réflexion, l'enseignant peut guider l'IA vers des réponses qui non seulement expliquent les concepts mais aussi les rendent accessibles et mémorables pour les étudiants.

La formulation de prompts pour l'enseignement demande donc une attention particulière au niveau et aux besoins des apprenants, mais aussi une flexibilité pour varier les approches pédagogiques. Cela permet de transformer l'IA en un outil éducatif puissant, capable d'accompagner les apprenants dans une exploration riche et approfondie des concepts, tout en stimulant leur curiosité et leur réflexion.

4.2.2 Exemples de Prompts pour une Formation Personnalisée

Les prompts adaptés à une formation personnalisée visent à répondre aux besoins spécifiques de chaque apprenant en fonction de son niveau de connaissance, de ses objectifs d'apprentissage, et de ses préférences. En ajustant les prompts pour offrir des explications détaillées, des exercices pratiques ou des recommandations de ressources supplémentaires, il est possible de rendre l'expérience d'apprentissage plus efficace et engageante. Voici des exemples de prompts pour des contextes variés en éducation et formation personnalisée.

1. Prompts pour Adapter le Contenu en Fonction du Niveau de Connaissance

Lorsque l'objectif est de s'adresser à des apprenants de niveaux différents (débutant, intermédiaire, avancé), le prompt doit inclure des indications spécifiques sur le niveau d'expertise attendu.

- **Débutant** :
  - **Prompt** : « Explique-moi les bases de la programmation en Python de manière simple, comme si je n'avais jamais codé auparavant. »
  - **Intention** : Fournir une introduction accessible, sans jargon, pour les novices en programmation.
  - **Avantage** : L'IA adapte sa réponse avec des explications claires et des exemples simplifiés pour aider un débutant à comprendre les bases.
- **Intermédiaire** :
  - **Prompt** : « Montre-moi comment créer une boucle `for` en Python et donne-moi quelques exercices d'entraînement pour me perfectionner. »
  - **Intention** : Approfondir un concept avec des explications et des exercices pratiques pour renforcer les compétences en programmation.
  - **Avantage** : Le prompt génère une explication accompagnée d'exercices, permettant à l'apprenant de passer de la théorie à la pratique.
- **Avancé** :
  - **Prompt** : « Peux-tu m'expliquer comment fonctionne l'algorithme de tri rapide en Python et me donner des exercices pour l'implémenter de manière optimisée ? »
  - **Intention** : Offrir des détails techniques sur un algorithme complexe, avec des exercices pour perfectionner la maîtrise du concept.
  - **Avantage** : Le prompt encourage une réponse détaillée et technique, utile pour les apprenants avancés cherchant à approfondir leur compréhension.

2. Prompts pour des Explications Ciblées et Concrètes

Pour les apprenants qui cherchent à comprendre un concept précis ou à maîtriser une technique, les prompts doivent demander des explications ciblées et concrètes, adaptées aux besoins spécifiques de la formation.

- **Concept Spécifique** :
  - **Prompt** : « Explique le concept de dérivées en mathématiques de manière simple et donne des exemples pour comprendre leur application. »
  - **Intention** : Aider l'apprenant à comprendre un concept mathématique avec des explications concrètes et des exemples d'application.
  - **Avantage** : Ce prompt encourage une réponse pédagogique avec des exemples concrets, facilitant la compréhension.
- **Étude de Cas** :
  - **Prompt** : « Donne-moi une étude de cas simple pour comprendre comment le marketing digital peut augmenter les ventes d'une petite entreprise. »
  - **Intention** : Illustrer l'utilité du marketing digital à travers un exemple réaliste, adapté aux besoins d'un public cible.
  - **Avantage** : L'IA génère une étude de cas qui permet de visualiser l'application des concepts dans un contexte concret.

3. Prompts pour Générer des Exercices Personnalisés

Les prompts peuvent également être utilisés pour demander à l'IA de fournir des exercices pratiques ou des études de cas qui permettent à l'apprenant de mettre en application les notions étudiées.

- **Exercice Pratique** :
  - **Prompt** : « Propose-moi trois exercices pratiques pour appliquer les règles de grammaire anglaise, spécialement sur l'usage du présent parfait. »
  - **Intention** : Obtenir des exercices ciblés pour pratiquer une règle grammaticale spécifique.
  - **Avantage** : L'IA fournit des exercices qui permettent à l'apprenant de renforcer ses compétences en grammaire anglaise par la pratique.
- **Scénario Appliqué** :
  - **Prompt** : « Crée un scénario pratique dans lequel je devrais utiliser les formules de probabilité de base. »
  - **Intention** : Utiliser un exercice de mise en situation pour faciliter la compréhension des formules de probabilité.
  - **Avantage** : L'IA propose une mise en contexte pratique qui aide l'apprenant à comprendre comment utiliser les concepts en probabilité dans une situation réaliste.

4. Prompts pour des Recommandations de Ressources d'Apprentissage Supplémentaires

Dans une formation personnalisée, il est souvent utile de proposer des ressources complémentaires adaptées au niveau de l'apprenant. Ces prompts permettent d'obtenir des recommandations de livres, de sites web, ou de cours en ligne.

- **Recommandations de Lectures** :
  - **Prompt** : « Quels livres recommanderais-tu pour approfondir mes connaissances en psychologie positive ? Je suis un débutant. »
  - **Intention** : Obtenir des suggestions de livres adaptés aux débutants dans le domaine de la psychologie positive.
  - **Avantage** : L'IA fournit des suggestions de ressources adaptées, facilitant l'accès à des contenus utiles pour approfondir les connaissances.
- **Ressources en Ligne** :
  - **Prompt** : « Quels sites ou cours en ligne puis-je suivre pour apprendre le design graphique ? Je recherche des cours pour débutants. »
  - **Intention** : Obtenir des recommandations de cours en ligne et de sites web pour apprendre le design graphique à un niveau débutant.
  - **Avantage** : Le prompt génère une liste de ressources pratiques et accessibles pour aider l'apprenant à trouver des contenus éducatifs en ligne.

5. Prompts pour des Feedbacks Personnalisés sur des Travaux ou Projets

Pour ceux qui suivent une formation avec des projets pratiques, des prompts peuvent être formulés pour obtenir des retours sur des travaux, des essais ou des projets.

- **Feedback sur un Projet** :
  - **Prompt** : « Voici une description de mon projet de recherche sur l'écologie urbaine. Peux-tu me donner des conseils pour l'améliorer ? »
  - **Intention** : Recevoir des suggestions de perfectionnement pour un projet spécifique.
  - **Avantage** : Ce prompt permet à l'IA de fournir des retours ciblés et des suggestions d'amélioration en fonction des objectifs du projet.
- **Évaluation de Compétences** :
  - **Prompt** : « J'ai réalisé un exercice de codage en JavaScript. Peux-tu me donner des conseils pour optimiser mon code ? »
  - **Intention** : Obtenir une évaluation technique et des conseils pour améliorer ses compétences en programmation.
  - **Avantage** : Ce type de prompt incite l'IA à fournir des retours constructifs qui aident l'apprenant à perfectionner son travail et à développer des compétences avancées.

6. Prompts pour Créer des Quiz et Évaluations d'Auto-vérification

Les quiz et évaluations permettent aux apprenants de vérifier leur compréhension du contenu étudié. Les prompts suivants peuvent être utilisés pour demander des quiz personnalisés en fonction des connaissances de l'apprenant.

- **Quiz pour Débutants** :
  - **Prompt** : « Prépare un quiz de 5 questions sur les bases de la nutrition, avec des réponses courtes et explicatives. »
  - **Intention** : Évaluer les connaissances d'un apprenant sur les fondamentaux de la nutrition.
  - **Avantage** : Ce prompt aide l'IA à générer un quiz simple, adapté au niveau de connaissance du débutant.
- **Évaluation Intermédiaire** :
  - **Prompt** : « Crée un quiz de 10 questions sur le marketing digital avec des options de réponse multiple pour m'aider à réviser mes connaissances intermédiaires. »
  - **Intention** : Obtenir un quiz de niveau intermédiaire pour évaluer la compréhension du marketing digital.
  - **Avantage** : L'IA propose des questions avec options multiples qui permettent de tester les connaissances de manière interactive.

Conclusion : Des Prompts Personnalisés pour une Formation Efficace

Les prompts adaptés à une formation personnalisée sont des outils puissants pour orienter l'IA dans la création de contenus éducatifs, de ressources adaptées, et d'évaluations. En prenant en compte le niveau de l'apprenant, ses besoins spécifiques, et les objectifs d'apprentissage, ces prompts permettent de créer des expériences d'apprentissage enrichissantes, interactives et adaptées.

Avec ces exemples, les formateurs et les apprenants disposent d'une base pour expérimenter et affiner leurs prompts, afin de tirer pleinement parti des capacités de l'IA dans le domaine de l'éducation et de la formation personnalisée.

4.2.3 Techniques pour Renforcer l'Engagement Pédagogique avec des Prompts

Dans le domaine de l'éducation et de la formation, l'utilisation de prompts bien formulés peut non seulement fournir des informations, mais aussi renforcer l'engagement des apprenants. En créant des prompts interactifs et motivants, il est possible de stimuler la curiosité, d'encourager l'apprentissage actif et d'adapter les réponses pour qu'elles soient à la fois pédagogiques et engageantes. Cette section explore plusieurs techniques pour concevoir des prompts qui maximisent l'engagement pédagogique.

1. Utiliser des Prompts Interactifs

Les prompts interactifs encouragent les apprenants à participer activement et à réfléchir par eux-mêmes. Ces types de prompts incitent à des réponses qui intègrent les retours de l'utilisateur, créant une expérience d'apprentissage plus engageante et personnalisée.

- **Technique** : Formuler des questions ouvertes pour encourager la réflexion
  - **Exemple de Prompt** : « Quels sont les trois facteurs principaux qui influencent le climat terrestre, selon vous ? Développons ensemble ces idées. »
  - **Objectif** : Encourager l'apprenant à réfléchir avant d'obtenir la réponse, en l'impliquant directement dans la discussion.
- **Technique** : Proposer des choix multiples et inviter à discuter des options
  - **Exemple de Prompt** : « Parmi ces trois affirmations sur l'écosystème marin, laquelle vous semble correcte ? Justifiez votre réponse. »
  - **Objectif** : Stimuler la prise de décision et la réflexion critique, en amenant l'apprenant à évaluer les différentes options.
- **Technique** : Utiliser des scénarios interactifs
  - **Exemple de Prompt** : « Imaginez que vous êtes un scientifique en mission dans l'Arctique. Quels seraient vos trois objectifs principaux pour étudier le réchauffement climatique ? »
  - **Objectif** : Amener l'apprenant à se mettre dans une situation réelle ou fictive, ce qui renforce l'intérêt pour le sujet en le rendant plus concret.

2. Formuler des Prompts Progressifs pour un Apprentissage Étape par Étape

Les prompts progressifs permettent de guider l'apprenant à travers des étapes d'apprentissage successives, en renforçant la compréhension à chaque étape. Cette approche est particulièrement utile pour les sujets complexes ou techniques.

- **Technique** : Décomposer les concepts en étapes

- ○ **Exemple de Prompt** : « Décrivons d'abord ce qu'est un atome. Ensuite, nous verrons comment les atomes se combinent pour former des molécules. Qu'est-ce qu'un atome selon vous ? »
  - ○ **Objectif** : Découper un sujet complexe en étapes pour aider l'apprenant à assimiler progressivement chaque partie du concept.
- **Technique** : Suivre un modèle de questionnement de type « Quoi – Pourquoi – Comment »
  - ○ **Exemple de Prompt** : « Qu'est-ce que la photosynthèse ? Pourquoi est-elle essentielle pour les plantes et les animaux ? Comment fonctionne-t-elle au niveau cellulaire ? »
  - ○ **Objectif** : Cette méthode invite l'apprenant à explorer le sujet sous différents angles, approfondissant la compréhension.
- **Technique** : Encourager l'auto-évaluation
  - ○ **Exemple de Prompt** : « Maintenant que nous avons abordé les bases du machine learning, pouvez-vous expliquer le concept de manière simple comme si vous l'expliquiez à un ami ? »
  - ○ **Objectif** : Renforcer la compréhension en invitant l'apprenant à reformuler ce qu'il a appris.

3. Encourager la Créativité et la Curiosité avec des Prompts Ouverts

Les prompts qui encouragent la créativité permettent aux apprenants d'explorer de nouvelles idées, de faire des liens entre les concepts et de s'engager plus librement dans le processus d'apprentissage. Ces prompts sont particulièrement utiles pour stimuler la curiosité et inciter à l'apprentissage autonome.

- **Technique** : Inviter à formuler des hypothèses
  - ○ **Exemple de Prompt** : « Imaginez que la Terre soit trois fois plus grande. Comment cela pourrait-il affecter la gravité et la vie sur Terre ? »
  - ○ **Objectif** : Encourager l'imagination et l'exploration de scénarios hypothétiques pour éveiller l'intérêt scientifique.
- **Technique** : Poser des questions ouvertes pour susciter la réflexion
  - ○ **Exemple de Prompt** : « Selon vous, pourquoi certains animaux migrent-ils sur de longues distances, tandis que d'autres ne le font pas ? »
  - ○ **Objectif** : Stimuler la réflexion personnelle et favoriser une exploration plus large du sujet.
- **Technique** : Demander des suggestions ou des solutions
  - ○ **Exemple de Prompt** : « Comment pensez-vous que les énergies renouvelables pourraient être améliorées pour devenir plus accessibles dans les pays en développement ? »
  - ○ **Objectif** : Engager l'apprenant dans une démarche de réflexion critique et de résolution de problèmes.

4. Utiliser des Prompts de Réflexion Personnelle

Les prompts de réflexion personnelle encouragent l'apprenant à faire des liens entre le contenu étudié et son expérience personnelle ou ses propres opinions. Cela renforce l'engagement en rendant l'apprentissage plus personnel et significatif.

- **Technique** : Encourager la connexion avec l'expérience personnelle
  - **Exemple de Prompt** : « Avez-vous déjà été témoin des effets de la pollution dans votre environnement ? Comment cela vous a-t-il affecté ? »
  - **Objectif** : Favoriser une connexion émotionnelle avec le sujet, ce qui rend l'apprentissage plus mémorable.
- **Technique** : Inviter à relier les connaissances aux objectifs personnels
  - **Exemple de Prompt** : « Comment pourriez-vous appliquer les principes de la gestion du temps dans votre vie quotidienne pour être plus productif ? »
  - **Objectif** : Inciter l'apprenant à réfléchir à l'utilité pratique du contenu pour sa propre vie.
- **Technique** : Demander un retour d'expérience après un apprentissage
  - **Exemple de Prompt** : « Après avoir étudié ce chapitre, quelles sont les trois choses principales que vous avez retenues et que vous trouvez les plus intéressantes ? »
  - **Objectif** : Encourager la rétention d'informations et la réflexion sur ce qui a été appris.

5. Créer des Prompts Collaboratifs pour Favoriser l'Échange d'Idées

Les prompts collaboratifs sont utiles dans les environnements d'apprentissage en groupe, car ils encouragent la discussion et la collaboration. Ces prompts favorisent la communication entre apprenants et créent un sentiment d'appartenance au sein de la classe.

- **Technique** : Poser des questions qui favorisent le débat
  - **Exemple de Prompt** : « Selon vous, quelles sont les conséquences positives et négatives de l'utilisation de la technologie en classe ? Discutez avec un partenaire. »
  - **Objectif** : Favoriser le développement de compétences en communication et en argumentation.
- **Technique** : Proposer des exercices de brainstorming
  - **Exemple de Prompt** : « Faites un brainstorming avec vos camarades et trouvez cinq solutions créatives pour réduire la consommation d'énergie à l'école. »
  - **Objectif** : Encourager la créativité en groupe et la collaboration pour trouver des solutions.
- **Technique** : Demander une synthèse collective

- Exemple de Prompt : « En groupe, résumez les points essentiels de ce chapitre et présentez-les à la classe. »
- Objectif : Favoriser la synthèse et la collaboration en groupe, tout en renforçant les compétences de communication.

6. Intégrer des Évaluations Interactives avec des Prompts de Validation des Connaissances

Les prompts d'évaluation interactive permettent de vérifier la compréhension tout en renforçant l'engagement de l'apprenant. Ils sont particulièrement utiles pour récapituler les notions et encourager les apprenants à se tester.

- **Technique** : Poser des questions de vérification des connaissances
  - **Exemple de Prompt** : « Pouvez-vous énumérer les trois étapes principales du cycle de l'eau ? »
  - **Objectif** : Vérifier que l'apprenant a bien compris les informations de base et les étapes clés.
- **Technique** : Utiliser des questions de type quiz
  - **Exemple de Prompt** : « Quel est le rôle de la photosynthèse ? Choisissez la bonne réponse parmi les options suivantes : a) Fournir de l'oxygène, b) Créer de la chaleur, c) Absorber l'eau. »
  - **Objectif** : Tester les connaissances de manière interactive et renforcer la rétention d'informations par le biais d'exercices de type quiz.
- **Technique** : Demander une justification des réponses
  - **Exemple de Prompt** : « Pourquoi pensez-vous que la photosynthèse est essentielle pour la vie sur Terre ? Justifiez votre réponse. »
  - **Objectif** : Amener l'apprenant à réfléchir au-delà de la simple réponse et à argumenter, ce qui solidifie la compréhension du concept.

Conclusion : Créer des Prompts qui Maximisent l'Engagement Pédagogique

Adapter les prompts pour renforcer l'engagement pédagogique est une technique puissante qui permet d'améliorer l'apprentissage et de rendre le contenu plus captivant et significatif. Ces différentes techniques – prompts interactifs, progressifs, créatifs, réflexifs, collaboratifs, et d'évaluation – peuvent être utilisées pour encourager l'implication active, la curiosité et l'autonomie de l'apprenant.

En variant les types de prompts en fonction des besoins et des niveaux d'apprentissage, les enseignants et formateurs peuvent transformer chaque interaction avec l'IA en une expérience d'apprentissage enrichissante et motivante, aidant ainsi les apprenants à s'approprier les connaissances et à les appliquer de manière concrète.

4.3.1 Formuler des Prompts pour Extraire des Informations Précises

Dans le cadre de la recherche et de l'analyse de données, l'objectif est souvent d'obtenir des informations spécifiques et précises. Les prompts doivent donc être conçus de manière à orienter l'IA vers des réponses directes et pertinentes, réduisant les interprétations ambiguës et les réponses vagues. Ce chapitre explore des stratégies pour formuler des prompts efficaces et précis, accompagnées de plusieurs exemples dans des domaines variés.

Clés pour Formuler des Prompts Précis

1. **Utiliser des Mots-Clés Spécifiques** : L'utilisation de mots-clés permet à l'IA de cibler directement les informations les plus pertinentes. Les mots-clés aident à spécifier le domaine de la question, réduisant ainsi le risque de recevoir une réponse hors sujet.
2. **Définir le Contexte ou le Domaine** : En précisant le domaine ou le cadre, on donne des instructions claires sur la nature de l'information souhaitée, ce qui aide l'IA à identifier les sources et concepts pertinents.
3. **Préciser le Format de la Réponse** : Demander une liste, un paragraphe court, ou des points de données chiffrés aide l'IA à structurer sa réponse pour qu'elle soit plus exploitable.
4. **Limiter le Champ de Recherche** : En indiquant une période, une géographie, ou une source spécifique, l'utilisateur réduit l'étendue de la réponse, ce qui permet d'obtenir des données ciblées.
5. **Formuler la Question de Manière Directe** : Les formulations claires et directes permettent d'éviter les ambiguïtés et orientent l'IA vers une réponse factuelle.

Exemples de Prompts pour Extraire des Informations Précises

Voici quelques exemples de prompts bien formulés pour extraire des données ou des informations spécifiques dans différents domaines de recherche.

Exemple 1 : Analyse de Marché

- **Prompt** : « Quelles sont les trois principales tendances actuelles du marché du commerce électronique aux États-Unis en 2023 ? »
  - ○ **Objectif** : Obtenir des informations ciblées sur les tendances spécifiques au marché américain en 2023.
  - ○ **Stratégie** : Utiliser des mots-clés clairs (« principales tendances », « commerce électronique ») et préciser le contexte géographique et temporel (« aux États-Unis en 2023 ») pour éviter des réponses trop générales.

Exemple 2 : Recherche en Science des Données

- **Prompt** : « Quels sont les algorithmes de machine learning les plus utilisés pour la détection des fraudes en finance ? »
  - **Objectif** : Identifier des algorithmes spécifiques utilisés dans la détection de fraudes pour un contexte financier.
  - **Stratégie** : En utilisant des termes spécialisés comme « machine learning » et « détection des fraudes en finance », l'utilisateur oriente l'IA vers une réponse technique avec des exemples d'algorithmes adaptés au domaine financier.

Exemple 3 : Recherche Historique

- **Prompt** : « Liste les événements majeurs qui ont contribué à la crise économique de 2008. »
  - **Objectif** : Obtenir un aperçu des événements clés ayant mené à la crise de 2008.
  - **Stratégie** : Formuler une demande en « liste » pour obtenir des réponses concises et structurées, tout en précisant la période (« crise économique de 2008 ») pour restreindre le contexte historique.

Exemple 4 : Recherche en Santé Publique

- **Prompt** : « Quelles sont les principales causes de la hausse de l'obésité chez les adolescents en Amérique du Nord ? »
  - **Objectif** : Comprendre les causes spécifiques de l'obésité chez une population précise.
  - **Stratégie** : Indiquer le groupe cible (« adolescents ») et la zone géographique (« Amérique du Nord ») pour guider l'IA vers des facteurs contextuels pertinents.

Exemple 5 : Recherche en Environnement

- **Prompt** : « Quels sont les impacts de la déforestation sur la biodiversité en Amazonie ? »
  - **Objectif** : Obtenir des informations spécifiques sur les effets de la déforestation sur un écosystème précis.
  - **Stratégie** : Utiliser un vocabulaire spécialisé (« impacts de la déforestation », « biodiversité en Amazonie ») pour diriger l'IA vers une analyse environnementale axée sur la biodiversité.

Exemple 6 : Analyse des Données Économiques

- **Prompt** : « Donne les taux de croissance économique annuels de la Chine entre 2010 et 2020. »
  - **Objectif** : Recevoir des données chiffrées pour analyser la croissance économique de la Chine sur une période définie.

○ **Stratégie** : Spécifier la période (« entre 2010 et 2020 ») et le type de données souhaité (« taux de croissance économique annuels ») pour orienter l'IA vers une réponse quantifiée et structurée.

Exemple 7 : Recherche en Psychologie Sociale

- **Prompt** : « Quels sont les effets des réseaux sociaux sur l'estime de soi chez les jeunes adultes ? »
  - ○ **Objectif** : Comprendre les impacts spécifiques des réseaux sociaux sur la psychologie des jeunes adultes.
  - ○ **Stratégie** : Préciser l'audience (« jeunes adultes ») et le thème (« estime de soi ») pour obtenir une analyse focalisée sur un effet psychologique spécifique.

Conseils Pratiques pour Affiner la Précision des Prompts

1. **Indiquer un Public Cible ou une Population Spécifique** : Définir la population concernée, comme « adolescents », « seniors », ou « jeunes adultes », aide à obtenir des données ou des analyses adaptées à des groupes particuliers.
2. **Spécifier une Période Temporelle** : Indiquer des années ou des périodes précises aide l'IA à se concentrer sur des données actualisées ou historiques, selon les besoins de l'utilisateur.
3. **Demander des Comparaisons ou des Évaluations** : En ajoutant des mots comme « comparer », « analyser » ou « évaluer », l'utilisateur encourage l'IA à fournir une réponse comparative ou évaluative au lieu d'une simple liste de faits.
4. **Utiliser des Indicateurs de Données Numériques** : Pour les besoins quantitatifs, comme les taux, pourcentages ou volumes, il est utile de préciser le format souhaité. Par exemple, en demandant « taux de croissance » ou « pourcentage », l'IA comprend que la réponse doit inclure des chiffres.
5. **Spécifier des Formulaires de Réponse** : Demander un format spécifique, comme une liste, un paragraphe court, ou une brève explication pour rendre les données plus faciles à interpréter et utiliser.

Exemple d'Exercice : Formuler et Réviser des Prompts pour Précision Maximale

Pour s'entraîner à formuler des prompts précis, essayez de reformuler les exemples ci-dessus en ajoutant plus de détails. Par exemple :

- **Prompt Original** : « Liste les impacts de la pollution de l'air. »
- **Prompt Amélioré** : « Quels sont les impacts de la pollution de l'air sur la santé respiratoire des enfants en milieu urbain en Europe ? »

Améliorations apportées :

- Ajout du groupe cible (« enfants ») pour focaliser l'analyse sur une population précise.
- Indication du contexte géographique (« milieu urbain en Europe ») pour obtenir des informations spécifiques à cette région.
- Spécification du domaine de l'impact (« santé respiratoire ») pour éviter une réponse générale.

Conclusion : Obtenir des Réponses Précises grâce à une Formulation Adaptée

Formuler des prompts précis pour la recherche et l'analyse de données demande de bien structurer la question en fonction du type d'information souhaité, du contexte et des spécificités du sujet. En appliquant ces techniques et en utilisant des exemples concrets, les utilisateurs peuvent obtenir des réponses détaillées et pertinentes de l'IA, facilitant ainsi leurs recherches et analyses. Les prompts bien formulés orientent l'IA vers des réponses qui répondent précisément aux attentes, augmentant ainsi la qualité et la valeur des données fournies.

4.3.2 Utiliser des Prompts pour Analyser des Données et Tirer des Conclusions

Les modèles d'intelligence artificielle comme ChatGPT peuvent jouer un rôle clé dans l'analyse de données et l'extraction de conclusions pertinentes à partir d'un ensemble d'informations. Bien qu'ils ne remplacent pas des outils de calcul ou d'analyse avancés, ils sont capables d'aider à interpréter des données, d'expliquer des tendances et de dégager des insights. L'efficacité des prompts dans ce contexte dépend de la clarté avec laquelle l'utilisateur structure la question et précise l'objectif de l'analyse.

Les Objectifs des Prompts dans l'Analyse de Données

Utiliser des prompts pour l'analyse de données et la formulation de conclusions repose sur trois objectifs principaux :

1. **Interprétation des Tendances et des Modèles** : Les prompts peuvent être utilisés pour aider l'IA à identifier des tendances dans des données déjà résumées ou structurées, notamment en matière d'augmentation ou de diminution de certaines valeurs.

2. **Explication de Données Complexes** : Lorsqu'une information quantitative est complexe, un prompt bien formulé peut amener l'IA à vulgariser des statistiques ou expliquer des relations entre les données.
3. **Formulation de Conclusions et Hypothèses** : L'IA peut être utilisée pour proposer des interprétations ou des hypothèses à partir des données. Par exemple, en identifiant des corrélations ou des anomalies qui pourraient nécessiter une analyse approfondie.

Exemples de Prompts pour l'Analyse de Données et les Conclusions

Voici des exemples de prompts adaptés aux différents aspects de l'analyse de données, illustrant comment structurer les questions pour obtenir des réponses analytiques et explicatives.

1. **Analyse de Tendances**
   - **Prompt** : « À partir des données de croissance mensuelle des ventes, identifie les tendances générales sur les 12 derniers mois et explique s'il y a une saisonnalité notable. »
   - **Objectif** : Aider l'IA à dégager des tendances dans les données de vente et identifier les éventuelles variations saisonnières.
   - **Structure du Prompt** : Utiliser des termes comme « identifie les tendances » et « explique » guide l'IA vers une analyse qualitative basée sur des points marquants.
2. **Interprétation de Corrélations**
   - **Prompt** : « Explique la relation entre le nombre d'heures de formation et la productivité des employés en fonction des données fournies. »
   - **Objectif** : Demander à l'IA d'analyser une corrélation entre deux variables et de proposer une hypothèse sur leur relation.
   - **Structure du Prompt** : Préciser « explique la relation » oriente l'IA vers une interprétation et aide à obtenir une conclusion raisonnée, surtout si les données montrent une corrélation positive ou négative.
3. **Identification des Anomalies**
   - **Prompt** : « Analyse les données des ventes trimestrielles de l'année passée et identifie les éventuelles anomalies ou écarts significatifs. »
   - **Objectif** : Obtenir une identification rapide des variations inhabituelles qui pourraient nécessiter une attention particulière.
   - **Structure du Prompt** : « Identifie les anomalies ou écarts significatifs » pousse l'IA à se concentrer sur les valeurs anormales ou les différences importantes.
4. **Segmentation et Profiling**
   - **Prompt** : « Sur la base des données démographiques, segmente les clients en groupes et explique les caractéristiques principales de chaque segment. »

- ○ **Objectif** : Demander à l'IA de créer des profils de clients en se basant sur des critères démographiques ou comportementaux.
- ○ **Structure du Prompt** : La mention « segmente les clients en groupes » et « explique les caractéristiques principales » oriente l'IA vers une réponse structurée par profil.

5. **Extrapolation des Données pour des Prévisions**
   - ○ **Prompt** : « À partir des données de croissance annuelle des abonnements, propose une estimation de la croissance pour les deux prochaines années. »
   - ○ **Objectif** : Obtenir une projection basée sur les tendances passées.
   - ○ **Structure du Prompt** : Utiliser des termes comme « propose une estimation » oriente l'IA à faire une extrapolation, même simple, en s'appuyant sur les données historiques.

6. **Formulation d'Hypothèses et Conclusions**
   - ○ **Prompt** : « Quels facteurs pourraient expliquer la baisse de 15 % de la satisfaction client au dernier trimestre, selon les données disponibles ? »
   - ○ **Objectif** : Amener l'IA à interpréter des données et à formuler des hypothèses qui expliquent un phénomène spécifique.
   - ○ **Structure du Prompt** : L'utilisation de « quels facteurs pourraient expliquer » guide l'IA vers une analyse hypothétique, en cherchant des causes plausibles à partir des données.

Astuces pour Formuler des Prompts d'Analyse de Données Efficaces

Pour obtenir des réponses analytiques et utiles, il est important de suivre quelques bonnes pratiques dans la formulation des prompts.

1. **Préciser le Type d'Analyse Souhaité** : Il est important de spécifier si l'on cherche une tendance, une corrélation, une segmentation ou une anomalie. Par exemple, « identifie les tendances » est plus précis que de demander une analyse générale, car l'IA sait où concentrer son attention.
2. **Indiquer les Variables Clés** : Mentionner les variables principales aide l'IA à comprendre quels éléments sont centraux. Par exemple, dans une question sur la productivité et le nombre d'heures de formation, le prompt devrait indiquer ces deux variables pour orienter l'analyse.
3. **Demander des Hypothèses Explicatives** : Lorsqu'il s'agit de tirer des conclusions ou de formuler des hypothèses, indiquer clairement que l'on attend des interprétations ou des hypothèses. Cela invite l'IA à fournir des explications possibles, en plus d'une simple description des données.
4. **Structurer le Prompt en Plusieurs Étapes** : Pour des analyses plus complexes, diviser le prompt en étapes peut aider l'IA à organiser la réponse. Par exemple : « Analyse les données de vente, identifie les tendances par

trimestre, et propose une hypothèse sur les variations observées. » Cette structure étape par étape permet d'obtenir une réponse bien ordonnée.

Exercice Pratique : Création de Prompts pour l'Analyse de Données

Pour mettre en pratique ces techniques, voici un exercice :

1. **Choisissez un ensemble de données hypothétique** (par exemple : les ventes mensuelles d'une entreprise, le trafic sur un site web, les dépenses des consommateurs).
2. **Formulez trois prompts différents** pour analyser les données sous différents angles :
   - **Identification de tendances** : Demandez à l'IA d'observer les tendances générales.
   - **Explication des corrélations** : Invitez l'IA à analyser les relations entre deux variables (par exemple, la publicité et les ventes).
   - **Conclusion et hypothèse** : Demandez à l'IA de formuler une hypothèse sur un changement spécifique (comme une baisse de la fréquentation).

Cet exercice permet de s'entraîner à structurer des prompts d'analyse de données en fonction des informations que l'on cherche à extraire, favorisant des réponses plus approfondies et exploitables.

Conclusion : Le Pouvoir des Prompts dans l'Analyse et l'Interprétation des Données

Les prompts bien formulés peuvent jouer un rôle clé dans l'analyse de données en orientant l'IA pour extraire des insights pertinents et proposer des hypothèses éclairées. Bien que l'IA ne remplace pas un analyste de données qualifié, elle peut fournir des explications accessibles et des pistes de réflexion précieuses pour interpréter les résultats.

En suivant des pratiques comme la précision des attentes, la structure en étapes, et la mention des variables spécifiques, les utilisateurs peuvent tirer le meilleur parti de l'IA pour faciliter l'analyse de données et la formulation de conclusions.

4.3.3 Étude de Cas : Prompt d'Analyse et Interprétation des Résultats

L'utilisation de prompts dans la recherche et l'analyse de données exige une formulation précise qui guide l'IA vers l'extraction d'informations pertinentes, une analyse de données concrète, et une interprétation de résultats en fonction de critères spécifiques. Dans cette étude de cas, nous examinerons un exemple de prompt conçu pour une analyse de données suivie d'une interprétation des résultats. Nous verrons également comment ajuster le prompt pour répondre aux besoins de recherche, d'analyse statistique, et de synthèse.

Contexte de l'Étude de Cas

Imaginons qu'un analyste souhaite étudier les effets des campagnes marketing sur les ventes mensuelles d'un produit technologique. L'objectif est de comprendre les tendances de vente avant et après une campagne, et de déterminer si les actions marketing ont eu un impact mesurable. L'analyste souhaite non seulement obtenir une analyse des données de vente, mais aussi interpréter les résultats pour prendre des décisions futures.

Étape 1 : Formuler le Prompt pour Analyser les Données

L'analyste doit tout d'abord guider l'IA pour qu'elle analyse les données en se concentrant sur les tendances de vente et l'impact des campagnes marketing. Voici un exemple de prompt structuré pour obtenir une analyse initiale :

- **Prompt d'Analyse des Données** :
  - **Prompt** : « Analyse les données de ventes mensuelles de janvier à décembre pour notre produit technologique. Compare les ventes avant, pendant, et après chaque campagne marketing. Identifie les hausses ou baisses significatives et donne une brève explication des tendances. »
  - **Objectif** : Obtenir une analyse quantitative et qualitative de l'évolution des ventes pour vérifier l'impact des campagnes.

Dans ce prompt, les expressions clés sont « analyse des données de ventes mensuelles », « compare les ventes avant, pendant, et après chaque campagne marketing » et « identifie les hausses ou baisses significatives ». Ces éléments orientent l'IA pour qu'elle se concentre sur les points temporels critiques.

Résultat attendu : L'IA devrait fournir une réponse structurée en plusieurs étapes :

1. Résumé des données de vente mois par mois.
2. Comparaison des ventes avant, pendant, et après chaque campagne.
3. Identification des pics ou des baisses avec des commentaires sur les changements significatifs.

Étape 2 : Ajuster le Prompt pour Détail Statistique

Pour obtenir une réponse encore plus approfondie et un aperçu statistique, l'analyste pourrait reformuler le prompt afin de demander une analyse statistique avec des indicateurs spécifiques, tels que le pourcentage de variation ou les moyennes de vente.

- **Prompt pour une Analyse Statistique Détail** :
    - **Prompt** : « Calcule le pourcentage de variation des ventes avant et après chaque campagne marketing, et compare ces variations à la moyenne des ventes mensuelles de l'année. Précise si les variations sont statistiquement significatives et explique les résultats. »
    - **Objectif** : Obtenir une analyse quantitative détaillée avec des pourcentages et des interprétations statistiques, pour comprendre si les variations observées peuvent être attribuées aux campagnes.

Résultat attendu : L'IA pourrait donner une réponse avec les éléments suivants :

1. Calcul des pourcentages de variation avant et après chaque campagne.
2. Comparaison de ces variations avec la moyenne des ventes mensuelles.
3. Interprétation de la signification statistique des variations, par exemple, en utilisant un seuil pour juger si les différences sont notables.

Étape 3 : Interpréter les Résultats pour la Prise de Décision

Une fois l'analyse des données terminée, l'analyste souhaite interpréter les résultats pour prendre des décisions futures concernant les campagnes marketing. L'objectif est de comprendre si les campagnes actuelles sont efficaces ou s'il faut envisager d'autres stratégies.

- **Prompt d'Interprétation des Résultats** :
    - **Prompt** : « Interprète les résultats de l'analyse des ventes en termes d'efficacité des campagnes marketing. Déduis si les hausses de ventes sont principalement dues aux campagnes ou à d'autres facteurs. Donne des recommandations pour améliorer l'impact des prochaines campagnes. »
    - **Objectif** : Obtenir une interprétation des résultats de l'analyse en tenant compte des causes potentielles et des recommandations pour les actions futures.

Dans ce prompt, l'expression « interprète les résultats » indique que l'IA doit aller au-delà des chiffres et fournir une analyse contextuelle. L'IA est invitée à faire des hypothèses sur les causes et à suggérer des actions pour améliorer les futures campagnes.

Résultat attendu : L'IA pourrait fournir une réponse incluant :

1. Interprétation des hausses de ventes observées, en discutant de la probabilité que ces hausses soient dues aux campagnes.
2. Hypothèses sur d'autres facteurs influençant les ventes (exemple : tendances saisonnières).
3. Recommandations concrètes pour optimiser les prochaines campagnes (exemple : ajuster la durée ou le ciblage de la campagne).

Étude de Cas : Exemple Complet avec les Résultats et Interprétations

Voici comment un ensemble de réponses de l'IA pourrait se structurer, avec les trois étapes intégrées :

1. **Analyse Initiale des Données** :
   - **Réponse** : « Les ventes ont augmenté de 20 % en moyenne pendant les mois où les campagnes marketing ont eu lieu (mars, juillet, et novembre). Cependant, les mois suivants ces campagnes ont vu une diminution progressive. Cela pourrait indiquer que les campagnes ont un effet à court terme mais manquent d'impact à long terme. »
2. **Détail Statistique** :
   - **Réponse** : « Avant les campagnes, la moyenne des ventes mensuelles était de 1 000 unités. Pendant les campagnes, cette moyenne a augmenté à 1 200 unités, soit une variation de 20 %. Cependant, les ventes sont revenues à une moyenne de 1 050 unités après les campagnes, ce qui montre une stabilisation partielle mais un retour à la tendance initiale. »
3. **Interprétation et Recommandations** :
   - **Réponse** : « Les résultats suggèrent que les campagnes marketing augmentent les ventes à court terme, mais l'effet s'estompe rapidement. Pour maximiser l'impact des campagnes futures, il pourrait être utile d'intensifier les efforts post-campagne pour maintenir l'engagement, peut-être en utilisant des offres de suivi ou des campagnes de fidélisation. »

Conseils pour Utiliser des Prompts d'Analyse et d'Interprétation des Résultats

1. **Préciser les Étapes de l'Analyse** : Pour obtenir une analyse détaillée, décomposez les instructions en étapes spécifiques (analyse initiale, calculs statistiques, interprétation) pour guider l'IA dans une réponse structurée.
2. **Intégrer des Termes Spécifiques** : Mentionner des termes comme « pourcentage de variation », « statistiquement significatif » ou « recommandations » aide à orienter l'IA vers une réponse plus technique ou orientée vers la prise de décision.
3. **Demander une Interprétation Contextuelle** : Lorsqu'il s'agit de comprendre des résultats, demandez à l'IA d'interpréter les données et d'en tirer des conclusions pratiques. Des expressions comme « interprète les résultats » ou

« fais des recommandations » montrent que l'utilisateur attend plus qu'une simple analyse chiffrée.

Conclusion : L'Utilité des Prompts d'Analyse et d'Interprétation pour la Recherche et l'Analyse de Données

Les prompts d'analyse et d'interprétation sont des outils puissants pour obtenir des insights exploitables à partir de données brutes. En formulant des prompts adaptés aux besoins de recherche, en précisant les attentes d'analyse statistique, et en demandant une interprétation des résultats, les utilisateurs peuvent optimiser leurs interactions avec l'IA. Cette approche permet de transformer des données complexes en informations exploitables et de soutenir la prise de décisions éclairée pour améliorer les futures stratégies, qu'elles soient marketing, opérationnelles ou de gestion.

Chapitre 5 : L'Art de Personnaliser les Réponses de l'IA

- **5.1 Techniques de Personnalisation des Prompts**
  - ○ 5.1.1 Inclure des variables personnelles et spécifiques
  - ○ 5.1.2 Utiliser des scénarios personnalisés pour des réponses précises
  - ○ 5.1.3 Exemples de prompts personnalisés selon le profil de l'utilisateur
- **5.2 La Création de Dialogues Naturels**
  - ○ 5.2.1 Structurer les prompts pour des conversations fluides
  - ○ 5.2.2 Encourager les questions et les clarifications de l'IA
  - ○ 5.2.3 Techniques pour maintenir un fil de discussion cohérent
- **5.3 Études de Cas de Scénarios Personnalisés**
  - ○ 5.3.1 Cas pratiques : prompts pour le service client
  - ○ 5.3.2 Prompts dans les contextes médicaux, juridiques, et techniques
  - ○ 5.3.3 Cas d'usage en consultation et conseil, exemples réels

5.1.1 Inclure des Variables Personnelles et Spécifiques

L'une des techniques les plus efficaces pour obtenir des réponses pertinentes et adaptées aux besoins individuels est d'inclure des variables personnelles et spécifiques dans les prompts. En personnalisant les prompts avec des détails contextuels, on peut guider l'IA pour qu'elle produise une réponse davantage ciblée, adaptée à des préférences personnelles, des situations spécifiques, ou des besoins particuliers. Dans cette section, nous explorerons comment intégrer des variables personnalisées dans les prompts pour enrichir la pertinence des réponses.

Pourquoi Utiliser des Variables Personnelles et Spécifiques ?

1. **Augmenter la Pertinence de la Réponse** : L'IA peut fournir des réponses plus précises et mieux adaptées si elle dispose de détails spécifiques, comme le contexte d'utilisation, les préférences personnelles ou des contraintes particulières. Par exemple, un prompt qui inclut le secteur d'activité de l'utilisateur (comme le marketing ou la santé) permet à l'IA de cadrer sa réponse dans un contexte professionnel adapté.
2. **Améliorer la Précision dans des Situations Complexes** : En ajoutant des variables spécifiques, l'utilisateur réduit le champ d'interprétation pour l'IA, ce qui aide à éviter les réponses génériques. Dans un contexte de recherche, d'analyse ou de résolution de problèmes, des détails précis permettent à l'IA de se concentrer sur les éléments les plus pertinents.
3. **Obtenir des Conseils Personnalisés** : Inclure des informations sur des préférences, des objectifs ou des contraintes aide l'IA à générer des recommandations qui correspondent plus directement aux besoins uniques de l'utilisateur. Par exemple, un prompt demandant des conseils de santé en tenant compte de l'âge ou du niveau de condition physique d'une personne fournira des réponses mieux adaptées.

Techniques pour Inclure des Variables Personnelles dans les Prompts

Pour personnaliser un prompt efficacement, il est important d'inclure des détails spécifiques en fonction du contexte et de l'objectif. Voici quelques techniques pour intégrer ces variables de manière optimale.

1. **Préciser le Contexte Personnel ou Professionnel** : Mentionner le domaine d'activité, le rôle professionnel ou la situation personnelle permet à l'IA d'adapter sa réponse en fonction de ce contexte particulier.
   - **Exemple de Prompt** : « Donne-moi des conseils de marketing numérique pour une petite entreprise dans le secteur de la mode. »
   - **Avantage** : L'IA pourra se concentrer sur des stratégies adaptées aux petites entreprises dans un secteur spécifique, plutôt que de donner des conseils génériques en marketing.
2. **Inclure des Détails Relatifs aux Objectifs** : Expliquer pourquoi on demande une réponse peut aider l'IA à fournir des informations plus adaptées à la finalité recherchée.

- ○ **Exemple de Prompt** : « Explique comment créer une routine d'exercice pour quelqu'un qui souhaite perdre du poids et gagner en endurance. »
- ○ **Avantage** : En spécifiant les objectifs de perte de poids et d'endurance, l'IA pourra orienter ses recommandations vers des exercices et des conseils adaptés.

3. **Ajouter des Contraintes ou Préférences** : Mentionner des contraintes, telles que le budget, le temps disponible, ou des préférences spécifiques, permet à l'IA de générer des réponses qui tiennent compte des réalités pratiques de l'utilisateur.
   - ○ **Exemple de Prompt** : « Propose un programme de repas équilibré pour une personne végétarienne qui dispose de 30 minutes maximum pour cuisiner chaque jour. »
   - ○ **Avantage** : Ce prompt aide l'IA à proposer des recettes rapides et adaptées à un régime végétarien, en prenant en compte le temps limité pour cuisiner.

4. **Indiquer l'Âge, le Niveau de Connaissance ou d'Expérience** : Les prompts qui intègrent le niveau d'expérience ou des informations démographiques (comme l'âge) peuvent influencer la manière dont l'IA formule ses réponses.
   - ○ **Exemple de Prompt** : « Explique les bases de la finance personnelle pour un jeune adulte qui commence à travailler. »
   - ○ **Avantage** : L'IA peut ajuster sa réponse pour utiliser un langage simple et des conseils pratiques adaptés aux préoccupations d'un jeune adulte entrant dans le monde du travail.

5. **Utiliser des Scénarios Spécifiques** : Si la demande concerne une situation particulière, décrire cette situation dans le prompt permet d'obtenir une réponse qui prend en compte le contexte unique.
   - ○ **Exemple de Prompt** : « Comment gérer un conflit au travail entre deux collègues dans une équipe où je suis nouveau manager ? »
   - ○ **Avantage** : L'IA comprend la spécificité de la situation (nouveau manager) et peut fournir des conseils tenant compte de cette dynamique.

Exemples de Prompts Personnalisés avec Variables Spécifiques

Voici quelques exemples montrant comment des variables spécifiques modifient la réponse pour la rendre plus personnalisée et adaptée au contexte de l'utilisateur :

- **Santé et Bien-être**
  - ○ **Prompt** : « Donne-moi un programme de remise en forme adapté pour une femme de 45 ans avec un niveau d'activité modéré. »
  - ○ **Variable spécifique** : Âge et niveau d'activité.
  - ○ **Avantage** : L'IA peut orienter sa réponse vers un programme modéré et adapté aux besoins d'une personne de cet âge.
- **Apprentissage et Éducation**
  - ○ **Prompt** : « Explique-moi les bases de la programmation Python pour quelqu'un qui n'a jamais codé auparavant et souhaite apprendre par lui-même. »
  - ○ **Variable spécifique** : Niveau d'expérience (débutant) et méthode d'apprentissage (autodidacte).

- o **Avantage** : L'IA adaptera son langage et ses conseils pour des novices, en proposant des ressources et techniques adaptées à un apprentissage autonome.
- **Conseils Financiers**
  - o **Prompt** : « Quels sont les meilleurs conseils financiers pour une famille avec deux enfants qui a un budget mensuel serré ? »
  - o **Variable spécifique** : Situation familiale et contrainte budgétaire.
  - o **Avantage** : L'IA peut ajuster ses suggestions pour prendre en compte les contraintes budgétaires et les dépenses familiales typiques.
- **Voyage et Loisirs**
  - o **Prompt** : « Propose un itinéraire de voyage de 7 jours pour un couple qui souhaite découvrir la culture et la gastronomie italienne. »
  - o **Variable spécifique** : Durée du voyage, type de voyageurs (couple), et centres d'intérêt (culture et gastronomie).
  - o **Avantage** : L'IA peut inclure des suggestions d'activités culturelles et des expériences culinaires typiques, adaptées à un couple en vacances.

Meilleures Pratiques pour Utiliser des Variables Personnelles

1. **Être Spécifique sans Surcharger le Prompt** : Fournir des détails pertinents est utile, mais inclure trop de variables peut rendre le prompt confus. Identifiez les informations clés qui influenceront le plus la réponse et limitez-vous à celles-ci.
2. **Privilégier les Variables Actionnables** : Mentionner des variables qui orienteront véritablement la réponse est essentiel. Par exemple, indiquer une préférence alimentaire (végétarien, sans gluten) dans un prompt de recettes est actionnable, alors que des détails personnels non pertinents ne le sont pas.
3. **Adapter les Variables en Fonction de l'Objectif** : Choisir les variables en fonction de l'objectif du prompt. Par exemple, pour un conseil en éducation, le niveau de connaissance est plus pertinent que l'âge, tandis que pour des conseils en forme physique, l'âge et le niveau d'activité sont cruciaux.

Conclusion : L'Impact des Variables Personnelles sur la Personnalisation des Réponses

Inclure des variables personnelles et spécifiques dans les prompts permet d'obtenir des réponses mieux adaptées et plus pertinentes, qui répondent directement aux besoins et contraintes de l'utilisateur. Cette technique de personnalisation améliore la précision des réponses de l'IA et accroît leur utilité dans des contextes variés. En ajoutant les bons détails, les utilisateurs peuvent transformer chaque interaction en une expérience personnalisée, renforçant ainsi l'efficacité et la pertinence des informations fournies par l'IA.

En suivant ces techniques, les utilisateurs peuvent affiner leurs compétences en formulation de prompts et obtenir des réponses de l'IA qui correspondent de manière précise à leurs attentes, qu'il s'agisse de conseils pratiques, d'informations spécialisées ou d'inspirations créatives.

5.1.2 Utiliser des Scénarios Personnalisés pour des Réponses Précises

L'utilisation de scénarios personnalisés est une technique puissante pour obtenir des réponses plus précises et mieux adaptées aux besoins spécifiques de l'utilisateur. En intégrant des détails spécifiques et en posant des questions dans le cadre de scénarios concrets, l'utilisateur peut guider l'IA vers des réponses hautement contextualisées, qui prennent en compte des situations, des publics, ou des objectifs particuliers.

Pourquoi Utiliser des Scénarios Personnalisés ?

1. **Réduire l'Ambiguïté** : En fournissant un contexte clair et spécifique, l'utilisateur diminue les risques d'interprétation erronée ou de réponses trop générales. L'IA est ainsi mieux orientée pour comprendre exactement ce que l'utilisateur attend.
2. **Améliorer la Pertinence** : Les réponses de l'IA sont plus pertinentes lorsqu'elles sont cadrées dans un contexte concret. Un scénario personnalisé donne à l'IA les informations nécessaires pour fournir une réponse qui répond directement à une situation réelle.
3. **Permettre une Personnalisation Avancée** : Les scénarios personnalisés permettent d'ajuster les réponses en fonction des besoins de publics différents (débutants, experts, managers, etc.) ou de situations spécifiques, comme des analyses de marché ou des conseils pour un secteur d'activité particulier.

Comment Créer un Scénario Personnalisé ?

Pour créer un scénario personnalisé, l'utilisateur doit inclure des détails pertinents dans le prompt, comme le contexte de la situation, les caractéristiques du public cible, les objectifs spécifiques, et toute autre information nécessaire pour orienter la réponse. Voici quelques éléments qui peuvent enrichir un scénario :

- **Contexte** : Où et quand se passe la situation ? Quel est le cadre global de la question (exemple : entreprise, éducation, santé) ?
- **Audience** : Qui est concerné par la réponse (débutants, managers, étudiants, clients, etc.) ?
- **Objectif** : Quel est le but recherché ? S'agit-il de résoudre un problème, de faire un choix, d'apprendre un concept ou de prendre une décision ?
- **Exemples et Détails Spécifiques** : Inclure des exemples ou des éléments concrets qui permettent à l'IA de mieux comprendre le contexte.

Exemples de Scénarios Personnalisés pour des Réponses Précises

Voyons comment les scénarios personnalisés peuvent être appliqués dans différents contextes pour obtenir des réponses précises.

Exemple 1 : Conseil pour une Stratégie Marketing

- **Scénario** : Une petite entreprise technologique lance un nouveau produit et souhaite définir une stratégie marketing pour atteindre un public jeune.
- **Prompt personnalisé** : « Propose une stratégie marketing pour une startup technologique qui souhaite promouvoir un nouveau produit auprès des 18-25 ans. La

campagne doit inclure des actions sur les réseaux sociaux et utiliser un budget limité. »

- **Objectif** : Recevoir des suggestions de tactiques marketing adaptées à un public jeune, en prenant en compte les contraintes de budget.
- **Résultat attendu** : L'IA peut proposer des actions spécifiques comme des partenariats avec des influenceurs, la création de contenu engageant sur TikTok et Instagram, ou l'utilisation de publicités ciblées à faible coût.

Exemple 2 : Explication Pédagogique pour des Étudiants Débutants

- **Scénario** : Un enseignant souhaite expliquer le concept de la blockchain à une classe de lycéens n'ayant aucune connaissance technique.
- **Prompt personnalisé** : « Explique le concept de la blockchain de manière simple et imagée pour une classe de lycéens qui découvre la technologie. Utilise des analogies faciles à comprendre. »
- **Objectif** : Obtenir une explication vulgarisée et accessible qui soit compréhensible pour des étudiants novices.
- **Résultat attendu** : L'IA pourrait utiliser des analogies simples, comme l'idée d'un « grand livre » partagé ou d'une « chaîne d'information », pour expliquer le fonctionnement de la blockchain de manière imagée et facile à retenir.

Exemple 3 : Analyse Financière pour une PME

- **Scénario** : Un chef d'entreprise souhaite savoir si investir dans un nouveau logiciel de gestion des stocks sera rentable pour sa PME.
- **Prompt personnalisé** : « Analyse les avantages financiers d'investir dans un logiciel de gestion des stocks pour une PME dans le secteur de la distribution. La PME gère un inventaire de 5 000 produits et souhaite améliorer son efficacité. »
- **Objectif** : Recevoir une analyse ciblée sur les économies potentielles, la rentabilité et les avantages en termes d'efficacité.
- **Résultat attendu** : L'IA pourrait fournir des informations sur les économies de coûts liées à une gestion optimisée des stocks, la réduction des erreurs d'inventaire, et les gains d'efficacité opérationnelle.

Exemple 4 : Rédaction d'un Email de Suivi pour un Client

- **Scénario** : Un commercial souhaite envoyer un email de suivi à un client qui a manifesté de l'intérêt pour une offre, mais n'a pas encore pris de décision.
- **Prompt personnalisé** : « Rédige un email de suivi pour un client intéressé par notre offre de services de consulting, mais qui n'a pas encore pris de décision. Adopte un ton professionnel et amical, et propose de répondre à ses questions ou d'organiser une nouvelle rencontre. »
- **Objectif** : Obtenir un texte précis et engageant qui relance le client tout en lui offrant un suivi attentionné et personnalisé.
- **Résultat attendu** : L'IA devrait générer un email avec un ton amical et professionnel, qui propose un suivi attentif et incite le client à reconsidérer l'offre sans pression.

Exemple 5 : Recommandations pour un Programme d'Exercices

- **Scénario** : Une personne de 50 ans souhaite commencer un programme d'exercices doux pour améliorer sa condition physique.
- **Prompt personnalisé** : « Propose un programme d'exercices adapté pour une personne de 50 ans débutant l'entraînement. Le programme doit être modéré et axé sur la flexibilité, l'endurance et la force. »
- **Objectif** : Obtenir des recommandations d'exercices adaptés à l'âge et au niveau de forme physique du débutant, en évitant les exercices intenses.
- **Résultat attendu** : L'IA pourrait proposer des exercices comme des étirements, de la marche, et des mouvements de renforcement doux pour les bras et les jambes, adaptés aux débutants.

Conseils pour Créer des Scénarios Personnalisés Efficaces

1. **Définir un Contexte Précis** : Fournir des informations concrètes sur la situation permet à l'IA de mieux comprendre le cadre et de proposer des réponses plus adaptées.
2. **Spécifier l'Audience et le Niveau de Connaissance** : En indiquant le niveau de compétence ou de connaissance de l'audience, l'utilisateur permet à l'IA de calibrer la réponse.
3. **Délimiter les Objectifs Clairs** : Formuler clairement ce que l'utilisateur souhaite obtenir de la réponse (exemple : des recommandations, une analyse, une explication simplifiée).
4. **Inclure des Restrictions ou des Exigences Particulières** : Par exemple, préciser un budget, un style de communication, ou des préférences spécifiques pour orienter davantage la réponse.

Conclusion : La Précision grâce aux Scénarios Personnalisés

L'utilisation de scénarios personnalisés est une technique essentielle pour obtenir des réponses précises et adaptées aux besoins spécifiques de l'utilisateur. En formulant des prompts qui intègrent un contexte, un public et des objectifs particuliers, l'utilisateur guide l'IA pour qu'elle fournisse des informations contextualisées et exploitables.

Les scénarios personnalisés rendent les interactions avec l'IA plus efficaces et utiles, permettant de tirer le meilleur parti des capacités de l'intelligence artificielle. Que ce soit pour des analyses, des recommandations pratiques, ou des explications pédagogiques, cette technique aide à obtenir des réponses parfaitement alignées avec les situations réelles et les besoins uniques de l'utilisateur.

5.1.3 Exemples de Prompts Personnalisés selon le Profil de l'Utilisateur

La personnalisation des prompts en fonction du profil de l'utilisateur permet d'obtenir des réponses adaptées, pertinentes, et spécifiques aux besoins individuels. En tenant compte des caractéristiques uniques de chaque utilisateur – comme leur niveau de connaissance, leur secteur d'activité, ou leur objectif particulier – on peut affiner les prompts pour maximiser la pertinence et l'utilité des réponses fournies par l'IA. Voici des exemples concrets de prompts personnalisés selon différents profils d'utilisateurs.

1. Utilisateur : Étudiant en Sciences

Pour un étudiant en sciences, le prompt doit être formulé pour offrir des explications compréhensibles mais techniquement précises, adaptées à son niveau académique.

- **Exemple de Prompt** :
  - **Prompt** : « Explique le principe de la thermodynamique pour un étudiant de niveau universitaire en physique. Inclue des exemples et des équations de base pour illustrer les lois. »
  - **Objectif** : Fournir une explication rigoureuse qui correspond au niveau académique de l'étudiant, avec des exemples concrets et des éléments techniques.
  - **Personnalisation** : Utiliser des termes comme « niveau universitaire » et « inclue des équations » oriente l'IA vers une réponse qui correspond aux attentes d'un étudiant avancé, en ajoutant des éléments précis qui enrichissent la compréhension.
- **Prompt Alternatif** :
  - **Prompt** : « Décris le processus de photosynthèse de manière simplifiée pour un étudiant en biologie qui débute dans le sujet. Utilise des termes faciles à comprendre et des exemples pratiques. »
  - **Objectif** : Rendre la réponse accessible et adaptée aux débutants en biologie.
  - **Personnalisation** : Ici, le terme « de manière simplifiée » aide l'IA à fournir une explication pédagogique adaptée aux étudiants novices.

2. Utilisateur : Professionnel du Marketing

Pour un utilisateur dans le domaine du marketing, les prompts peuvent être formulés pour offrir des conseils pratiques, des tendances actuelles, ou des analyses de marché spécifiques.

- **Exemple de Prompt** :
  - **Prompt** : « Quels sont les cinq canaux les plus efficaces pour le marketing digital dans le secteur de la mode en 2024 ? Explique les raisons de leur efficacité et donne des exemples d'utilisation. »
  - **Objectif** : Obtenir des recommandations actualisées et pertinentes pour le marketing digital spécifiquement dans le secteur de la mode.
  - **Personnalisation** : En mentionnant le secteur de la mode et l'année en cours, l'IA est guidée pour fournir des informations ciblées et à jour, avec des exemples concrets.

- **Prompt Alternatif** :
  - ○ **Prompt** : « Conseille-moi sur les meilleures pratiques de création de contenu pour attirer un public de jeunes adultes sur les réseaux sociaux. »
  - ○ **Objectif** : Obtenir des conseils spécifiques pour un type d'audience ciblée (jeunes adultes).
  - ○ **Personnalisation** : Préciser « jeunes adultes » oriente l'IA vers des stratégies de contenu adaptées à cette tranche d'âge, en favorisant un style et un ton de communication modernes.

3. Utilisateur : Entrepreneur dans une Startup Technologique

Un entrepreneur dans une startup technologique recherche des réponses axées sur les aspects pratiques, les innovations, et des conseils adaptés aux défis de la croissance et du développement rapide.

- **Exemple de Prompt** :
  - ○ **Prompt** : « Quelles stratégies de croissance rapide recommandes-tu pour une startup technologique qui développe des applications SaaS pour entreprises ? »
  - ○ **Objectif** : Obtenir des stratégies de croissance axées sur les startups technologiques, en tenant compte des particularités du modèle SaaS (Software as a Service).
  - ○ **Personnalisation** : Mentionner « startup technologique » et « applications SaaS » permet de recevoir des recommandations adaptées aux besoins uniques de ce secteur.
- **Prompt Alternatif** :
  - ○ **Prompt** : « Quels sont les principaux défis auxquels les startups SaaS font face lors de l'expansion sur le marché international ? Propose des solutions pratiques. »
  - ○ **Objectif** : Identifier les défis spécifiques de l'expansion internationale pour une startup SaaS.
  - ○ **Personnalisation** : En demandant des « solutions pratiques », le prompt indique que l'utilisateur souhaite des réponses actionnables, pertinentes pour une entreprise en phase de croissance internationale.

4. Utilisateur : Consultant en Ressources Humaines

Pour un consultant en ressources humaines, les prompts peuvent être formulés pour fournir des réponses qui incluent des stratégies de gestion, des exemples de pratiques RH modernes, et des conseils pour améliorer la performance organisationnelle.

- **Exemple de Prompt** :
  - ○ **Prompt** : « Donne-moi des stratégies innovantes pour améliorer l'engagement des employés dans une entreprise de taille moyenne. Précise des actions concrètes et des outils utiles. »
  - ○ **Objectif** : Obtenir des suggestions pratiques et modernes pour un consultant qui cherche à améliorer l'engagement des employés.

- ○ **Personnalisation** : Mentionner « entreprise de taille moyenne » et « actions concrètes » oriente l'IA vers des stratégies réalistes et applicables pour ce type de structure.
- **Prompt Alternatif** :
  - ○ **Prompt** : « Explique comment un consultant en ressources humaines peut aider une entreprise à améliorer sa politique de diversité et d'inclusion. »
  - ○ **Objectif** : Obtenir des conseils spécifiques pour un consultant en RH sur un sujet précis et actuel.
  - ○ **Personnalisation** : Le focus sur la diversité et l'inclusion permet d'obtenir des réponses contextualisées sur les meilleures pratiques et stratégies adaptées au consultant RH.

5. Utilisateur : Enseignant en Histoire

Pour un enseignant, il est utile de formuler les prompts de manière à fournir des informations éducatives adaptées au niveau des élèves, avec des exemples ou des ressources pédagogiques.

- **Exemple de Prompt** :
  - ○ **Prompt** : « Raconte l'histoire de la Révolution française de manière simple et engageante pour une classe de collégiens. Inclue des anecdotes ou des faits intéressants pour captiver leur attention. »
  - ○ **Objectif** : Recevoir une version simplifiée de l'histoire de la Révolution française, avec des éléments qui rendent la leçon captivante pour des élèves.
  - ○ **Personnalisation** : Mentionner « classe de collégiens » et « anecdotes ou faits intéressants » permet d'adapter le contenu à un public jeune, rendant l'histoire plus attrayante.
- **Prompt Alternatif** :
  - ○ **Prompt** : « Quels sont les principaux facteurs qui ont mené à la Seconde Guerre mondiale ? Explique-les pour un public de lycéens avec des exemples concrets. »
  - ○ **Objectif** : Obtenir une explication claire et accessible des causes de la Seconde Guerre mondiale pour des élèves de niveau lycée.
  - ○ **Personnalisation** : Préciser « public de lycéens » aide l'IA à fournir une réponse qui équilibre rigueur historique et accessibilité pédagogique.

6. Utilisateur : Journaliste ou Rédacteur

Pour un journaliste ou rédacteur, les prompts peuvent être formulés pour fournir des informations concises, des angles intéressants pour les articles, ou des perspectives nouvelles sur des sujets d'actualité.

- **Exemple de Prompt** :
  - ○ **Prompt** : « Quels sont les défis actuels du journalisme digital face aux fausses informations, et comment les journalistes peuvent-ils les surmonter ? »
  - ○ **Objectif** : Recevoir une analyse des défis spécifiques et des solutions pratiques pour un journaliste traitant des questions de crédibilité dans les médias numériques.

- ○ **Personnalisation** : En mentionnant « défis actuels du journalisme digital », l'IA se concentre sur des enjeux contemporains et pertinents pour les journalistes.
- **Prompt Alternatif** :
  - ○ **Prompt** : « Propose un angle unique pour un article sur les impacts du télétravail post-pandémie sur la productivité des employés. »
  - ○ **Objectif** : Obtenir des idées créatives pour un sujet d'article, en aidant le journaliste à trouver une perspective originale sur un thème populaire.
  - ○ **Personnalisation** : En précisant « angle unique », le prompt oriente l'IA vers une proposition originale qui pourrait se démarquer d'autres articles.

Conclusion : L'Importance de la Personnalisation dans la Formulation des Prompts

Personnaliser les prompts en fonction du profil de l'utilisateur permet d'obtenir des réponses plus pertinentes, précises, et adaptées aux besoins spécifiques de chaque profession ou niveau de compétence. En ajoutant des détails tels que le niveau de connaissance, le domaine professionnel, ou les objectifs spécifiques, l'utilisateur oriente l'IA vers une réponse plus ciblée et mieux alignée avec les attentes.

Ces exemples montrent comment la personnalisation des prompts améliore non seulement la qualité de l'interaction avec l'IA, mais aussi l'efficacité des réponses pour chaque profil d'utilisateur. La capacité à adapter les prompts en fonction du profil de l'audience est une compétence clé pour toute personne cherchant à optimiser ses interactions avec une IA comme ChatGPT, garantissant des réponses qui sont à la fois utiles, pertinentes et directement applicables.

5.2.1 Structurer les Prompts pour des Conversations Fluides

Pour créer des interactions avec une IA qui se rapprochent d'une conversation humaine, il est essentiel de structurer les prompts de manière à favoriser un dialogue naturel et cohérent. Les dialogues fluides avec l'IA reposent sur des échanges qui sont non seulement informatifs, mais aussi engageants et faciles à suivre pour l'utilisateur. Structurer les prompts pour imiter une conversation humaine permet d'obtenir des réponses plus nuancées et d'instaurer une continuité entre les différents messages échangés.

Principes de Base pour Structurer un Dialogue Naturel avec l'IA

1. **Formuler des Prompts Contextuels et Progressifs** : Au lieu de poser toutes les questions d'un coup, il est souvent plus efficace de structurer les prompts de manière progressive, en suivant un ordre logique de questions ou d'instructions.
   - **Exemple** : Commencez par une question générale pour introduire le sujet (« Qu'est-ce que le machine learning ? »), puis enchaînez avec des questions plus spécifiques basées sur la réponse précédente (« Peux-tu expliquer comment les algorithmes de machine learning sont utilisés dans la reconnaissance d'image ? »).
   - **Avantage** : Cette structure aide l'IA à répondre de manière cohérente et permet d'approfondir progressivement la conversation, tout en facilitant la transition entre les sujets.
2. **Utiliser des Phrases de Transition** : Les phrases de transition comme « D'accord, maintenant parle-moi de… » ou « Merci pour cette explication, mais pourrais-tu aussi… » permettent d'enchaîner les prompts sans rupture brutale.
   - **Exemple** : Après une première réponse, utilisez une transition pour passer au sujet suivant : « Merci pour les informations sur le machine learning. Pourrais-tu maintenant expliquer les différences entre l'apprentissage supervisé et non supervisé ? »
   - **Avantage** : En utilisant des phrases de transition, vous introduisez une structure narrative qui guide l'IA et rend la conversation plus naturelle et fluide.
3. **Poser des Questions de Suivi** : Les questions de suivi permettent d'approfondir les réponses de l'IA et de clarifier certains points, comme on le ferait dans une conversation avec un interlocuteur humain.
   - **Exemple** : Après avoir reçu une explication sur un sujet technique, vous pouvez poser une question de clarification : « C'est intéressant. Pourrais-tu donner un exemple concret de cet algorithme en action ? »
   - **Avantage** : Les questions de suivi montrent à l'IA que vous cherchez une explication détaillée et contextualisée, améliorant ainsi la qualité des réponses successives.
4. **Rappeler le Contexte si Nécessaire** : Bien que l'IA conserve le contexte dans une même session, il est utile de rappeler des éléments clés du sujet initial ou de la demande lorsqu'on enchaîne plusieurs prompts.
   - **Exemple** : Si vous avez demandé des informations sur les énergies renouvelables, mais que vous voulez maintenant parler de l'énergie solaire en particulier, rappelez le sujet de manière subtile : « Dans le cadre des

énergies renouvelables, pourrais-tu expliquer plus en détail le fonctionnement des panneaux solaires ? »

- ○ **Avantage** : En réintroduisant des éléments contextuels, vous aidez l'IA à garder la continuité thématique de la conversation, ce qui contribue à des réponses plus cohérentes et adaptées.

Techniques pour Structurer des Prompts en Fonction de l'Intention de Dialogue

Pour structurer un dialogue efficace avec l'IA, il est utile de réfléchir à l'intention sous-jacente du dialogue. Voici quelques techniques en fonction de différentes intentions :

1. **Dialogue Exploratoire** : Pour explorer un sujet en profondeur.
   - ○ **Structure** : Commencez par une question ouverte pour initier l'exploration, puis utilisez des questions de suivi basées sur les réponses de l'IA pour approfondir chaque aspect.
   - ○ **Exemple de Structure** :
     - ■ **Prompt initial** : « Qu'est-ce que l'apprentissage profond ? »
     - ■ **Suivi 1** : « Peux-tu expliquer les réseaux de neurones en lien avec l'apprentissage profond ? »
     - ■ **Suivi 2** : « Comment ces réseaux de neurones sont-ils utilisés dans la reconnaissance vocale ? »
   - ○ **Avantage** : Ce type de structure permet de construire une conversation approfondie et logique, en abordant chaque aspect dans un ordre progressif.
2. **Dialogue Clarificateur** : Pour clarifier un sujet complexe.
   - ○ **Structure** : Posez d'abord une question générale, puis ajoutez des précisions ou demandez des reformulations si nécessaire.
   - ○ **Exemple de Structure** :
     - ■ **Prompt initial** : « Qu'est-ce que la physique quantique ? »
     - ■ **Clarification 1** : « Pourrais-tu l'expliquer plus simplement, comme si je n'avais aucune connaissance en physique ? »
     - ■ **Clarification 2** : « Merci ! Et quel est l'impact de la physique quantique sur les technologies modernes ? »
   - ○ **Avantage** : En demandant des reformulations et des précisions, l'utilisateur obtient des réponses claires et adaptées à son niveau de compréhension.
3. **Dialogue Orienté vers une Solution** : Pour résoudre un problème ou obtenir des conseils pratiques.
   - ○ **Structure** : Décrivez la situation, puis posez des questions spécifiques qui orientent l'IA vers des solutions ou des recommandations.
   - ○ **Exemple de Structure** :
     - ■ **Description de la Situation** : « Je gère une petite entreprise de vente en ligne, et je cherche des moyens d'améliorer ma visibilité. »
     - ■ **Solution Recherchée** : « Quels conseils pourrais-tu me donner pour améliorer mon SEO ? »
     - ■ **Approfondissement** : « Pourrais-tu détailler quelques stratégies d'optimisation du contenu qui pourraient m'aider ? »
   - ○ **Avantage** : Structurer le dialogue de cette manière aide l'IA à répondre de manière ciblée et à proposer des solutions concrètes et applicables.

Conseils Pratiques pour un Dialogue Naturel et Cohérent

1. **Limiter les Informations par Prompt** : Pour éviter de surcharger le prompt, ne posez qu'une ou deux questions à la fois. Les demandes trop complexes peuvent entraîner des réponses décousues.
   - **Exemple** : « Quels sont les avantages du télétravail ? » est plus clair que « Quels sont les avantages du télétravail, les inconvénients et l'impact sur la productivité ? » Divisez les sujets en prompts séparés pour plus de fluidité.
2. **Utiliser un Langage Conversationnel** : Adopter un langage naturel dans vos prompts aide l'IA à fournir des réponses qui imitent mieux la façon dont un interlocuteur humain répondrait.
   - **Exemple** : « Merci pour cette explication ! Peux-tu maintenant parler des risques associés au sujet ? » est plus conversationnel que « Poursuivre en détaillant les risques associés. »
   - **Avantage** : L'utilisation d'un ton amical et naturel favorise des réponses plus engageantes et fluides.
3. **Ajouter des Indications de Ton et de Style** : Si vous souhaitez un ton particulier pour la réponse (formel, informel, inspirant), mentionnez-le dans le prompt.
   - **Exemple** : « Peux-tu expliquer le Big Data en termes simples et avec un ton décontracté ? »
   - **Avantage** : En ajoutant des indications de ton et de style, vous orientez l'IA vers une réponse qui correspond au ton souhaité pour la conversation.
4. **Incorporer des Références aux Réponses Précédentes** : Pour maintenir la continuité, faites référence aux informations obtenues dans les réponses précédentes.
   - **Exemple** : « Merci pour cette explication sur le machine learning. Dans ce cas, comment le machine learning diffère-t-il de l'intelligence artificielle en général ? »
   - **Avantage** : Ces références montrent à l'IA que vous suivez le fil de la conversation, et l'aident à comprendre que la réponse doit s'appuyer sur ce qui a déjà été discuté.

Exemple d'un Dialogue Structuré et Fluide avec l'IA

Voici un exemple de dialogue structuré où l'utilisateur cherche à en savoir plus sur l'énergie solaire :

1. **Prompt Initial** : « Qu'est-ce que l'énergie solaire et comment fonctionne-t-elle ? »
   - **Réponse** : L'IA explique les bases de l'énergie solaire, mentionnant la conversion de la lumière en électricité via des panneaux photovoltaïques.
2. **Prompt de Suivi** : « D'accord, merci ! Peux-tu expliquer plus en détail comment les panneaux solaires produisent de l'électricité ? »
   - **Réponse** : L'IA décrit le processus au niveau des cellules photovoltaïques, en détaillant l'effet photovoltaïque.
3. **Question Clarificatrice** : « Est-ce que ce type d'énergie est viable dans des pays peu ensoleillés ? »

- ○ **Réponse** : L'IA discute de l'efficacité de l'énergie solaire dans différents climats et des avancées technologiques pour optimiser la production d'énergie.
4. **Exploration d'un Sujet Connexe** : « Intéressant. Et quelles sont les alternatives si l'énergie solaire n'est pas suffisante ? »
   - ○ **Réponse** : L'IA fournit un aperçu des alternatives énergétiques, comme l'énergie éolienne et géothermique, avec des comparaisons.

Conclusion : Structurer des Prompts pour un Dialogue Engagé et Cohérent

Pour des échanges fluides avec l'IA, la structure des prompts est cruciale. En posant des questions progressives, en utilisant des transitions, et en adaptant le ton, les utilisateurs peuvent guider l'IA dans un dialogue naturel qui répond aux attentes et permet d'approfondir les sujets. Ces techniques transforment l'interaction avec l'IA en une expérience conversationnelle enrichissante, semblable à un échange avec un interlocuteur humain, ce qui permet d'obtenir des réponses complètes, nuancées, et engageantes.

5.2.2 Encourager les Questions et les Clarifications de l'IA

Pour créer des dialogues naturels et productifs avec une IA, il est essentiel d'encourager celle-ci à poser des questions ou à demander des clarifications lorsque le prompt fourni manque de précision ou nécessite une interprétation. Cela permet non seulement d'obtenir des réponses plus pertinentes, mais aussi de simuler une conversation plus fluide et interactive, proche d'une interaction humaine.

Dans cette section, nous explorerons pourquoi et comment encourager les clarifications de l'IA, ainsi que des stratégies pour inciter l'IA à poser des questions et à améliorer les dialogues.

Pourquoi Encourager les Questions et Clarifications de l'IA ?

1. **Amélioration de la Précision des Réponses** : Si un prompt est ambigu ou incomplet, l'IA peut fournir une réponse qui ne correspond pas entièrement aux attentes. En encourageant des questions, l'utilisateur donne à l'IA l'opportunité d'obtenir plus d'informations pour produire une réponse adaptée.
2. **Simulation d'une Interaction Naturelle** : Lors d'un échange humain, poser des questions est un moyen de confirmer la compréhension ou de chercher des détails supplémentaires. En incitant l'IA à poser des questions, le dialogue devient plus engageant et réaliste.
3. **Réduction des Malentendus** : Encourager l'IA à demander des précisions permet d'éviter des réponses hors sujet ou vagues. Cela réduit le besoin de reformuler les prompts ou de corriger les malentendus après une première réponse insatisfaisante.
4. **Exploration de Nouveaux Angles** : Les questions posées par l'IA peuvent parfois révéler des aspects ou des angles auxquels l'utilisateur n'avait pas pensé, enrichissant ainsi la qualité de la conversation.

Comment Encourager les Questions et les Clarifications de l'IA

1. Formuler des Prompts qui Invitent à la Clarification

Un prompt explicite peut inviter l'IA à poser des questions si elle a besoin de plus de précisions. Cela peut être fait en indiquant directement que l'IA est autorisée, voire encouragée, à demander des détails.

- **Exemple 1 : Invitation à Poser des Questions**
  - **Prompt** : « Je veux que tu m'aides à écrire un article sur les énergies renouvelables. Si quelque chose n'est pas clair ou si tu as besoin de précisions, pose des questions avant de répondre. »
  - **Avantage** : Cette formulation donne à l'IA la permission explicite de poser des questions pour clarifier des éléments avant de commencer à générer une réponse.
- **Exemple 2 : Incitation à la Précision**
  - **Prompt** : « Je cherche une explication sur les systèmes de gestion de contenu. Si ma demande est trop large, demande-moi de préciser mes attentes. »
  - **Avantage** : Cela pousse l'IA à identifier les zones d'incertitude et à chercher à les clarifier.

2. Poser des Questions Ouvertes et Encourager les Réponses Interactives

Dans certains cas, vous pouvez formuler des prompts de manière à inciter l'IA à réagir à vos besoins spécifiques en posant des questions.

- **Exemple : Demande de Contribution Active**
  - **Prompt** : « J'aimerais planifier une campagne marketing. Je suis ouvert à tes suggestions et je suis prêt à répondre à tes questions pour affiner le plan. Que veux-tu savoir avant de commencer ? »
  - **Avantage** : Cela positionne l'IA comme un collaborateur actif qui cherche à comprendre avant de proposer des solutions.

3. Introduire des Scénarios de Dialogue Simulé

Simuler un dialogue où l'IA joue un rôle particulier peut l'amener à poser des questions pour remplir son rôle de manière plus crédible.

- **Exemple : Scénario de Consultant**
  - **Prompt** : « Tu es un consultant en stratégie. Pose-moi les questions nécessaires pour comprendre les besoins de mon entreprise avant de proposer une stratégie de croissance. »
  - **Avantage** : Ce type de prompt incite l'IA à adopter un rôle proactif, en posant des questions pour explorer le contexte et les objectifs.

Stratégies pour Favoriser les Clarifications

1. **Inclure des Indications Claires dans le Prompt**
   - Indiquez explicitement que vous attendez des questions ou des clarifications si des éléments sont ambigus. Par exemple :
     - **Prompt** : « Explique-moi les bases du marketing digital. Si mon objectif ou mon public cible n'est pas clair, demande-moi des précisions avant de répondre. »
2. **Utiliser des Formulations Conditionnelles**
   - Intégrez des formulations qui laissent une marge d'interprétation et poussent l'IA à chercher des informations supplémentaires. Par exemple :
     - **Prompt** : « Élabore un plan d'action pour une petite entreprise. Si tu as besoin de plus de détails sur l'industrie ou les objectifs, demande-les-moi. »
3. **Employer des Rôles Actifs pour l'IA**
   - Donnez un rôle à l'IA qui implique qu'elle doit poser des questions avant de fournir une réponse complète. Par exemple :
     - **Prompt** : « Tu es un enquêteur qui doit me poser toutes les questions nécessaires pour comprendre un problème complexe avant de donner une solution. »
4. **Rendre l'IA Responsable de la Précision**
   - Ajoutez des directives qui responsabilisent l'IA pour garantir la pertinence de la réponse. Par exemple :
     - **Prompt** : « Réponds à ma demande, mais si tu penses que je n'ai pas donné assez d'informations, commence par me demander ce dont tu as besoin pour une réponse complète. »

Exemples d'Interaction avec Clarification

Interaction 1 : Clarification en Recherche Générale

- **Utilisateur** : « Parle-moi de la révolution industrielle. »
- **IA** : « Souhaitez-vous une vue d'ensemble générale ou une analyse détaillée de ses causes et impacts ? »

Interaction 2 : Dialogue en Mode Collaboratif

- **Utilisateur** : « Aide-moi à créer un plan d'affaires. »
- **IA** : « Pourriez-vous me préciser si votre entreprise cible un secteur particulier et quels sont vos objectifs principaux ? »

Interaction 3 : Scénario Technique

- **Utilisateur** : « Explique-moi comment optimiser un site web. »
- **IA** : « Voulez-vous que je me concentre sur l'optimisation pour le SEO, la performance technique, ou les deux ? »

Avantages de Poser des Questions pour la Création de Dialogues Naturels

1. **Amélioration de la Qualité des Réponses** : Les clarifications permettent à l'IA de répondre de manière plus précise et pertinente en évitant les malentendus ou les interprétations erronées.
2. **Simulation d'un Dialogue Humain** : En posant des questions, l'IA semble plus proactive et engageante, ce qui améliore l'expérience utilisateur.
3. **Exploration Plus Approfondie** : Les questions de l'IA peuvent révéler des aspects auxquels l'utilisateur n'avait pas pensé, enrichissant ainsi la qualité de la réponse.
4. **Réduction des Aller-Retours** : En obtenant les clarifications nécessaires dès le départ, l'IA minimise les ajustements ou les reformulations de prompts.

Conclusion : Encourager une IA Interactive et Clarificatrice

Encourager les questions et les clarifications de l'IA est une stratégie puissante pour améliorer la qualité des dialogues et des interactions. En formulant des prompts explicites, en invitant l'IA à poser des questions, et en simulant des scénarios interactifs, vous pouvez transformer une interaction rigide en un véritable échange collaboratif. Cette approche rend les réponses de l'IA plus pertinentes, adaptées, et engageantes, tout en maximisant l'efficacité et la fluidité de vos interactions.

5.2.3 Techniques pour Maintenir un Fil de Discussion Cohérent

L'un des défis majeurs de l'interaction avec une intelligence artificielle est de maintenir un dialogue cohérent, fluide et pertinent au fil de la conversation. Contrairement à une interaction humaine, où la mémoire et la compréhension implicite jouent un rôle clé, l'IA nécessite des stratégies spécifiques pour éviter les ruptures de contexte ou les réponses hors sujet. Cette section explore les techniques permettant de maintenir un fil de discussion cohérent avec l'IA.

1. Fournir un Contexte Initial Clair

- Description : Chaque interaction avec l'IA commence avec un prompt initial. Pour garantir une cohérence tout au long du dialogue, le premier message doit inclure le contexte général, les objectifs et le ton attendu pour la discussion.
- Exemple :
  - Au lieu de dire simplement : « Explique l'intelligence artificielle », utilisez :
    « Nous allons discuter des bases de l'intelligence artificielle. Commence par une définition générale, puis explore ses principales applications dans la santé et l'éducation. »
- Avantage : En précisant l'objectif dès le départ, l'IA comprend mieux la direction globale de la discussion.

---

2. Référencer les Éléments Précédents

- Description : Réutiliser les termes ou concepts mentionnés précédemment dans le dialogue aide l'IA à maintenir le fil de la conversation.
- Exemple :
  - Si l'IA a expliqué « l'apprentissage supervisé », poursuivez avec :
    « Tu as mentionné l'apprentissage supervisé. Peux-tu maintenant expliquer la différence avec l'apprentissage non supervisé ? »
- Avantage : Cela renforce la continuité en ancrant la nouvelle question dans le contexte établi précédemment.

---

3. Utiliser des Résumés Intermédiaires

- Description : Lorsqu'un dialogue devient long ou complexe, inclure des résumés périodiques aide à recentrer la discussion et à éviter que l'IA ne perde le contexte.
- Exemple :
  - Après plusieurs échanges :
    « Jusqu'ici, nous avons parlé des bases de l'IA et des applications dans la santé. Maintenant, pourrais-tu approfondir son rôle dans la robotique industrielle ? »

- Avantage : Cela aide à réorienter la conversation tout en rappelant à l'IA le fil conducteur.

---

4. Garder les Prompts Courts et Clairs

- Description : Les prompts longs et complexes peuvent entraîner une confusion ou une interprétation incorrecte. Pour maintenir la cohérence, divisez les idées complexes en plusieurs questions ou demandes.
- Exemple :
  - Prompt complexe : « Explique les avantages de l'IA dans la santé et la finance, et discute des défis éthiques associés. »
  - Prompt divisé :
    - « Quels sont les avantages de l'IA dans la santé ? »
    - Suivi de : « Quels sont les avantages de l'IA dans la finance ? »
    - Puis : « Quels sont les défis éthiques associés à ces applications ? »
- Avantage : Une segmentation claire rend la conversation plus facile à suivre et plus précise.

---

5. Rappeler les Thèmes Principaux

- Description : Si le dialogue s'étend sur plusieurs sous-thèmes, rappeler périodiquement le thème principal garantit que l'IA ne dérive pas hors sujet.
- Exemple :
  - « Bien que nous ayons exploré les défis éthiques, revenons à notre discussion principale sur les applications de l'IA dans l'éducation. »
- Avantage : Cela aide à maintenir l'IA focalisée sur le sujet principal.

---

6. Structurer le Dialogue avec des Étapes Logiques

- Description : Structurer la conversation en étapes ou en sections claires aide à garder un flux logique. Indiquez explicitement lorsque vous passez d'une section à une autre.
- Exemple :
  - « Étape 1 : Explique les bases de l'IA. »
    Une fois cette partie terminée :
  - « Étape 2 : Parlons maintenant des applications spécifiques dans la santé. »
- Avantage : Une structure claire empêche l'IA de se perdre dans des tangentes non pertinentes.

7. Utiliser des Liens entre Questions

- Description : Connecter les nouvelles questions aux réponses précédentes donne un sentiment de continuité.
- Exemple :
  - Si l'IA dit : « L'IA est utilisée pour diagnostiquer les maladies en analysant les données médicales. »
    Vous pouvez demander : « Peux-tu détailler comment ces données sont analysées ? »
- Avantage : Cela montre que vous construisez sur la réponse précédente, encourageant l'IA à poursuivre dans la même ligne de pensée.

8. Faire Répéter ou Résumer en Cas de Perte de Fil

- Description : Si l'IA donne une réponse incohérente ou hors sujet, demandez-lui de répéter ou de résumer les points clés pour recentrer la discussion.
- Exemple :
  - « Ton dernier point était un peu flou. Peux-tu résumer les principaux avantages de l'IA dans l'éducation ? »
- Avantage : Cela permet de clarifier les idées et de recentrer la discussion.

9. Demander des Vérifications ou des Clarifications

- Description : Si vous avez l'impression que l'IA a mal interprété une question ou fourni une réponse incorrecte, demandez des clarifications.
- Exemple :
  - « Es-tu sûr que cette technologie a été développée en 2020 ? Peux-tu vérifier et préciser ? »
- Avantage : Cela garantit que les informations restent précises et pertinentes.

10. Limiter les Sujets Simultanés

- Description : Lorsque plusieurs sujets sont abordés dans une même conversation, ils peuvent être difficilement suivis par l'IA. Abordez un sujet à la fois avant de passer au suivant.
- Exemple :
  - Au lieu de : « Peux-tu expliquer les bases de l'IA et ensuite parler des réseaux de neurones ? », divisez la demande :
    - « Explique les bases de l'IA. »
    - Ensuite : « Maintenant, approfondis les réseaux de neurones. »
- Avantage : Cela garantit que chaque sujet est traité en profondeur avant de passer au suivant.

Résumé des Techniques

Technique	Avantage
Fournir un contexte initial clair	Assure une direction claire dès le départ.
Référencer les éléments précédents	Renforce la continuité du dialogue.
Utiliser des résumés intermédiaires	Restez concentré dans les conversations longues ou complexes.
Garder les prompts courts et clairs	Minimise les malentendus et améliore la précision.
Rappeler les thèmes principaux	Évite les digressions et les pertes de contexte.
Structurer le dialogue par étapes	Garde un flux logique et organisé dans la conversation.
Connecter les questions	Crée une continuité fluide entre les sujets abordés.
Demander des clarifications	Corrige les incohérences ou les malentendus rapidement.
Limiter les sujets simultanés	Facilite la concentration de l'IA sur un sujet à la fois.

Conclusion

Maintenir un fil de discussion cohérent avec une IA demande une formulation attentive des prompts et une gestion proactive du contexte. En appliquant ces techniques, l'utilisateur peut s'assurer que l'IA reste alignée avec les objectifs de la conversation, offrant des réponses fluides, précises, et en rapport avec le sujet principal. Ces pratiques permettent de maximiser l'efficacité et la pertinence des dialogues avec l'IA, rendant chaque interaction plus naturelle et productive.

5.3.1 Cas Pratiques : Prompts pour le Service Client

L'utilisation de l'intelligence artificielle (IA) dans le service client est une application courante et puissante. Bien formulés, les prompts peuvent aider à résoudre des problèmes spécifiques, offrir des réponses rapides et personnalisées, ou guider les clients vers des solutions adaptées. Cette section présente des cas pratiques et des exemples de prompts personnalisés pour le service client, en se concentrant sur trois aspects principaux : répondre aux demandes des clients, gérer les plaintes, et offrir des recommandations personnalisées.

---

1. Répondre aux Questions Fréquentes

Une grande partie des interactions dans le service client concerne des questions répétitives ou fréquentes. En formulant des prompts adaptés, l'IA peut répondre rapidement, réduisant ainsi le temps d'attente et augmentant la satisfaction client.

Exemple de prompt :

- **Question du client** : « Comment puis-je suivre ma commande ? »
- **Prompt** : « Explique au client comment suivre sa commande, en incluant les étapes nécessaires pour accéder à la section de suivi sur notre site web et en mentionnant le délai moyen de mise à jour des informations de livraison. »

Réponse générée par l'IA :

- « Vous pouvez suivre votre commande en accédant à la section "Suivi de commande" sur notre site web. Il vous suffit d'entrer votre numéro de commande et votre adresse e-mail. Les informations de livraison sont mises à jour toutes les 24 heures. Si vous avez besoin d'aide supplémentaire, contactez notre service client. »

2. Gérer les Plaintes et Apaiser les Clients

Les clients insatisfaits demandent une réponse rapide, empathique et orientée vers la résolution. Les prompts doivent inclure un ton empathique et une structure claire pour résoudre le problème.

Exemple de prompt :

- **Situation** : Un client se plaint d'un produit défectueux reçu récemment.
- **Prompt** : « Rédige une réponse empathique à un client qui a reçu un produit défectueux. Propose des étapes pour résoudre le problème, comme un remplacement ou un remboursement, et indique un moyen de nous recontacter si nécessaire. »

Réponse générée par l'IA :

- « Nous sommes désolés d'apprendre que le produit que vous avez reçu est défectueux. Nous comprenons combien cela peut être frustrant et nous souhaitons résoudre ce problème rapidement. Vous pouvez demander un remplacement ou un remboursement en contactant notre équipe via [adresse e-mail/service en ligne]. Nous ferons de notre mieux pour que ce processus soit simple et rapide. Merci de nous avoir signalé ce problème ! »

3. Offrir des Recommandations Personnalisées

Dans un contexte de service client, l'IA peut également être utilisée pour fournir des recommandations basées sur les préférences ou les historiques des clients.

Exemple de prompt :

- **Situation** : Un client demande des recommandations pour un produit en particulier.
- **Prompt** : « Recommande au client trois produits adaptés à ses besoins, en fonction de la catégorie qu'il a mentionnée (exemple : vêtements de sport). Inclue des informations sur les caractéristiques principales et les avantages de chaque produit. »

Réponse générée par l'IA :

- « Voici trois options qui pourraient vous convenir :
    1. **Pantalon de sport FlexFit** : Conçu avec un tissu respirant et extensible, idéal pour les entraînements intensifs.
    2. **Veste légère StormShield** : Parfaite pour vos séances en extérieur, avec une résistance à l'eau et au vent.
    3. **T-shirt ActiveCool** : Fabriqué avec une technologie anti-transpiration pour vous garder au sec pendant l'effort.
    N'hésitez pas à me dire si vous souhaitez plus d'informations sur ces produits. »

---

4. Aider les Clients avec des Problèmes Techniques

Lorsqu'un client rencontre un problème technique avec un produit ou un service, l'IA peut guider les étapes de dépannage de manière claire et personnalisée.

Exemple de prompt :

- **Situation** : Un client rencontre des difficultés pour se connecter à son compte.
- **Prompt** : « Fournis une procédure pas à pas pour aider un client à réinitialiser son mot de passe et à se connecter à son compte. Mentionne une solution alternative en cas d'échec. »

Réponse générée par l'IA :

- « Pour réinitialiser votre mot de passe, suivez ces étapes :
    1. Cliquez sur "Mot de passe oublié" sur la page de connexion.
    2. Entrez votre adresse e-mail et cliquez sur "Envoyer".
    3. Vous recevrez un e-mail avec un lien pour réinitialiser votre mot de passe. Suivez ce lien et choisissez un nouveau mot de passe.

    Si vous ne recevez pas l'e-mail, vérifiez votre dossier de spam ou contactez notre support technique à [e-mail]. Nous sommes là pour vous aider ! »

---

5. Fournir des Informations sur les Politiques de l'Entreprise

Les clients posent souvent des questions sur les politiques de retour, de remboursement, ou de garantie. Les prompts pour ce type de demande doivent inclure des informations spécifiques tout en restant clairs et concis.

Exemple de prompt :

- **Question du client** : « Quelle est votre politique de retour ? »
- **Prompt** : « Explique au client notre politique de retour, y compris les délais, les conditions, et la procédure à suivre. Mentionne également les cas où les retours ne sont pas acceptés. »

Réponse générée par l'IA :

- « Notre politique de retour vous permet de retourner un produit dans les 30 jours suivant sa réception, à condition qu'il soit dans son état d'origine et non utilisé. Pour initier un retour, contactez notre service client ou rendez-vous sur notre site web dans la section "Retours". Veuillez noter que les produits personnalisés ou endommagés ne sont pas éligibles au retour. Pour toute question, nous sommes là pour vous aider ! »

6. Prompts pour Offrir une Expérience Personnalisée

L'IA peut enrichir l'expérience client en personnalisant les réponses en fonction des informations préalablement fournies ou de l'historique des interactions.

Exemple de prompt :

- **Situation** : Un client fidèle cherche des avantages pour sa prochaine commande.
- **Prompt** : « Rédige une réponse chaleureuse pour un client fidèle, en proposant une réduction ou un avantage spécial pour sa prochaine commande, et remercie-le pour sa fidélité. »

Réponse générée par l'IA :

- « Merci beaucoup pour votre fidélité à notre marque ! En reconnaissance de votre confiance, nous sommes ravis de vous offrir une réduction de 10 % sur votre prochaine commande. Utilisez le code FIDELITE10 lors de votre achat. N'hésitez pas à nous contacter si vous avez des questions. Merci de faire partie de notre communauté ! »

Conclusion : L'Impact des Prompts Personnalisés dans le Service Client

Les prompts bien conçus dans le cadre du service client permettent de fournir des réponses rapides, claires, et adaptées aux besoins des clients. En personnalisant les prompts pour chaque type de situation, les entreprises peuvent améliorer l'expérience client, renforcer la fidélité, et optimiser l'efficacité du support.

Bonnes Pratiques pour Rédiger des Prompts de Service Client :

1. **Adopter un ton empathique et professionnel** : Répondre avec courtoisie et compréhension, surtout dans les situations conflictuelles.

2. **Structurer les réponses de manière claire et concise** : Utiliser des étapes numérotées ou des puces pour guider les clients.

3. **Inclure des informations spécifiques et utiles** : Mentionner les délais, conditions, ou options alternatives pour garantir une réponse complète.

4. **Rester adaptable selon le contexte** : Ajuster le prompt en fonction du type de demande, qu'elle soit technique, relationnelle, ou informative.

Avec des prompts adaptés, l'IA devient un outil puissant pour transformer les interactions de service client en expériences satisfaisantes et mémorables.

5.3.2 Prompts dans les Contextes Médicaux, Juridiques et Techniques

L'utilisation de l'IA dans des contextes spécialisés comme la médecine, le droit, et les domaines techniques exige des prompts très spécifiques et personnalisés. Ces prompts doivent être formulés de manière à maximiser la précision et la pertinence des réponses, tout en respectant les nuances de chaque domaine. Dans cette section, nous examinons des études de cas pratiques montrant comment créer des prompts personnalisés pour des applications médicales, juridiques, et techniques.

---

1. Contexte Médical

Les prompts dans le domaine médical doivent être clairs et précis, car l'IA peut fournir des informations générales mais ne remplace pas un avis médical professionnel. Ces prompts servent souvent à obtenir des explications sur des concepts médicaux, des recommandations générales, ou des analyses de données.

Étude de Cas 1 : Explication de Symptômes

- **Situation** : Un utilisateur souhaite comprendre les symptômes associés à une maladie pour un rapport de recherche.
- **Prompt** : « Explique les principaux symptômes du diabète de type 2, en incluant les causes et les options de traitement les plus courantes. »
- **Résultat attendu** : Une réponse détaillée mentionnant les symptômes courants (fatigue, soif excessive, etc.), les causes (résistance à l'insuline, facteurs génétiques), et les traitements (modifications du mode de vie, médicaments).

Étude de Cas 2: Recommandations Générales

- **Situation** : Une infirmière demande des recommandations pour expliquer à un patient comment prévenir l'hypertension.
- **Prompt** : « Propose des recommandations simples pour prévenir l'hypertension, adaptées à un patient adulte sans antécédents médicaux graves. »
- **Résultat attendu** : Une réponse qui inclut des conseils comme réduire l'apport en sel, faire de l'exercice régulièrement, éviter le stress, et maintenir un poids santé.

Étude de Cas 3 : Traduction de Concepts Médicaux pour le Public

- **Situation** : Un journaliste souhaite vulgariser un concept scientifique pour un article.

- **Prompt** : « Explique le fonctionnement des vaccins à ARN messager de manière simple pour un public non scientifique. »
- **Résultat attendu** : Une explication claire et accessible, utilisant des analogies simples pour décrire le rôle de l'ARN messager dans la stimulation du système immunitaire.

---

2. Contexte Juridique

Dans le domaine juridique, les prompts doivent souvent être très spécifiques pour s'assurer que l'IA cible correctement le sujet ou la question. Les réponses générées doivent respecter les limites de l'IA, qui ne remplace pas un avis juridique professionnel.

Étude de Cas 1 : Analyse d'une Loi

- **Situation** : Un étudiant en droit souhaite comprendre les implications d'une loi récente.
- **Prompt** : « Analyse les principales dispositions du Règlement Général sur la Protection des Données (RGPD) et explique leur impact sur les entreprises européennes. »
- **Résultat attendu** : Une réponse qui détaille les principaux articles du RGPD (transparence des données, droit à l'oubli, consentement), ainsi que les obligations pour les entreprises (audits, sanctions en cas de non-conformité).

Étude de Cas 2 : Explication d'un Terme Juridique

- **Situation** : Une personne non spécialisée souhaite comprendre un concept juridique pour un cas personnel.
- **Prompt** : « Qu'est-ce qu'une clause de non-concurrence dans un contrat de travail et quelles sont ses implications pour un employé ? »

- **Résultat attendu** : Une réponse qui explique le concept en termes simples, en mentionnant les conditions de validité (durée, étendue géographique) et les implications pour l'employé.

Étude de Cas 3 : Rédaction d'un Résumé Légal

- **Situation** : Un avocat junior prépare un résumé pour son supérieur.
- **Prompt** : « Résumez les faits et le jugement de l'affaire Brown v. Board of Education (1954) en 200 mots. »
- **Résultat attendu** : Un résumé structuré qui explique les faits, les arguments, et l'impact historique de la décision de la Cour suprême américaine sur la ségrégation scolaire.

---

3. Contexte Technique

Les prompts techniques visent souvent à obtenir des explications détaillées sur des concepts, des solutions à des problèmes techniques spécifiques, ou des étapes pour accomplir une tâche.

Étude de Cas 1 : Résolution de Problème

- **Situation** : Un développeur rencontre une erreur dans un programme Python.
- **Prompt** : « Mon programme Python affiche une erreur "IndexError: list index out of range". Quels sont les scénarios qui causent cette erreur, et comment la résoudre ? »
- **Résultat attendu** : Une réponse expliquant les causes possibles (index inexistant, boucle mal configurée), suivie de suggestions de correction, comme vérifier les indices ou utiliser des conditions pour éviter les dépassements.

Étude de Cas 2 : Explication d'un Concept Technique

- **Situation** : Un ingénieur souhaite expliquer un concept technique à ses collègues.
- **Prompt** : « Explique le fonctionnement des réseaux de neurones convolutifs (CNN) en traitement d'images, en insistant sur leur application à la reconnaissance faciale. »
- **Résultat attendu** : Une réponse détaillant les concepts de base (filtres, convolutions, pooling) et leur rôle dans l'analyse des images, avec des exemples d'applications en reconnaissance faciale.

Étude de Cas 3 : Étapes d'un Procédé Technique

- **Situation** : Un étudiant en informatique demande les étapes pour configurer un serveur web.
- **Prompt** : « Décris les étapes nécessaires pour configurer un serveur web Apache sur un système Linux. »
- **Résultat attendu** : Une réponse structurée détaillant les étapes clés, telles que l'installation d'Apache, la configuration des fichiers, et le test du serveur.

Conseils pour Créer des Prompts dans des Contextes Spécialisés

1. **Soyez Précis et Concret** : Utilisez des termes spécifiques au domaine concerné (médical, juridique, technique) pour guider l'IA vers une réponse adaptée.
   - Ex. : Utiliser « clause de non-concurrence » plutôt que « condition de contrat ».
2. **Ajoutez des Contexte et des Critères** : Indiquez des détails sur la situation, l'audience, ou le type de réponse attendu (ex. : vulgarisation, analyse détaillée).
   - Ex. : « Explique comme à un débutant » ou « Donne une réponse technique détaillée ».

3. **Indiquez le Format ou la Longueur** : Spécifiez si vous souhaitez une réponse brève, une liste, ou une analyse détaillée.
   - Ex. : « Fournis une liste des symptômes » ou « Résume en 100 mots ».
4. **Posez des Questions d'Étape** : Dans des contextes complexes, divisez votre demande en plusieurs étapes pour une réponse plus structurée.
   - Ex. : « D'abord, explique les concepts de base. Ensuite, décris leurs applications. »

Conclusion : L'Importance des Prompts Personnalisés dans les Contextes Spécialisés

Les prompts adaptés aux contextes médicaux, juridiques, et techniques montrent la puissance de la personnalisation dans l'interaction avec l'IA. En formulant des prompts précis, contextualisés, et adaptés au niveau d'expertise attendu, les utilisateurs peuvent obtenir des réponses pertinentes et exploitables, même dans des domaines exigeant une grande rigueur. Cette approche est essentielle pour maximiser la valeur des réponses de l'IA dans des applications professionnelles et spécialisées.

Chapitre 6 : La Psychologie et l'Éthique dans les Prompts

- **6.1 Comprendre les Aspects Psychologiques de l'Interaction avec l'IA**
    - ○ 6.1.1 L'importance de l'empathie et du langage positif
    - ○ 6.1.2 Les attentes de l'utilisateur et comment les gérer via des prompts
    - ○ 6.1.3 Exemples de prompts orientés vers l'expérience utilisateur
- **6.2 Éthique et Responsabilité dans la Création de Prompts**
    - ○ 6.2.1 Les défis éthiques de l'utilisation de l'IA
    - ○ 6.2.2 Formuler des prompts en respectant la vie privée et l'intégrité
    - ○ 6.2.3 Exemples de bonnes pratiques éthiques
- **6.3 Les Erreurs Courantes et Comment les Éviter**
    - ○ 6.3.1 Erreurs communes dans la formulation de prompts
    - ○ 6.3.2 Étude de cas : les conséquences de prompts mal formulés
    - ○ 6.3.3 Techniques pour diagnostiquer et corriger les erreurs

6.1.1 L'Importance de l'Empathie et du Langage Positif

Lors de l'interaction avec une intelligence artificielle (IA), le langage utilisé par l'utilisateur peut fortement influencer la qualité et le ton des réponses générées. L'empathie et le langage positif jouent un rôle clé dans la formulation des prompts, non seulement pour obtenir des réponses engageantes et constructives, mais aussi pour améliorer l'expérience utilisateur. Dans cette section, nous explorerons pourquoi ces éléments sont importants, comment ils influencent l'IA et ses réponses, et comment les intégrer dans la formulation des prompts.

Pourquoi l'Empathie et le Langage Positif Sont-Ils Importants ?

1. **Création d'un Cadre Constructif et Engagé**
   o Un langage empathique et positif encourage des réponses qui reflètent ces mêmes qualités. Bien que l'IA ne « ressente » pas d'émotions, elle est conçue pour refléter le ton et le style des prompts qu'elle reçoit.
   o Par exemple, un prompt formulé positivement (« Comment puis-je améliorer ma productivité de manière saine ? ») donne une réponse orientée vers des solutions, tandis qu'un prompt négatif ou agressif peut générer une réponse plus distante ou générique.
2. **Réduction des Risques de Malentendus**
   o En utilisant un langage clair et bienveillant, les utilisateurs peuvent minimiser les ambiguïtés et les malentendus. Un prompt structuré autour d'intentions positives permet à l'IA de mieux comprendre le besoin et d'y répondre de manière précise.
3. **Renforcement de l'Expérience Utilisateur**
   o Les interactions avec l'IA sont plus agréables et productives lorsque l'utilisateur adopte un langage engageant et empathique. Cela améliore la satisfaction globale de l'expérience et favorise des échanges enrichissants.
4. **Promouvoir des Réponses Constructives**
   o Un prompt empathique peut guider l'IA vers des suggestions, des conseils ou des réponses qui aident réellement l'utilisateur. Cela est particulièrement crucial dans des domaines sensibles, comme le bien-être ou les relations interpersonnelles.

Comment l'Empathie Influence les Réponses de l'IA

Les modèles d'IA, comme ChatGPT, s'appuient sur des algorithmes de traitement du langage naturel qui analysent les mots, les structures de phrases, et le ton des prompts pour générer des réponses. Voici comment l'empathie et le langage positif affectent ces réponses :

1. **Réponses en Miroir**
   o L'IA répond souvent en reflétant le ton et la structure du prompt. Si le prompt exprime des préoccupations avec empathie, comme « Je suis stressé et je

cherche des moyens pour me détendre. Peux-tu m'aider ? », l'IA est plus susceptible de fournir une réponse compatissante et utile.

2. **Encouragement à la Collaboration**
   o Les prompts qui incluent des éléments de collaboration (« Aide-moi à explorer des moyens pour... ») incitent l'IA à produire des réponses plus engageantes et collaboratives, favorisant un sentiment d'accompagnement.

3. **Création d'un Ton Inclusif**
   o Des prompts formulés avec soin, évitant les termes critiques ou négatifs, encouragent l'IA à adopter un ton positif et respectueux dans sa réponse.

Exemples de Prompts Empathiques et Positifs

Voici des exemples de prompts qui démontrent comment intégrer l'empathie et le langage positif dans différents contextes :

1. **Bien-Être Personnel**
   o **Prompt :** « Je veux prendre soin de ma santé mentale. Peux-tu me suggérer des activités simples pour réduire le stress au quotidien ? »
   o **Pourquoi c'est efficace :** Le prompt exprime une intention claire, utilise un ton bienveillant, et favorise une réponse empathique et constructive.

2. **Résolution de Conflits**
   o **Prompt :** « Comment puis-je améliorer ma communication avec un collègue qui ne partage pas les mêmes points de vue que moi ? »
   o **Pourquoi c'est efficace :** En formulant la question avec un objectif de collaboration et de compréhension, le prompt encourage des suggestions pratiques et respectueuses.

3. **Apprentissage et Éducation**
   o **Prompt :** « Je veux comprendre les bases de l'apprentissage automatique. Pourrais-tu m'expliquer de manière simple et accessible ? »
   o **Pourquoi c'est efficace :** Le ton positif montre un désir d'apprentissage et encourage l'IA à fournir une réponse pédagogique et accessible.

4. **Créativité**
   o **Prompt :** « Aide-moi à trouver des idées créatives pour un projet artistique. J'aimerais explorer des concepts innovants tout en gardant un ton inspirant. »
   o **Pourquoi c'est efficace :** L'utilisation de termes comme « inspirant » et « créatif » incite l'IA à répondre avec enthousiasme et créativité.

Stratégies pour Intégrer l'Empathie et le Langage Positif dans les Prompts

1. **Utiliser des Expressions Positives**
   o Remplacez des phrases négatives ou critiques par des alternatives positives. Par exemple, au lieu de « Pourquoi je n'arrive pas à résoudre ce problème ? », préférez « Quels conseils pourrais-tu me donner pour surmonter ce défi ? »

2. **Adopter un Ton Collaboratif**

- Formulez les prompts comme des demandes de collaboration ou d'accompagnement. Exemples : « Peux-tu m'aider à explorer... » ou « Travaillons ensemble pour comprendre... »

3. **Poser des Questions Ouvertes**
   - Les questions ouvertes favorisent des réponses détaillées et utiles. Par exemple, « Quelles sont les meilleures pratiques pour améliorer ma productivité ? » plutôt que « Pourquoi je suis improductif ? »

4. **Exprimer un Besoin ou une Intention**
   - Exprimez clairement le besoin ou l'objectif de la demande. Cela aide l'IA à structurer sa réponse de manière plus pertinente. Exemples : « Je cherche des idées... », « J'aimerais explorer... », « Pourrais-tu m'aider à comprendre... »

5. **Éviter les Jugements et le Langage Agressif**
   - Les prompts agressifs ou critiques peuvent induire des réponses génériques ou moins engageantes. Préférez des formulations neutres ou encourageantes.

Impact de l'Empathie et du Langage Positif dans les Domaines Sensibles

1. **Santé Mentale**
   - **Prompt positif** : « Je ressens beaucoup de stress ces derniers temps. Peux-tu m'aider à trouver des moyens de relaxation simples et efficaces ? »
   - **Impact** : Une réponse empathique qui propose des solutions pratiques et bienveillantes.

2. **Relations Interpersonnelles**
   - **Prompt positif** : « Comment puis-je aborder une conversation difficile avec un proche tout en maintenant un ton respectueux ? »
   - **Impact** : Une réponse qui reflète des conseils de communication respectueux et constructifs.

3. **Développement Personnel**
   - **Prompt positif** : « J'aimerais améliorer ma confiance en moi. Peux-tu me suggérer des étapes simples pour commencer ? »
   - **Impact** : Une réponse encourageante qui motive et inspire l'utilisateur.

Conclusion : L'Empathie et le Langage Positif comme Leviers de Qualité

L'intégration de l'empathie et d'un langage positif dans les prompts améliore significativement la qualité des interactions avec l'IA. Ces pratiques créent un cadre constructif, favorisent des réponses utiles et engageantes, et renforcent l'expérience utilisateur. Dans des domaines sensibles ou complexes, un prompt bienveillant aide à obtenir des réponses adaptées, en renforçant la pertinence et l'impact de chaque interaction.

Adopter une approche empathique dans la formulation des prompts n'est pas seulement bénéfique pour l'interaction avec l'IA, mais favorise également un style de communication global plus positif et respectueux.

6.1.3 Exemples de Prompts Orientés vers l'Expérience Utilisateur

L'expérience utilisateur (UX) dans les interactions avec une IA dépend de la manière dont les prompts sont formulés pour offrir des réponses engageantes, claires, et adaptées aux attentes. Un bon prompt, orienté UX, tient compte des aspects psychologiques comme l'empathie, la clarté, et la personnalisation, afin de maximiser la satisfaction de l'utilisateur. Voici des exemples concrets de prompts formulés pour améliorer l'expérience utilisateur dans différents contextes.

---

1. Prompts Empathiques

Les prompts empathiques visent à simuler une interaction humaine chaleureuse et attentive. Ces types de prompts sont particulièrement utiles pour des applications dans le domaine du bien-être, du coaching ou du soutien.

- **Exemple 1 : Soutien émotionnel**
  - **Prompt** : « J'ai eu une journée difficile et je me sens stressé. Donne-moi des conseils pour me détendre et améliorer mon humeur. »
  - **Résultat attendu** : Une réponse bienveillante qui propose des suggestions comme écouter de la musique relaxante, pratiquer la méditation, ou prendre du temps pour soi.
- **Exemple 2 : Encouragement**
  - **Prompt** : « Motive-moi pour terminer un projet difficile. Donne-moi une citation inspirante et quelques conseils pour rester concentré. »
  - **Résultat attendu** : Une réponse comprenant une citation inspirante et des conseils pratiques comme décomposer le projet en petites tâches ou établir des récompenses intermédiaires.

---

2. Prompts Clairs et Guidés

Ces prompts assurent que l'utilisateur reçoit une réponse structurée, facile à comprendre et adaptée à son besoin. Cela améliore l'expérience en minimisant les ambiguïtés et en garantissant que l'utilisateur obtient rapidement des informations pertinentes.

- **Exemple 1 : Instruction Pas à Pas**
  - **Prompt** : « Explique-moi comment configurer un compte Gmail en suivant des étapes simples pour un débutant en informatique. »
  - **Résultat attendu** : Une réponse détaillant chaque étape dans un langage clair, comme accéder au site, remplir le formulaire, et vérifier l'adresse e-mail.

- **Exemple 2 : Résumé Concis**
  - ○ **Prompt** : « Résume les principaux avantages du télétravail en moins de 50 mots. »
  - ○ **Résultat attendu** : Une liste concise des avantages, tels que la flexibilité, la réduction des trajets, et une meilleure concentration.

---

3. Prompts pour une Réponse Créative et Engagée

Ces prompts sont formulés pour rendre l'interaction avec l'IA plus captivante, ludique ou inspirante. Ils sont souvent utilisés dans des contextes de storytelling ou de contenu engageant.

- **Exemple 1 : Histoire Courte**
  - ○ **Prompt** : « Raconte une histoire courte et inspirante sur une personne qui surmonte un défi difficile grâce à sa persévérance. »
  - ○ **Résultat attendu** : Une histoire engageante mettant en scène un personnage qui traverse des obstacles et en sort plus fort, laissant une impression positive chez l'utilisateur.
- **Exemple 2 : Activité Ludique**
  - ○ **Prompt** : « Imagine une activité amusante pour une soirée entre amis où tout le monde peut participer. »
  - ○ **Résultat attendu** : Une réponse décrivant des jeux ou des idées créatives, comme des quiz thématiques ou des challenges culinaires.

---

4. Prompts Adaptés à des Contextes Personnalisés

Les prompts personnalisés visent à fournir une réponse qui s'adapte aux préférences ou aux besoins spécifiques de l'utilisateur. Cela renforce le sentiment que l'IA comprend et répond directement à ses attentes.

- **Exemple 1 : Suggestions Personnalisées**
  - ○ **Prompt** : « Propose-moi un menu équilibré pour une semaine, adapté à un régime végétarien avec des ingrédients faciles à trouver. »
  - ○ **Résultat attendu** : Une réponse comprenant un plan de repas avec des recettes végétariennes simples et variées.
- **Exemple 2 : Contenu Basé sur les Centres d'Intérêt**
  - ○ **Prompt** : « Je suis passionné par la science-fiction. Recommande-moi trois livres récents qui pourraient m'intéresser. »
  - ○ **Résultat attendu** : Une liste de livres de science-fiction récents, avec un résumé et une justification pour chaque recommandation.

---

5. Prompts pour Renforcer l'Engagement de l'Utilisateur

Ces prompts encouragent l'interaction active en incitant l'utilisateur à poser des questions supplémentaires ou à s'impliquer dans la conversation.

- **Exemple 1 : Question Interactive**
  - **Prompt** : « Voici une idée de projet de bricolage : construisez une étagère avec des palettes de bois recyclées. Voulez-vous que je vous explique les étapes ou que je propose un autre projet ? »
  - **Résultat attendu** : Une réponse engageante qui offre des choix à l'utilisateur, encourageant une interaction plus dynamique.
- **Exemple 2 : Jeu d'Exploration**
  - **Prompt** : « Jouons à un jeu de devinettes. Pose-moi une question sur un animal, et je te donnerai des indices pour deviner de quel animal il s'agit. »
  - **Résultat attendu** : Une interaction ludique où l'IA fournit des indices pour que l'utilisateur participe activement.

---

6. Prompts pour Anticiper les Besoins de l'Utilisateur

Ces prompts aident à anticiper les besoins en fournissant des informations complètes ou en ouvrant des options supplémentaires pour approfondir la réponse.

- **Exemple 1 : Options Suplémentaires**
  - **Prompt** : « Quels sont les meilleurs exercices physiques pour débutants ? Ajoute des recommandations pour les équipements nécessaires. »
  - **Résultat attendu** : Une réponse qui non seulement mentionne des exercices comme la marche ou les squats, mais aussi les équipements associés comme des tapis de yoga ou des haltères légers.
- **Exemple 2 : Suggestions de Suivi**
  - **Prompt** : « Donne-moi des conseils pour apprendre une nouvelle langue. Propose aussi des applications ou des ressources utiles. »
  - **Résultat attendu** : Une réponse qui combine des stratégies d'apprentissage et des recommandations de ressources comme Duolingo, Memrise, ou des podcasts.

Conclusion : L'Impact des Prompts Orientés vers l'Expérience Utilisateur

Les prompts orientés vers l'expérience utilisateur se concentrent sur la création d'interactions engageantes, personnalisées et empathiques. Ces exemples montrent comment adapter les prompts pour répondre à des besoins variés tout en tenant compte des aspects psychologiques qui renforcent la satisfaction de l'utilisateur.

Une formulation réfléchie et adaptée améliore non seulement la pertinence des réponses, mais transforme également l'interaction avec l'IA en une expérience plus fluide, agréable et intuitive.

6.2.1 Les Défis Éthiques de l'Utilisation de l'IA

L'utilisation de l'intelligence artificielle (IA) soulève des défis éthiques majeurs qui concernent la manière dont elle est appliquée, les conséquences de ses réponses, et les responsabilités associées à son développement et à son utilisation. Dans le contexte de la création de prompts, ces défis prennent une importance particulière, car la manière dont un prompt est formulé peut influencer directement la réponse de l'IA et, par conséquent, ses impacts sur les individus et la société.

1. Les Défis Éthiques Liés à la Responsabilité de l'Utilisateur

Les utilisateurs d'IA portent une part de responsabilité dans la manière dont leurs prompts sont formulés, car ces derniers déterminent les réponses générées. Les défis éthiques associés incluent :

1.1 **La Formulation de Prompts Malveillants**

- Les prompts peuvent être utilisés à des fins nuisibles, comme générer des contenus diffamatoires, trompeurs, ou illégaux. Par exemple, un prompt demandant comment contourner les lois ou commettre des actes illégaux pose un problème éthique majeur.
- **Impact** : De tels prompts peuvent conduire à la diffusion de désinformation ou au soutien d'activités illégales, compromettant la sécurité et la confiance dans les systèmes d'IA.

1.2 **La Négligence dans la Formulation**

- Une mauvaise formulation, même involontaire, peut générer des réponses inappropriées ou biaisées. Par exemple, un prompt ambigu ou mal pensé peut entraîner des réponses discriminatoires ou offensantes.
- **Impact** : Cela peut amplifier des stéréotypes ou causer du tort aux individus ou aux groupes.

1.3 **La Responsabilité des Résultats**

- Les utilisateurs doivent accepter que leurs prompts influencent directement les réponses générées par l'IA. La question de savoir qui est responsable des conséquences négatives d'une réponse (l'utilisateur ou le concepteur de l'IA) reste un défi éthique non résolu.

---

2. Les Défis Éthiques Liés aux Biais et à la Neutralité de l'IA

Les modèles d'IA comme ChatGPT sont formés sur des données collectées à grande échelle, ce qui les rend vulnérables aux biais et aux préjugés présents dans ces données.

2.1 **Les Biais Algorithmiques**

- Les réponses de l'IA peuvent refléter les biais contenus dans ses données d'entraînement. Ces biais peuvent être culturels, sociaux, ou politiques, et se manifester dans les réponses.
- **Exemple** : Un prompt demandant « Quels sont les rôles typiques des hommes et des femmes dans une société ? » peut générer une réponse biaisée qui perpétue des stéréotypes de genre.
- **Impact** : Cela peut renforcer des idées discriminatoires ou marginaliser certains groupes.

2.2 Le Défi de la Neutralité

- Les IA sont souvent perçues comme neutres, mais leur formation sur des données humaines introduit des valeurs implicites. Par exemple, un prompt demandant une analyse politique peut produire une réponse perçue comme partiale.
- **Impact** : Les utilisateurs peuvent perdre confiance dans l'IA si ses réponses semblent orientées ou biaisées.

---

3. Les Défis Éthiques dans la Gestion de la Vie Privée et des Données

Les interactions avec l'IA impliquent souvent la transmission de données sensibles ou personnelles. Les prompts qui incluent de telles informations soulèvent des préoccupations en matière de vie privée et de sécurité.

3.1 Collecte et Stockage des Données

- Les modèles d'IA peuvent conserver les informations transmises via les prompts, ce qui pose des questions sur la protection des données personnelles.
- **Exemple** : Si un utilisateur demande « Comment traiter une maladie spécifique en mentionnant mes antécédents médicaux ? », ces données pourraient être vulnérables à des abus ou à des fuites.

3.2 Partage de Données Sensibles

- Les utilisateurs peuvent inclure, parfois par inadvertance, des informations sensibles ou confidentielles dans leurs prompts. Cela peut poser un risque si ces données sont accessibles ou utilisées sans consentement.
- **Impact** : La vie privée des individus peut être compromise, entraînant des conséquences légales ou éthiques.

---

4. Les Défis Éthiques liés aux Conséquences Sociétales

L'utilisation de l'IA à grande échelle, influencée par les prompts des utilisateurs, peut avoir des implications sociétales significatives.

4.1 Désinformation et Manipulation

- L'IA peut être utilisée pour créer et diffuser de la désinformation ou des contenus manipulatoires en réponse à des prompts intentionnellement trompeurs.
- **Exemple** : Un utilisateur pourrait demander à l'IA de générer des informations incorrectes pour influencer une opinion publique ou discréditer une personne ou une organisation.

4.2 Érosion de la Confiance dans les Informations

- Si les utilisateurs exploitent l'IA pour produire des contenus non fiables, la confiance du public dans les informations générées par l'IA pourrait diminuer.
- **Impact** : Cela peut affecter la crédibilité des systèmes d'IA et limiter leur adoption dans des domaines critiques comme la santé ou la justice.

4.3 Automatisation des Processus Éthiques

- En déléguant certaines décisions éthiques à l'IA (par exemple, dans le domaine de la justice ou des soins de santé), il existe un risque de perdre de vue les nuances humaines nécessaires à ces décisions.
- **Impact** : Les décisions peuvent être perçues comme inhumaines ou injustes si elles reposent uniquement sur des critères algorithmiques.

---

5. Les Défis Éthiques dans la Conception des Modèles

Outre les prompts eux-mêmes, les concepteurs des modèles d'IA ont une responsabilité éthique dans la manière dont les modèles sont développés et mis en œuvre.

5.1 Transparence

- Les développeurs doivent être transparents sur les capacités et les limites des modèles d'IA. Les utilisateurs doivent comprendre que l'IA ne fournit pas toujours des réponses factuelles ou fiables.
- **Impact** : Une transparence insuffisante peut conduire à une utilisation abusive ou à une dépendance excessive à l'IA.

5.2 Réduction des Biais

- Les développeurs doivent travailler activement à identifier et à réduire les biais dans les données d'entraînement. Cela inclut l'inclusion de perspectives diverses dans les données utilisées pour former les modèles.
- **Impact** : Une IA moins biaisée peut fournir des réponses plus justes et inclusives.

5.3 Détection des Utilisations Malveillantes

- Les concepteurs doivent intégrer des mécanismes pour détecter et bloquer les utilisations malveillantes des modèles, comme la génération de contenus dangereux ou illégaux.
- **Impact** : Cela réduit le risque que l'IA soit utilisée à des fins nuisibles.

Comment Aborder ces Défis Éthiques ?

1. **Formuler des Prompts Responsables** : Les utilisateurs doivent s'efforcer de formuler des prompts clairs, respectueux, et non nuisibles.
   - **Exemple** : Poser des questions factuelles ou éducatives plutôt que de chercher à générer des contenus nuisibles.
2. **Vérifier et Compléter les Réponses** : Les réponses générées par l'IA doivent être vérifiées avant d'être utilisées ou diffusées, surtout dans des domaines sensibles.
3. **Encourager une Éducation Éthique** : Sensibiliser les utilisateurs aux implications éthiques de leurs interactions avec l'IA peut réduire les abus potentiels.
4. **Promouvoir la Transparence** : Les organisations qui développent des IA doivent fournir des informations claires sur les limites de leurs modèles et sur les responsabilités des utilisateurs.

Conclusion : La Nécessité d'un Usage Éthique de l'IA

Les défis éthiques de l'utilisation de l'IA, et en particulier dans la création de prompts, nécessitent une vigilance accrue de la part des utilisateurs et des concepteurs. Adopter une approche responsable, respectueuse des implications sociétales et individuelles, est essentiel pour garantir que l'IA reste un outil au service du bien commun. En anticipant ces défis et en s'efforçant de minimiser les risques, nous pouvons maximiser les avantages de l'IA tout en réduisant les impacts négatifs potentiels.

6.2.2 Formuler des Prompts en Respectant la Vie Privée et l'Intégrité

La formulation de prompts peut soulever des enjeux éthiques, notamment en ce qui concerne la vie privée et l'intégrité des données. Lorsqu'un utilisateur interagit avec une intelligence artificielle (IA), il est essentiel de s'assurer que les informations personnelles ou sensibles ne soient pas exposées, et que les prompts soient formulés de manière respectueuse, sans inciter à des comportements nuisibles ou immoraux. Cette section explore les principes clés pour créer des prompts éthiques, illustrés par des exemples pratiques.

1. Respecter la Vie Privée dans la Formulation de Prompts

Protéger la vie privée est une priorité essentielle lors de la création de prompts, particulièrement dans des contextes où des informations personnelles ou sensibles pourraient être partagées.

1.1 Ne pas Inclure d'Informations Identifiables

Un bon prompt évite de contenir des données personnelles identifiables, telles que les noms complets, les adresses, les numéros de téléphone, ou toute autre information confidentielle.

- **Mauvais Exemple** :
  « Analyse les antécédents médicaux de Pierre Dupont, né le 12 mars 1980, pour recommander un traitement. »
- **Pourquoi c'est problématique** : Inclure des informations nominatives expose la vie privée de l'individu.
- **Bon Exemple** :
  « Donne des conseils généraux pour traiter les symptômes d'une personne ayant des antécédents de diabète et d'hypertension. »
- **Avantage** : Le prompt ne divulgue pas de données personnelles et reste générique.

1.2 Préserver l'Anonymat dans les Études de Cas

Lors de l'utilisation de données pour des études de cas, il est crucial d'anonymiser les informations pour éviter de compromettre la confidentialité.

- **Mauvais Exemple** :
  « Explique les implications juridiques de la violation de contrat entre l'entreprise AlphaTech et BetaCorp. »
- **Pourquoi c'est problématique** : Mentionner des parties spécifiques peut révéler des informations sensibles sur des entreprises ou des individus.
- **Bon Exemple** :
  « Explique les implications juridiques d'une violation de contrat dans un accord commercial entre deux entreprises. »
- **Avantage** : Le prompt anonymise les parties et traite le sujet de manière abstraite.

1.3 Limiter les Données Partagées dans des Contextes Sensibles

Dans les prompts relatifs à des sujets médicaux, juridiques, ou financiers, ne partagez que les informations nécessaires au traitement de la demande.

- **Mauvais Exemple** :
  « Mon client, un homme de 45 ans habitant à Marseille, est accusé de fraude. Comment devrait-il se défendre ? »
- **Pourquoi c'est problématique** : Trop de détails personnels et contextuels peuvent compromettre la confidentialité.
- **Bon Exemple** :
  « Quels sont les moyens de défense possibles pour une personne accusée de fraude en France ? »
- **Avantage** : La formulation générale préserve la confidentialité et reste utile.

---

2. Respecter l'Intégrité dans la Formulation de Prompts

L'intégrité dans la création de prompts implique de ne pas inciter l'IA à fournir des réponses inappropriées, nuisibles ou contraires à l'éthique. Cela inclut la manière dont les questions sont posées et les informations demandées.

2.1 Éviter les Prompts Manipulateurs ou Malhonnêtes

Un prompt doit être formulé de manière honnête, sans chercher à exploiter l'IA pour générer des contenus biaisés, trompeurs ou contraires à l'éthique.

- **Mauvais Exemple** :
  « Écris un article prouvant que le changement climatique est un mythe. »
- **Pourquoi c'est problématique** : Le prompt encourage la création d'un contenu non factuel et potentiellement nuisible.
- **Bon Exemple** :
  « Explique les points de vue opposés sur le changement climatique, en distinguant les faits des opinions. »
- **Avantage** : Le prompt invite à une réponse équilibrée et factuelle.

2.2 Ne pas Encourager des Actions Illégales ou Non Éthiques

Un bon prompt respecte les lois et les normes éthiques en vigueur, et ne devrait jamais demander à l'IA de générer des contenus qui incitent à des comportements illégaux ou nuisibles.

- **Mauvais Exemple** :
  « Comment créer un logiciel qui contourne les protections de droits d'auteur ? »
- **Pourquoi c'est problématique** : Le prompt incite à un comportement illégal et contraire à l'éthique.
- **Bon Exemple** :
  « Quelles sont les réglementations concernant les logiciels de protection des droits d'auteur ? »
- **Avantage** : Le prompt respecte les lois et oriente l'IA vers des informations légales.

2.3 Formuler des Prompts Respectueux des Diversités

Dans des contextes culturels, religieux, ou sociaux, il est important de veiller à ce que les prompts soient inclusifs et exempts de préjugés.

- **Mauvais Exemple** :
  « Quels sont les problèmes liés à la culture X par rapport à la culture Y ? »
- **Pourquoi c'est problématique** : Ce prompt pourrait renforcer des stéréotypes ou des préjugés.

- **Bon Exemple** :
  « Quelles sont les différences culturelles entre X et Y, et comment peuvent-elles favoriser une meilleure compréhension mutuelle ? »
- **Avantage** : Le prompt adopte une perspective respectueuse et constructive.

---

3. Pratiques pour des Prompts Éthiques et Responsables

3.1 Poser des Questions Constructives

Encouragez des réponses qui favorisent l'apprentissage, l'empathie, et la compréhension, plutôt que la division ou la controverse.

- **Exemple Constructif** :
  « Comment les entreprises peuvent-elles intégrer la diversité et l'inclusion dans leurs politiques de recrutement ? »

3.2 Utiliser des Mots-Clés Neutres

Évitez les formulations pouvant être perçues comme biaisées ou accusatrices.

- **Mauvais Exemple** :
  « Pourquoi les immigrants prennent-ils les emplois locaux ? »
- **Bon Exemple** :
  « Quels sont les impacts de l'immigration sur le marché de l'emploi ? »

3.3 Vérifier les Résultats Générés

Après avoir formulé un prompt, évaluez la réponse pour vous assurer qu'elle ne contient pas de contenu non éthique ou inexact. Reformulez le prompt si nécessaire pour éviter des interprétations erronées.

---

4. Conclusion : Intégrité et Vie Privée comme Piliers de l'Éthique des Prompts

La formulation de prompts en respectant la vie privée et l'intégrité est essentielle pour garantir des interactions éthiques avec l'IA. En appliquant des principes de confidentialité, d'honnêteté, et de respect, les utilisateurs peuvent maximiser les avantages de l'IA tout en évitant des utilisations abusives ou nuisibles.

Des pratiques responsables dans la création de prompts contribuent non seulement à protéger les individus et les données sensibles, mais également à encourager un usage respectueux et éthique de l'IA dans toutes les interactions.

6.2.3 Exemples de Bonnes Pratiques Éthiques dans la Création de Prompts

Créer des prompts éthiques est une responsabilité cruciale pour les utilisateurs d'intelligences artificielles (IA). Cela implique de formuler des demandes respectueuses des valeurs humaines, tout en évitant les abus, les préjugés ou les usages malveillants. Les bonnes pratiques éthiques servent non seulement à garantir des interactions responsables avec l'IA, mais aussi à encourager son utilisation pour des objectifs constructifs et bienveillants.

1. Encourager l'Utilisation Responsable de l'IA

L'un des premiers aspects d'une bonne pratique éthique est de s'assurer que les prompts sont formulés pour des usages positifs, utiles et non nuisibles. Voici quelques exemples :

- **Exemple 1 : Éviter les Scénarios Préjudiciables**
    - **Prompt non éthique :** « Donne-moi des instructions pour contourner un système de sécurité informatique. »
    - **Prompt éthique :** « Explique les meilleures pratiques pour sécuriser un système informatique contre les attaques. »
    - **Bonne pratique :** Formuler des prompts qui favorisent la sécurité et la protection plutôt que des comportements potentiellement illégaux ou nuisibles.
- **Exemple 2 : Renforcer les Valeurs Positives**
    - **Prompt :** « Propose des activités qui favorisent le bien-être mental chez les adolescents. »
    - **Bonne pratique :** Encourager l'utilisation de l'IA pour promouvoir la santé mentale, le bien-être et des comportements positifs.

---

2. Éviter les Biais et les Préjugés dans les Prompts

L'IA étant influencée par ses données d'entraînement, il est essentiel de formuler des prompts qui évitent de renforcer les biais ou stéréotypes.

- **Exemple 1 : Neutralité dans la Formulation**
    - **Prompt non éthique :** « Pourquoi les femmes sont-elles moins douées en mathématiques ? »
    - **Prompt éthique :** « Quelles sont les principales stratégies pour encourager l'égalité des sexes dans les domaines STEM (sciences, technologies, ingénierie, mathématiques) ? »
    - **Bonne pratique :** Utiliser une formulation qui évite les généralisations stéréotypées ou discriminatoires et qui oriente l'IA vers une réponse équilibrée.
- **Exemple 2 : Sensibilité Culturelle**
    - **Prompt :** « Donne un aperçu des principales traditions culturelles associées au mariage dans différentes régions du monde. »

- Bonne pratique : Adopter une approche inclusive qui valorise la diversité et la richesse culturelle, tout en évitant de simplifier ou de caricaturer les traditions.

---

3. Respecter la Vie Privée et la Confidentialité

Les prompts doivent être conçus pour ne pas enfreindre la confidentialité ou encourager la collecte abusive de données personnelles.

- **Exemple 1 : Anonymisation des Données**
  - **Prompt non éthique :** « Analyse ces données médicales personnelles avec des noms et adresses. »
  - **Prompt éthique :** « Analyse ces données médicales anonymisées pour identifier les tendances générales. »
  - **Bonne pratique :** Utiliser des données anonymes et formuler des prompts qui respectent la vie privée des individus.
- **Exemple 2 : Questions Éthiques sur les Informations Sensibles**
  - **Prompt :** « Explique comment les entreprises peuvent protéger les données personnelles de leurs clients en conformité avec le RGPD. »
  - **Bonne pratique :** Aborder les questions sensibles en insistant sur les règles et les normes qui protègent les individus, comme le RGPD ou d'autres lois sur la confidentialité.

---

4. Encourager des Résultats Inclusifs et Équitables

Les prompts doivent refléter un effort pour inclure et représenter diverses perspectives, tout en évitant les exclusions ou discriminations.

- **Exemple 1 : Représentation Équitable**
  - **Prompt non éthique :** « Quels sont les grands hommes qui ont changé l'histoire ? »
  - **Prompt éthique :** « Qui sont les grandes personnalités, hommes et femmes, qui ont marqué l'histoire ? »
  - **Bonne pratique :** Formuler des prompts qui valorisent l'équité et la diversité, en intégrant des contributions de groupes souvent marginalisés.
- **Exemple 2 : Langage Inclusif**
  - **Prompt :** « Propose des idées pour organiser une conférence qui promeut la diversité et l'inclusion dans les entreprises. »
  - **Bonne pratique :** Employer un langage inclusif et équitable dans la formulation des prompts pour encourager des résultats constructifs et progressistes.

---

5. Prévenir l'Utilisation Malveillante de l'IA

L'une des responsabilités éthiques majeures est de formuler des prompts qui excluent les comportements nuisibles ou trompeurs.

- **Exemple 1 : Éviter les Contenus Trompeurs**
  - **Prompt non éthique :** « Écris un article pour répandre une rumeur sur une entreprise. »
  - **Prompt éthique :** « Explique les meilleures pratiques pour détecter et éviter la désinformation sur les réseaux sociaux. »
  - **Bonne pratique :** Orienter l'IA vers des usages éducatifs et de sensibilisation, au lieu de contribuer à des activités nuisibles.
- **Exemple 2 : Combattre la Propagation de Contenus Malveillants**
  - **Prompt :** « Quelles stratégies les organisations peuvent-elles adopter pour lutter contre le harcèlement en ligne ? »
  - **Bonne pratique :** Utiliser des prompts qui favorisent la sensibilisation et la prévention des abus numériques.

---

6. Promouvoir la Transparence et la Confiance

Les prompts éthiques encouragent des réponses claires et vérifiables, sans exagération ou distorsion des faits.

- **Exemple 1 : Demander des Sources**
  - **Prompt :** « Explique le concept de blockchain et cite des sources fiables pour approfondir le sujet. »
  - **Bonne pratique :** Inclure une demande explicite de transparence ou de citation des sources pour améliorer la fiabilité des réponses.
- **Exemple 2 : Clarification des Limitations**
  - **Prompt :** « Donne un aperçu des risques liés aux technologies de l'IA et des mesures pour les atténuer. Précise si certaines informations sont hypothétiques ou spéculatives. »
  - **Bonne pratique :** Encourager une réponse qui distingue clairement les faits établis des hypothèses, renforçant la transparence.

---

7. Utilisation Constructive et Bienveillante de l'IA

Les prompts peuvent être conçus pour encourager des résultats qui profitent à la société dans son ensemble.

- **Exemple 1 : Favoriser l'Éducation**
  - **Prompt :** « Propose un plan de cours pour enseigner les bases de la programmation à des élèves du secondaire. »
  - **Bonne pratique :** Employer l'IA pour des objectifs éducatifs et la diffusion des connaissances.

- **Exemple 2 : Soutien à des Initiatives Sociales**
  - ○ **Prompt :** « Comment les organisations caritatives peuvent-elles utiliser l'IA pour améliorer leur impact ? »
  - ○ **Bonne pratique :** Utiliser des prompts pour explorer les solutions technologiques aux problèmes sociaux.

Conclusion : Adopter des Bonnes Pratiques Éthiques comme Standard

Les exemples ci-dessus montrent que des prompts éthiques et responsables jouent un rôle clé dans l'utilisation constructive de l'IA. En suivant ces bonnes pratiques, les utilisateurs s'assurent que leurs interactions avec l'IA restent respectueuses des valeurs humaines fondamentales, contribuent à des résultats positifs, et évitent les abus ou les impacts négatifs.

En intégrant ces principes dans la création de prompts, les utilisateurs favorisent des usages durables et bénéfiques de l'IA, tout en respectant leur propre responsabilité éthique face aux avancées technologiques.

6.3.1 Erreurs Communes dans la Formulation de Prompts

La formulation des prompts est un art subtil qui influence directement la qualité des réponses fournies par une IA. Toutefois, certaines erreurs courantes peuvent limiter l'efficacité des prompts, entraînant des réponses incomplètes, imprécises, ou même totalement hors sujet. Identifier ces erreurs et savoir comment les éviter est essentiel pour optimiser l'interaction avec l'IA.

---

1. Manque de Clarté dans la Formulation

Une des erreurs les plus fréquentes est de poser des questions vagues ou ambiguës, sans préciser clairement l'information recherchée.

- **Exemple d'erreur** :
  - **Prompt** : « Parle-moi de l'histoire. »
  - **Problème** : Le terme « histoire » est trop général et peut se référer à l'histoire mondiale, locale, culturelle, ou même personnelle.
- **Comment éviter** :
  - Formulez un prompt plus précis et spécifique :
    - **Correct** : « Donne un aperçu des causes principales de la Première Guerre mondiale. »

---

2. Absence de Contexte

Les prompts dépourvus de contexte ou de détails spécifiques laissent l'IA sans cadre pour générer une réponse pertinente.

- **Exemple d'erreur** :
  - **Prompt** : « Quels sont les avantages des énergies renouvelables ? »
  - **Problème** : Sans contexte géographique, économique ou temporel, la réponse sera générique et peut manquer de pertinence.
- **Comment éviter** :
  - Ajoutez des informations de contexte dans le prompt :
    - **Correct** : « Quels sont les avantages économiques des énergies renouvelables en Europe aujourd'hui ? »

---

3. Multiples Questions dans un Même Prompt

Combiner plusieurs questions dans un seul prompt peut rendre la requête confuse pour l'IA, qui risque de fournir une réponse partielle ou désorganisée.

- **Exemple d'erreur** :
  - **Prompt** : « Quelle est la différence entre les énergies fossiles et renouvelables ? Quels sont leurs impacts environnementaux ? »

- ○ **Problème** : L'IA pourrait répondre à une seule partie ou fournir une réponse désorganisée.
- **Comment éviter** :
  - ○ Divisez les questions en plusieurs prompts distincts :
    - ■ **Correct** :
      1. « Quelle est la différence entre les énergies fossiles et renouvelables ? »
      2. « Quels sont les impacts environnementaux des énergies fossiles ? »
      3. « Quels sont les impacts environnementaux des énergies renouvelables ? »

---

4. Langage Trop Ambigu ou Subjectif

L'utilisation de termes vagues ou subjectifs peut donner lieu à des réponses interprétées de manière inattendue.

- **Exemple d'erreur** :
  - ○ **Prompt** : « Pourquoi la technologie est-elle mauvaise ? »
  - ○ **Problème** : Le terme « mauvaise » est subjectif et ne donne pas de cadre pour une réponse constructive.
- **Comment éviter** :
  - ○ Reformulez en utilisant des termes précis et mesurables :
    - ■ **Correct** : « Quels sont les impacts négatifs de la technologie sur la santé mentale ? »

---

5. Prompts Trop Longs ou Trop Complexes

Les prompts contenant trop d'instructions ou de détails complexes peuvent rendre la demande difficile à interpréter pour l'IA.

- **Exemple d'erreur** :
  - ○ **Prompt** : « Explique la photosynthèse en détail, en incluant tous les processus chimiques impliqués, et donne aussi des exemples d'utilisation des connaissances sur la photosynthèse dans l'agriculture moderne. »
  - ○ **Problème** : Le prompt contient trop d'éléments différents, ce qui peut conduire à une réponse superficielle ou désorganisée.
- **Comment éviter** :
  - ○ Simplifiez le prompt ou divisez-le en plusieurs parties :
    - ■ **Correct** :
      1. « Explique les processus chimiques de la photosynthèse. »
      2. « Donne des exemples d'utilisation des connaissances sur la photosynthèse dans l'agriculture moderne. »

---

6. Absence d'Indication de Ton ou de Format

Lorsque le ton ou le format attendu n'est pas précisé, l'IA peut générer une réponse qui ne correspond pas aux attentes.

- **Exemple d'erreur** :
    - **Prompt** : « Rédige un texte sur la révolution industrielle. »
    - **Problème** : Le prompt n'indique pas si un texte informatif, un résumé ou une analyse est attendu.
- **Comment éviter** :
    - Précisez le format ou le ton attendu :
        - **Correct** : « Rédige un texte analytique de 300 mots sur les impacts économiques de la révolution industrielle en Europe. »

---

7. Omission de Public Cible

Les prompts ne précisant pas le public cible risquent de produire des réponses inadaptées, soit trop techniques, soit trop simplistes.

- **Exemple d'erreur** :
    - **Prompt** : « Explique la blockchain. »
    - **Problème** : L'IA pourrait fournir une explication trop complexe ou trop basique selon le contexte.
- **Comment éviter** :
    - Identifiez clairement le public cible dans le prompt :
        - **Correct** : « Explique la blockchain à un étudiant débutant en informatique. »

---

8. Demander des Réponses Trop Générales

Des questions générales conduisent souvent à des réponses superficielles, sans valeur ajoutée.

- **Exemple d'erreur** :
    - **Prompt** : « Parle-moi des énergies renouvelables. »
    - **Problème** : La réponse sera probablement large et manquera de détails spécifiques.
- **Comment éviter** :
    - Affinez la question en ciblant un aspect particulier :
        - **Correct** : « Parle-moi des innovations technologiques récentes dans les énergies renouvelables. »

---

9. Demande de Précision Non Réaliste

Les attentes irréalistes ou non précisées peuvent mener à des réponses incomplètes ou hors de portée de l'IA.

- **Exemple d'erreur** :
  - **Prompt** : « Résous les problèmes environnementaux mondiaux. »
  - **Problème** : La question est trop vaste et demande une réponse impossible à formuler.
- **Comment éviter** :
  - Formulez une question réaliste et ciblée :
    - **Correct** : « Quelles sont les trois actions prioritaires que les gouvernements peuvent entreprendre pour réduire les émissions de CO_2 ? »

---

10. Absence de Feedback ou de Révision

Ne pas ajuster le prompt après une réponse insatisfaisante est une erreur fréquente. Les réponses de l'IA peuvent être améliorées en reformulant ou en précisant le prompt.

- **Exemple d'erreur** :
  - Après un premier prompt vague, l'utilisateur n'ajuste pas la question et persiste avec des résultats médiocres.
- **Comment éviter** :
  - Reformulez le prompt après avoir reçu une réponse non satisfaisante :
    - **Correct** : Ajoutez des détails ou spécifiez les attentes pour guider l'IA vers une meilleure réponse.

Conclusion : Identifier et Éviter les Erreurs pour des Prompts Efficaces

Les erreurs courantes dans la formulation des prompts peuvent être évitées en appliquant quelques principes clés : clarté, précision, spécificité, et contextualisation. En prenant le temps de structurer vos prompts et en intégrant des détails qui guident l'IA, vous pouvez améliorer significativement la qualité et la pertinence des réponses.

Avec la pratique et une attention aux erreurs identifiées ici, il devient possible de formuler des prompts qui exploitent pleinement les capacités de l'IA, répondant avec exactitude aux besoins spécifiques de l'utilisateur.

6.3.2 Étude de Cas : Les Conséquences de Prompts Mal Formulés

L'efficacité d'un prompt repose sur sa clarté, sa précision, et sa capacité à transmettre une intention claire à l'intelligence artificielle (IA). Lorsqu'un prompt est mal formulé, les conséquences peuvent aller d'une réponse vague ou hors sujet à des malentendus critiques, notamment dans des domaines sensibles comme la médecine, le droit, ou la communication technique. Dans cette section, nous analysons des exemples de prompts mal formulés, leurs impacts, et les leçons à en tirer.

Étude de Cas 1 : Prompt Vague dans un Contexte Médical

- **Prompt Mal Formulé** :
  « Quels sont les symptômes de la grippe ? »
- **Conséquences** :
  L'IA fournit une réponse générique qui liste des symptômes courants (fièvre, fatigue, toux) sans préciser si cela concerne des adultes, des enfants, ou des populations à risque. Cette réponse, bien que correcte, pourrait être insuffisante pour un professionnel de la santé ou pour un public cherchant des informations spécifiques, comme les complications possibles chez les personnes âgées.
- **Impact** :
  Une réponse vague pourrait conduire à une mauvaise interprétation ou à une utilisation inadéquate des informations dans des contextes nécessitant des données plus précises, comme un diagnostic différentiel.
- **Correction du Prompt** :
  « Quels sont les symptômes de la grippe chez les adultes âgés de plus de 65 ans et quelles sont les complications possibles ? »
  - **Résultat attendu** : Une réponse adaptée au groupe d'âge spécifique, avec des informations sur les complications, comme la pneumonie ou la déshydratation.

Étude de Cas 2 : Prompt Ambigu en Droit

- **Prompt Mal Formulé** :
  « Quels sont les droits des employés ? »
- **Conséquences** :
  L'IA répond de manière générale, énumérant des droits courants comme le salaire minimum, les horaires de travail, ou les congés payés. Cependant, cette réponse n'est pas contextualisée (par pays ou secteur) et pourrait omettre des droits spécifiques à une juridiction ou à une industrie.
- **Impact** :
  Une telle réponse peut être inutile, voire trompeuse, si elle est utilisée dans un contexte juridique précis où les détails locaux ou sectoriels sont cruciaux.
- **Correction du Prompt** :
  « Quels sont les droits des employés dans le secteur technologique aux États-Unis concernant les horaires de travail et la rémunération des heures supplémentaires ? »

- Résultat attendu : Une réponse contextualisée fournissant des détails spécifiques au secteur et à la juridiction demandés.

Étude de Cas 3 : Prompt Trop Large en Analyse de Données

- **Prompt Mal Formulé** :
  « Analyse les ventes de cette année. »
- **Conséquences** :
  L'IA produit une réponse générique basée sur des hypothèses, sans aborder des éléments cruciaux comme les facteurs de saisonnalité, les variations régionales, ou les produits spécifiques. Cette analyse reste donc superficielle et inutilisable pour prendre des décisions stratégiques.
- **Impact** :
  Une réponse vague pourrait conduire à des décisions basées sur des interprétations incorrectes ou insuffisamment détaillées des données.
- **Correction du Prompt** :
  « Analyse les ventes de janvier à décembre de cette année pour le produit X, en comparant les régions Nord et Sud. Identifie les mois avec les meilleures performances et explique les tendances observées. »
  - Résultat attendu : Une réponse structurée abordant des détails spécifiques, avec une analyse par région et une explication des variations mensuelles.

Étude de Cas 4 : Prompt Mal Formulé dans un Contexte Technique

- **Prompt Mal Formulé** :
  « Explique comment réparer un programme qui ne fonctionne pas. »
- **Conséquences** :
  L'IA génère une réponse générique décrivant des étapes basiques de débogage (vérifier les erreurs dans le code, examiner les journaux), sans se concentrer sur un problème ou un langage spécifique.
- **Impact** :
  La réponse risque d'être inutile pour un développeur confronté à un problème concret, car elle manque de spécificité technique.
- **Correction du Prompt** :
  « J'obtiens une erreur "SyntaxError: unexpected EOF while parsing" dans mon programme Python. Explique-moi la cause probable de cette erreur et les étapes pour la résoudre. »
  - Résultat attendu : Une réponse ciblée expliquant que l'erreur peut être causée par un bloc de code incomplet ou une parenthèse manquante, avec des suggestions spécifiques pour résoudre le problème.

Étude de Cas 5 : Prompt Inapproprié dans un Contexte Sensible

- **Prompt Mal Formulé** :
  « Quelles sont les meilleures façons de gérer les patients ? »
- **Conséquences** :
  L'IA fournit une réponse vague sur les pratiques générales de gestion des patients (communication, empathie), sans prendre en compte les nuances liées à des pathologies spécifiques, des contextes culturels ou des conditions légales.
- **Impact** :
  La réponse pourrait être jugée insuffisante, voire problématique, si elle est utilisée dans un contexte clinique sans la validation d'un professionnel qualifié.
- **Correction du Prompt** :
  « Quelles sont les meilleures pratiques pour gérer un patient atteint de démence légère, en tenant compte des aspects de communication et des stratégies de gestion du stress ? »
  - **Résultat attendu** : Une réponse détaillée comprenant des recommandations spécifiques, comme utiliser des phrases simples, maintenir une routine, ou réduire les déclencheurs de stress.

Analyse des Conséquences des Prompts Mal Formulés

1. **Perte de Pertinence** : Un prompt vague ou trop général donne des réponses peu spécifiques, ce qui peut être frustrant et inefficace, surtout dans des contextes professionnels.
2. **Risque de Malentendus** : Une formulation ambiguë peut induire l'IA à fournir des informations incorrectes ou incomplètes, entraînant des interprétations erronées.
3. **Réduction de la Crédibilité** : Dans des domaines sensibles comme la médecine ou le droit, un prompt mal formulé peut produire des réponses jugées non professionnelles ou irresponsables, ce qui réduit la confiance dans l'outil.
4. **Temps et Efforts Gaspillés** : Une réponse inadéquate oblige l'utilisateur à reformuler le prompt ou à effectuer des recherches supplémentaires, ce qui diminue l'efficacité de l'interaction.

Leçons Clés pour Éviter les Prompts Mal Formulés

1. **Spécifiez le Contexte** : Incluez des détails pertinents pour limiter les interprétations erronées (ex. : domaine, audience, niveau d'expertise attendu).
2. **Indiquez les Attentes** : Précisez le format ou les points clés attendus dans la réponse (liste, comparaison, analyse).
3. **Décomposez les Demandes Complexes** : Si une question est trop large, divisez-la en plusieurs sous-questions pour obtenir des réponses ciblées.
4. **Utilisez un Langage Clair et Précis** : Évitez les termes vagues ou ambigus. Privilégiez des mots qui définissent clairement l'objectif.

5. **Validez les Réponses dans les Contextes Sensibles** : Dans des domaines comme la santé ou le droit, utilisez les réponses de l'IA comme un point de départ et validez-les auprès d'experts qualifiés.

Conclusion : Apprendre des Erreurs pour Formuler de Meilleurs Prompts

Les prompts mal formulés peuvent entraîner des réponses inutilisables, imprécises ou inappropriées, surtout dans des contextes spécialisés ou sensibles. Les études de cas présentées ici montrent que la clé pour éviter ces erreurs est de réfléchir soigneusement à l'objectif du prompt, au contexte de la question, et aux attentes spécifiques en termes de réponse.

En appliquant des techniques de clarification et de précision, les utilisateurs peuvent transformer une interaction décevante en un échange productif et pertinent avec l'IA.

6.3.3 Techniques pour Diagnostiquer et Corriger les Erreurs

Lorsqu'on utilise des prompts pour interagir avec une intelligence artificielle (IA), des erreurs dans la formulation peuvent conduire à des réponses ambiguës, incomplètes, ou hors sujet. Diagnostiquer et corriger ces erreurs est essentiel pour optimiser la qualité des échanges avec l'IA. Cette section propose des techniques pratiques pour identifier les causes d'erreurs, les corriger, et améliorer les prompts afin d'obtenir des réponses pertinentes et adaptées.

---

1. Identifier les Types d'Erreurs Courantes

Avant de pouvoir corriger un prompt, il est essentiel d'identifier la nature des erreurs commises. Voici les types d'erreurs les plus fréquents et leurs symptômes :

1. **Prompt Trop Vague** :
   o **Symptôme** : La réponse est large, générique ou peu précise.
   o **Exemple** : « Explique la pollution. »
   o **Problème** : L'absence de contexte ou de spécificité empêche l'IA de cibler un aspect précis du sujet.
2. **Manque de Clarté ou de Structure** :
   o **Symptôme** : La réponse est incohérente ou ne répond pas à la demande.
   o **Exemple** : « Parle de l'intelligence artificielle dans les entreprises, les employés, et leur avenir. »
   o **Problème** : La phrase manque de structure et combine trop de sujets sans hiérarchisation.
3. **Prompt Trop Complexe ou Confus** :

- ○ **Symptôme** : La réponse est incomplète ou interprétée de manière erronée.
- ○ **Exemple** : « Décris comment les entreprises utilisent l'IA pour leurs employés dans un contexte économique en mutation rapide. »
- ○ **Problème** : Le prompt est complexe et contient plusieurs idées imbriquées qui compliquent la tâche de l'IA.
4. **Absence de Contexte** :
   - ○ **Symptôme** : La réponse est hors sujet ou ne correspond pas à l'intention de l'utilisateur.
   - ○ **Exemple** : « Quelles sont les meilleures pratiques ? »
   - ○ **Problème** : Sans contexte, l'IA ne sait pas à quoi s'appliquent les « meilleures pratiques » (gestion, développement personnel, santé, etc.).
5. **Utilisation d'un Langage Ambigu** :
   - ○ **Symptôme** : La réponse est interprétée littéralement ou ne correspond pas à l'intention implicite.
   - ○ **Exemple** : « Parle-moi des réseaux. »
   - ○ **Problème** : Le mot « réseaux » peut désigner des réseaux sociaux, des réseaux électriques, ou des réseaux de neurones, créant une ambiguïté.

---

2. Techniques pour Diagnostiquer les Erreurs

Une fois les erreurs identifiées, il est important de comprendre leur origine. Voici des techniques pour diagnostiquer précisément ce qui ne fonctionne pas dans un prompt :

1. **Analyser la Réponse de l'IA** :
   - ○ Comparez la réponse obtenue avec votre intention initiale.
   - ○ Posez-vous des questions : La réponse est-elle trop large ? Manque-t-elle de détails ? Est-elle hors sujet ?
   - ○ Exemple : Si le prompt « Explique la pollution » donne une réponse sur la pollution atmosphérique mais que vous souhaitiez des informations sur la pollution marine, le problème est l'absence de précision dans le prompt.
2. **Reformuler pour Tester les Hypothèses** :
   - ○ Modifiez un élément du prompt (ajout de contexte, changement de termes, simplification) et comparez les résultats.
   - ○ Exemple : Remplacez « réseaux » par « réseaux sociaux » ou « réseaux de neurones » pour tester si l'IA comprend mieux l'intention.
3. **Fragmenter les Requêtes Complexes** :
   - ○ Divisez les prompts longs ou confus en plusieurs questions simples et distinctes.
   - ○ Exemple : Transformez « Parle de l'IA dans les entreprises et de son impact sur l'avenir des employés » en deux prompts :
     - ■ « Comment l'IA est-elle utilisée dans les entreprises aujourd'hui ? »
     - ■ « Quel impact l'IA pourrait-elle avoir sur l'avenir des employés ? »
4. **Vérifier les Mots Ambigus** :
   - ○ Identifiez les termes pouvant être interprétés de plusieurs façons et remplacez-les par des termes spécifiques.

- Exemple : Pour le prompt « Parle-moi des réseaux », précisez « réseaux de communication » ou « réseaux informatiques ».
5. **Tester la Réponse avec des Variations** :
   - Changez légèrement la formulation pour voir si les réponses diffèrent.
   - Exemple : Essayez « Explique les avantages de l'énergie solaire » et « Quels sont les trois principaux avantages de l'énergie solaire pour les maisons individuelles ? ».

---

3. Techniques pour Corriger les Prompts

Une fois que l'erreur est diagnostiquée, voici des stratégies pour reformuler les prompts et corriger les problèmes identifiés :

1. **Ajouter de la Précision** :
   - Incluez des détails sur le sujet, le contexte ou l'objectif de la réponse.
   - Exemple :
     - **Prompt original** : « Explique la pollution. »
     - **Prompt corrigé** : « Explique les causes et les conséquences de la pollution de l'air en milieu urbain. »
2. **Simplifier et Structurer** :
   - Réduisez la complexité des prompts longs en séparant les idées.
   - Exemple :
     - **Prompt original** : « Décris les impacts sociaux et économiques de l'intelligence artificielle sur les entreprises et les employés. »
     - **Prompt corrigé** :
       1. « Quels sont les impacts économiques de l'intelligence artificielle sur les entreprises ? »
       2. « Quels sont les impacts sociaux de l'intelligence artificielle sur les employés ? »
3. **Clarifier les Intentions** :
   - Décrivez ce que vous attendez en termes de contenu, de ton ou de format.
   - Exemple :
     - **Prompt original** : « Parle des énergies renouvelables. »
     - **Prompt corrigé** : « Fais une liste des trois types d'énergies renouvelables les plus utilisés dans le monde, avec leurs avantages et inconvénients. »
4. **Incorporer des Exemples ou des Critères** :
   - Utilisez des exemples ou des critères pour guider l'IA.
   - Exemple :
     - **Prompt original** : « Décris un système d'apprentissage automatique. »
     - **Prompt corrigé** : « Décris un système d'apprentissage automatique utilisé pour la reconnaissance d'image, comme les réseaux de neurones convolutifs. »
5. **Préciser le Ton ou le Public** :

- Indiquez si la réponse doit être technique, vulgarisée, ou adaptée à un public spécifique.
- Exemple :
  - **Prompt original** : « Explique les vaccins. »
  - **Prompt corrigé** : « Explique les vaccins à ARN messager de manière simple, comme si tu t'adressais à un étudiant de lycée. »

---

4. Exemples Avant/Après Correction

Voici quelques exemples concrets montrant l'impact des corrections sur les prompts :

1. **Prompt Original** : « Parle de l'IA. »
   - **Problème** : Trop large, pas de contexte.
   - **Prompt Corrigé** : « Explique comment l'intelligence artificielle est utilisée dans les soins de santé pour améliorer le diagnostic. »
2. **Prompt Original** : « Quels sont les avantages de l'énergie solaire et de l'éolien ? »
   - **Problème** : Mélange de sujets.
   - **Prompt Corrigé** :
     - « Quels sont les avantages de l'énergie solaire pour les habitations individuelles ? »
     - « Quels sont les avantages de l'énergie éolienne pour les collectivités rurales ? »
3. **Prompt Original** : « Résume-moi un livre. »
   - **Problème** : Manque de spécificité.
   - **Prompt Corrigé** : « Résume-moi le livre '1984' de George Orwell en 100 mots, en insistant sur les thèmes de la surveillance et du contrôle. »

---

5. Conseils pour Éviter les Erreurs à l'Avenir

1. **Toujours Clarifier le Contexte** :
   - Avant de formuler un prompt, définissez l'objectif, le sujet, et le niveau de détail attendu.
   - Posez-vous les questions : « Que veux-je apprendre ? », « À qui s'adresse la réponse ? », « Quel type de contenu est nécessaire ? »
2. **Utiliser des Tests Itératifs** :
   - Essayez plusieurs variations de prompts pour comparer les réponses et identifier la meilleure formulation.
3. **Adopter une Approche Progressive** :
   - Commencez par des prompts simples et ajoutez des détails au fur et à mesure pour affiner la réponse.
4. **Consulter des Ressources et Modèles** :
   - Inspirez-vous de prompts réussis dans des domaines similaires pour perfectionner vos propres formulations.

Conclusion : Perfectionner l'Art du Diagnostic et de la Correction

Diagnostiquer et corriger les erreurs dans les prompts est une compétence clé pour interagir efficacement avec une IA. En appliquant les techniques présentées ici, les utilisateurs peuvent transformer des prompts imparfaits en demandes précises et claires, obtenant ainsi des réponses plus pertinentes et mieux adaptées à leurs besoins. Cette maîtrise garantit non seulement des résultats optimaux, mais aussi un gain de temps et une amélioration constante des interactions avec l'IA.

Chapitre 7 : Mesurer et Évaluer la Performance des Prompts

- **7.1 Techniques pour Tester et Optimiser les Prompts**
  - ○ 7.1.1 Utiliser des indicateurs de performance pour évaluer les prompts
  - ○ 7.1.2 Réaliser des tests A/B pour comparer les prompts
  - ○ 7.1.3 Exemples de méthodologies d'optimisation
- **7.2 Analyser les Réponses de l'IA**
  - ○ 7.2.1 Identifier les signes de compréhension ou d'incompréhension de l'IA
  - ○ 7.2.2 Techniques pour diagnostiquer des problèmes dans les réponses
  - ○ 7.2.3 Exemples d'analyse de réponses en profondeur
- **7.3 Indicateurs de Succès et Validation des Prompts**
  - ○ 7.3.1 Comment évaluer le succès d'un prompt
  - ○ 7.3.2 Mesurer l'impact des prompts sur la satisfaction utilisateur
  - ○ 7.3.3 Exemples concrets de succès et d'échecs de prompts

7.1.1 Utiliser des Indicateurs de Performance pour Évaluer les Prompts

Pour maximiser l'efficacité des interactions avec l'IA, il est essentiel de mesurer la performance des prompts. Utiliser des indicateurs de performance (KPIs, ou Key Performance Indicators) permet de déterminer dans quelle mesure un prompt atteint ses objectifs et d'identifier les améliorations possibles. Cette section explore les indicateurs clés pour évaluer les prompts et propose des méthodologies pour analyser leurs résultats.

---

1. Pourquoi Évaluer les Prompts avec des Indicateurs de Performance ?

Les prompts efficaces produisent des réponses pertinentes, claires et adaptées aux attentes de l'utilisateur. Toutefois, la qualité des réponses peut varier en fonction de la formulation du prompt, de sa clarté, et de son adéquation avec l'intention. L'évaluation basée sur des indicateurs de performance permet de :

- Identifier les forces et les faiblesses des prompts.
- Comparer différentes formulations pour un même objectif.
- Optimiser les prompts pour améliorer la précision, la pertinence et la qualité des réponses.

---

2. Les Principaux Indicateurs de Performance pour les Prompts

Les indicateurs de performance varient en fonction du contexte et de l'objectif du prompt. Voici les indicateurs les plus couramment utilisés :

1. Pertinence de la Réponse

- **Définition** : Mesure dans quelle mesure la réponse de l'IA correspond à l'intention du prompt.
- **Comment évaluer** :
  - Vérifiez si la réponse aborde le sujet demandé.
  - Comparez la réponse avec l'objectif initial pour déterminer si elle est alignée avec vos attentes.
- **Exemple** :
  - **Prompt** : « Quels sont les impacts du changement climatique sur les écosystèmes marins ? »
  - **Évaluation** : Une réponse qui mentionne la hausse des températures océaniques et la destruction des récifs coralliens est pertinente ; une réponse qui se concentre uniquement sur l'agriculture ne l'est pas.

2. Clarté et Cohérence de la Réponse

- **Définition** : Évalue la qualité rédactionnelle de la réponse, notamment la clarté, la structure, et l'absence de contradictions.
- **Comment évaluer** :
  - Analysez si la réponse est facile à comprendre et bien structurée.

- Vérifiez l'absence d'erreurs logiques ou de contradictions dans les explications.
- **Exemple** :
  - Une réponse qui suit une structure logique (introduction, explication, conclusion) est cohérente ; une réponse confuse ou qui saute d'un point à un autre ne l'est pas.

3. Précision et Exactitude

- **Définition** : Vérifie si les informations fournies par l'IA sont correctes et factuellement exactes.
- **Comment évaluer** :
  - Comparez la réponse à des sources fiables pour vérifier l'exactitude des faits mentionnés.
  - Assurez-vous que les données ou les références citées sont valides.
- **Exemple** :
  - **Prompt** : « Donne la définition du machine learning. »
  - Une réponse correcte mentionne que le machine learning est un sous-domaine de l'IA qui se concentre sur la capacité des machines à apprendre à partir de données.

4. Exhaustivité

- **Définition** : Mesure si la réponse couvre tous les aspects du sujet demandés dans le prompt.
- **Comment évaluer** :
  - Vérifiez si tous les éléments mentionnés dans le prompt sont abordés dans la réponse.
  - Identifiez les éventuels aspects oubliés ou sous-développés.
- **Exemple** :
  - **Prompt** : « Décris les avantages et les inconvénients de l'énergie solaire. »
  - Une réponse exhaustive mentionne les avantages (énergie renouvelable, faible coût opérationnel) et les inconvénients (dépendance au climat, coûts d'installation élevés).

5. Temps et Efficacité

- **Définition** : Évalue la rapidité avec laquelle le prompt produit une réponse satisfaisante.
- **Comment évaluer** :
  - Comptez combien de reformulations du prompt sont nécessaires avant d'obtenir une réponse adéquate.
  - Un prompt efficace produit une réponse correcte dès le premier essai.
- **Exemple** :
  - Si un prompt initial produit une réponse satisfaisante, il est efficace ; s'il faut trois ajustements pour atteindre cet objectif, il pourrait être amélioré.

6. Personnalisation et Adaptabilité

- **Définition** : Évalue si la réponse est adaptée au public cible ou au contexte spécifique.
- **Comment évaluer** :
  - Vérifiez si le ton, le niveau de détail, et le style de la réponse correspondent aux besoins de l'audience.
- **Exemple** :
  - Un prompt demandant une explication technique pour des experts devrait produire une réponse spécialisée ; le même prompt pour des débutants devrait générer une réponse simplifiée.

---

3. Méthodologies pour Mesurer et Analyser les Indicateurs

Une fois les indicateurs identifiés, il est important de les mesurer de manière cohérente. Voici quelques méthodologies pour analyser les performances des prompts :

1. Score d'Évaluation Subjective

- Attribuez un score de 1 à 5 (ou tout autre système de notation) pour chaque indicateur en fonction de votre satisfaction.
- **Exemple** : Évaluez la pertinence de la réponse à un prompt sur une échelle de 1 (faible) à 5 (très élevé).

2. Analyse Comparative

- Testez plusieurs versions d'un même prompt pour voir laquelle produit les meilleurs résultats.
- **Exemple** : Comparez les réponses à deux formulations différentes :
  - Prompt A : « Explique les avantages des énergies renouvelables. »
  - Prompt B : « Donne trois avantages principaux des énergies renouvelables pour les foyers. »
  - Analysez laquelle produit une réponse plus pertinente et adaptée.

3. Feedback et Validation Externe

- Demandez à un tiers (collègue, expert, ou utilisateur final) d'évaluer la qualité des réponses générées.
- **Exemple** : Faites relire une réponse par un spécialiste pour valider la précision et l'exhaustivité des informations.

4. Boucle de Révision

- Reformulez le prompt plusieurs fois en fonction des résultats précédents et évaluez si les changements améliorent les réponses.
- **Exemple** : Si un prompt vague produit une réponse générique, ajoutez des détails ou un contexte pour tester l'amélioration.

5. Utilisation de Logiciels de Suivi

- Certains outils permettent d'évaluer automatiquement les performances des prompts en fonction de critères comme la longueur, la complexité, ou la pertinence.
- **Exemple** : OpenAI Playground offre des fonctionnalités pour expérimenter avec différents prompts et analyser les réponses en temps réel.

---

4. Étude de Cas : Exemple d'Évaluation d'un Prompt

- **Prompt Original** : « Parle de l'intelligence artificielle. »
  - **Problème** : Trop vague.
  - **Évaluation** :
    - Pertinence : 2/5 (la réponse est générale).
    - Clarté : 4/5 (réponse cohérente mais trop large).
    - Précision : 3/5 (informations exactes mais superficielles).
    - Exhaustivité : 2/5 (ne couvre qu'un aspect de l'IA).
    - Temps : 2 reformulations nécessaires.
- **Prompt Corrigé** : « Explique comment l'intelligence artificielle est utilisée pour améliorer le diagnostic médical, avec des exemples. »
  - **Évaluation** :
    - Pertinence : 5/5 (cible précisément la demande).
    - Clarté : 5/5 (réponse claire et structurée).
    - Précision : 5/5 (informations détaillées et factuelles).
    - Exhaustivité : 4/5 (peut approfondir davantage certains aspects).
    - Temps : 1 tentative réussie.

Conclusion : L'Importance des Indicateurs de Performance

L'utilisation d'indicateurs de performance pour évaluer les prompts est une étape cruciale dans l'optimisation des interactions avec l'IA. En mesurant la pertinence, la clarté, la précision, l'exhaustivité, et l'efficacité des réponses, les utilisateurs peuvent affiner leurs prompts pour obtenir des résultats optimaux. Une approche méthodique et itérative garantit des interactions plus productives, alignées avec les objectifs spécifiques de chaque utilisateur.

7.1.2 Réaliser des Tests A/B pour Comparer les Prompts

Les tests A/B sont une méthode puissante pour évaluer l'efficacité des prompts et identifier la meilleure formulation pour obtenir des réponses pertinentes et précises de l'IA. Cette technique consiste à comparer deux (ou plusieurs) versions d'un même prompt en testant leurs performances et en analysant les résultats. Dans cette section, nous explorons le concept des tests A/B appliqué à la création de prompts, les étapes pour les réaliser, et des exemples concrets.

---

1. Pourquoi Réaliser des Tests A/B pour les Prompts ?

Les tests A/B permettent de :

- **Évaluer l'efficacité** : Déterminer quel prompt génère la réponse la plus claire, pertinente ou détaillée.
- **Optimiser les performances** : Identifier les formulations qui permettent de mieux guider l'IA.
- **Comprendre l'impact des variations** : Observer comment de petits changements (mot-clé, structure, style) influencent la qualité des réponses.
- **Réduire les erreurs** : Tester plusieurs versions avant de choisir un prompt final, diminuant ainsi le risque de réponses hors sujet ou incomplètes.

---

2. Étapes pour Réaliser des Tests A/B

1. **Définir un Objectif Clair**
   - Identifiez ce que vous voulez évaluer : clarté, précision, exhaustivité, ton, style ou format de la réponse.
   - Exemple : Si vous souhaitez une réponse détaillée, le critère d'évaluation pourrait être la quantité d'informations pertinentes fournies.
2. **Créer Deux Versions de Prompts**
   - Formulez deux versions de prompts (Prompt A et Prompt B) qui diffèrent légèrement en structure, en mots-clés, ou en style.
   - Exemple :
     - **Prompt A** : « Explique les causes principales du réchauffement climatique avec des exemples. »
     - **Prompt B** : « Quelles sont les trois principales causes du réchauffement climatique ? Donne des exemples. »
3. **Tester les Prompts**
   - Soumettez les deux prompts à l'IA dans des conditions identiques (même contexte, aucune donnée supplémentaire entre les tests).
   - Exemple : Posez les deux questions successivement dans une nouvelle session ou dans un environnement où les réponses ne sont pas influencées par des requêtes précédentes.
4. **Analyser les Réponses**
   - Comparez les réponses sur des critères spécifiques, tels que :

- **Pertinence** : La réponse traite-t-elle précisément le sujet ?
- **Clarté** : La réponse est-elle compréhensible et bien structurée ?
- **Exhaustivité** : La réponse couvre-t-elle tous les points attendus ?
- **Personnalisation** : La réponse est-elle adaptée à votre public ou à vos besoins ?
  - Exemple :
    - **Prompt A** produit une réponse générale sans détails spécifiques.
    - **Prompt B** génère une réponse structurée en trois parties, avec des exemples précis.

5. **Itérer et Perfectionner**
   - Identifiez les forces et faiblesses de chaque version.
   - Combinez les éléments efficaces des deux prompts pour créer une version optimisée (Prompt C).
   - Répétez le test A/B avec les nouvelles variantes pour continuer à affiner la formulation.

3. Exemples de Tests A/B dans Différents Contextes

Exemple 1 : Domaine Éducatif

- **Contexte** : Un enseignant souhaite obtenir une explication simple pour un concept scientifique.
- **Prompt A** : « Explique le fonctionnement de la photosynthèse de manière simple. »
- **Prompt B** : « Explique la photosynthèse comme si tu parlais à un enfant de 10 ans. »
- **Analyse** :
  - **Prompt A** produit une réponse correcte mais légèrement technique.
  - **Prompt B** fournit une réponse plus accessible, utilisant des analogies adaptées aux enfants.
- **Résultat** : Prompt B est plus adapté pour un public jeune.

Exemple 2 : Domaine Technique

- **Contexte** : Un développeur souhaite des conseils pour optimiser un programme Python.
- **Prompt A** : « Donne-moi des astuces pour optimiser mon code Python. »
- **Prompt B** : « Quels sont les cinq meilleurs moyens d'optimiser les performances d'un programme Python ? »
- **Analyse** :
  - **Prompt A** produit une liste non hiérarchisée d'astuces générales.
  - **Prompt B** fournit une liste organisée, ciblant les cinq meilleures pratiques.
- **Résultat** : Prompt B est plus clair et structuré pour des actions immédiates.

Exemple 3 : Domaine Marketing

- **Contexte** : Une entreprise souhaite obtenir des idées pour une campagne publicitaire.
- **Prompt A** : « Propose des idées pour une campagne publicitaire innovante sur les réseaux sociaux. »
- **Prompt B** : « Propose trois idées pour une campagne publicitaire créative sur Instagram ciblant les 18-25 ans. »
- **Analyse** :
    - **Prompt A** génère des idées générales pour les réseaux sociaux.
    - **Prompt B** offre des suggestions spécifiques pour Instagram et une audience cible.
- **Résultat** : Prompt B est plus pertinent pour une stratégie marketing ciblée.

---

4. Conseils pour Maximiser l'Efficacité des Tests A/B

1. **Limiter les Variables** :
    - Changez un seul élément à la fois entre Prompt A et Prompt B pour isoler l'impact de cette modification.
    - Exemple : Testez le même prompt avec ou sans limitation de longueur (« Résume en 100 mots » vs. aucune restriction).
2. **Utiliser des Critères Objectifs d'Évaluation** :
    - Notez chaque réponse sur des critères mesurables (ex. : exhaustivité sur 10, clarté sur 10).
    - Documentez les résultats pour faciliter les comparaisons.
3. **Tester dans un Contexte Neutre** :
    - Lancez chaque prompt dans une session indépendante pour éviter que l'historique des interactions n'influence la réponse.
4. **Varier les Contextes** :
    - Testez les prompts avec des variations de contexte ou de public cible pour évaluer leur adaptabilité.
    - Exemple : Utilisez le même prompt dans un contexte éducatif et professionnel.
5. **Analyser les Réponses Qualitativement et Quantitativement** :
    - Qualitatif : La réponse est-elle pertinente et compréhensible ?
    - Quantitatif : Combien de points clés attendus sont présents dans la réponse ?

---

5. Résultat des Tests A/B : Évolution vers le Prompt Optimal

Une fois les tests terminés, les résultats peuvent être utilisés pour perfectionner le prompt final. L'objectif est de fusionner les points forts des différentes versions testées afin de créer un prompt optimisé qui génère systématiquement les meilleures réponses.

- **Prompt Final (Optimisé)** : Combinez la clarté et la spécificité des meilleures variantes testées.

- Exemple :
  - **Prompt Final** : « Quelles sont les trois principales causes du réchauffement climatique ? Donne des exemples spécifiques et explique chaque cause en 100 mots. »

Conclusion : L'Importance des Tests A/B pour les Prompts

Les tests A/B sont une méthode indispensable pour affiner les prompts et garantir des réponses adaptées aux besoins de l'utilisateur. Cette approche offre un processus structuré pour comparer différentes formulations et mesurer leur efficacité en fonction de critères spécifiques. En testant et en itérant systématiquement, il devient possible de créer des prompts optimisés qui exploitent pleinement les capacités de l'IA, améliorant ainsi la qualité des interactions et la pertinence des résultats.

7.1.3 Exemples de Méthodologies d'Optimisation

Optimiser les prompts est un processus itératif visant à améliorer leur performance en fonction des objectifs de l'utilisateur. Différentes méthodologies permettent de tester, ajuster, et affiner les prompts pour obtenir des réponses pertinentes, précises, et adaptées. Voici des exemples concrets de méthodologies d'optimisation des prompts, avec des étapes pratiques et des cas d'utilisation.

---

1. La Méthodologie Itérative : Tester et Ajuster

Cette méthode repose sur des ajustements progressifs des prompts en fonction des réponses obtenues. Elle est idéale pour explorer différents types de formulations.

Étapes :

1. **Formulation initiale** : Rédigez un premier prompt basé sur l'objectif de l'interaction.
2. **Test** : Analysez la réponse obtenue pour évaluer sa pertinence, son exhaustivité, et son alignement avec vos attentes.
3. **Ajustement** : Modifiez les éléments du prompt en fonction des résultats observés (ajout de contexte, précisions, ou modifications de la structure).
4. **Répétition** : Re-testez le prompt ajusté jusqu'à obtenir une réponse satisfaisante.

Exemple :

- **Prompt initial** : « Explique le rôle de l'intelligence artificielle dans l'éducation. »
  - **Problème détecté** : Réponse trop générale.
- **Prompt ajusté** : « Explique comment l'intelligence artificielle est utilisée pour personnaliser l'apprentissage des élèves en ligne, avec des exemples concrets. »

- ○ **Amélioration** : La réponse est plus ciblée grâce à l'ajout de contexte (« personnaliser l'apprentissage ») et à la demande d'exemples.

---

2. La Méthodologie de Fractionnement : Simplifier les Prompts Complexes

Pour les prompts longs ou multifacettes, cette méthode consiste à décomposer la demande initiale en plusieurs sous-prompts plus simples et spécifiques.

Étapes :

1. **Identifier les éléments du prompt** : Détectez les différentes idées ou demandes contenues dans le prompt initial.
2. **Fractionnement** : Divisez le prompt en sous-prompts traitant chacun une idée unique.
3. **Combinaison des réponses** : Regroupez les réponses pour une vision d'ensemble.

Exemple :

- **Prompt initial** : « Analyse l'impact de l'intelligence artificielle sur les emplois dans les secteurs technologiques, médicaux, et manufacturiers, et propose des solutions pour limiter les effets négatifs. »
  - ○ **Problème détecté** : Trop de thèmes dans une seule demande, entraînant une réponse superficielle.
- **Prompts fractionnés** :
  - ○ « Analyse l'impact de l'intelligence artificielle sur les emplois dans le secteur technologique. »
  - ○ « Propose des solutions pour limiter les effets négatifs de l'intelligence artificielle sur les emplois manufacturiers. »
  - ○ **Amélioration** : Chaque sous-prompt permet une réponse plus détaillée et spécifique.

---

3. La Méthodologie A/B Testing : Comparer Deux Versions de Prompts

Inspirée des tests utilisés en marketing et en UX design, cette méthode consiste à comparer deux versions d'un même prompt pour évaluer laquelle produit les meilleures réponses.

Étapes :

1. **Créer deux versions du prompt** : Modifiez un élément clé entre les deux versions (exemple : ajout de contexte, changement de ton, ou structure différente).
2. **Soumettre les deux prompts** : Testez-les avec l'IA et collectez les réponses.
3. **Évaluer les résultats** : Comparez les réponses obtenues en termes de pertinence, clarté, et précision.
4. **Choisir la meilleure version** : Sélectionnez celle qui répond le mieux à vos objectifs.

Exemple :

- **Prompt A** : « Explique les avantages de l'énergie solaire. »
- **Prompt B** : « Quels sont les trois principaux avantages de l'énergie solaire pour les ménages individuels ? »
    - **Observation** : Le prompt B génère une réponse plus ciblée et concise.
    - **Conclusion** : Le prompt B est retenu pour sa précision et son alignement avec l'intention.

---

4. La Méthodologie des Mots-Clés : Tester l'Impact des Termes Utilisés

Cette méthode consiste à analyser comment les mots-clés influencent la qualité de la réponse. En modifiant les termes clés, on peut guider l'IA vers des interprétations plus adaptées.

Étapes :

1. **Identifier les mots-clés du prompt** : Relevez les termes centraux qui influencent la compréhension de la demande.
2. **Tester des variations** : Changez les mots-clés ou reformulez les termes pour explorer différentes perspectives.
3. **Évaluer les résultats** : Analysez comment les variations de mots-clés affectent la réponse.

Exemple :

- **Prompt initial** : « Décris le rôle des réseaux dans la communication moderne. »
    - **Problème détecté** : Ambiguïté sur le type de « réseaux ».
- **Prompts modifiés** :
    - « Décris le rôle des réseaux sociaux dans la communication moderne. »
    - « Décris le rôle des réseaux de communication sans fil dans la communication moderne. »
    - **Résultat** : Chaque variation cible un aspect spécifique, éliminant les ambiguïtés.

---

5. La Méthodologie du Feedback de l'IA : Interroger pour Améliorer

Cette méthode consiste à demander à l'IA elle-même d'évaluer ou d'améliorer un prompt pour atteindre un résultat précis.

Étapes :

1. **Soumettre le prompt initial** : Demandez à l'IA de fournir une réponse.
2. **Demander une amélioration** : Posez une question de suivi pour affiner ou approfondir la réponse.
3. **Raffiner le prompt** : Reformulez le prompt en fonction du retour de l'IA.

Exemple :

- **Prompt initial** : « Explique la blockchain. »
  - o **Suivi** : « Peux-tu fournir plus de détails sur la sécurité des transactions dans la blockchain ? »
  - o **Résultat** : La question de suivi permet d'obtenir des informations plus spécifiques, conduisant à une meilleure compréhension.

---

6. La Méthodologie Comparative : Tester les Réponses dans Différents Contextes

Cette méthode consiste à soumettre un même prompt avec des variations contextuelles pour observer comment l'IA adapte ses réponses.

Étapes :

1. **Formuler un prompt de base** : Rédigez un prompt simple sans préciser le contexte.
2. **Ajouter des variations contextuelles** : Incluez des détails pour cadrer la réponse.
3. **Comparer les résultats** : Évaluez comment les ajouts de contexte influencent la précision et la pertinence.

Exemple :

- **Prompt sans contexte** : « Quels sont les défis du télétravail ? »
- **Prompt avec contexte** :
  - o « Quels sont les défis du télétravail pour les jeunes parents ? »
  - o « Quels sont les défis du télétravail dans les grandes entreprises ? »
  - o **Résultat** : Les réponses avec contexte sont plus spécifiques et pertinentes.

---

7. La Méthodologie de Synthèse : Extraire l'Essentiel

Cette méthode vise à formuler des prompts qui synthétisent les informations obtenues, permettant de regrouper et de comparer plusieurs réponses.

Étapes :

1. **Soumettre plusieurs prompts sur un même sujet** : Demandez à l'IA d'aborder différents aspects d'un sujet.
2. **Créer un prompt de synthèse** : Demandez à l'IA de regrouper les informations fournies en un résumé cohérent.
3. **Évaluer la synthèse** : Vérifiez si les éléments clés sont bien inclus et reformulez si nécessaire.

Exemple :

- **Prompts individuels** :
  - ○ « Quels sont les avantages de l'énergie solaire ? »
  - ○ « Quels sont les inconvénients de l'énergie solaire ? »
- **Prompt de synthèse** :
  - ○ « Fais une synthèse des avantages et inconvénients de l'énergie solaire. »
  - ○ **Résultat** : Une réponse équilibrée qui regroupe les points abordés.

Conclusion : L'Importance des Méthodologies d'Optimisation

Ces méthodologies offrent des approches concrètes et adaptables pour perfectionner la formulation des prompts et obtenir des réponses optimales. En testant et ajustant les prompts de manière systématique, les utilisateurs peuvent maximiser la pertinence, la clarté, et la profondeur des réponses de l'IA. L'utilisation de ces techniques renforce non seulement la qualité des interactions, mais développe également une maîtrise avancée de l'art du prompting.

7.2.1 Identifier les Signes de Compréhension ou d'Incompréhension de l'IA

L'évaluation des réponses de l'IA repose sur la capacité à détecter si celle-ci a bien compris l'intention et les instructions contenues dans un prompt. Identifier les signes de compréhension ou d'incompréhension est essentiel pour affiner les prompts et améliorer la qualité des interactions. Cette section présente des techniques et des critères pour évaluer les réponses de l'IA, ainsi que des exemples concrets pour détecter les cas de bonne ou mauvaise compréhension.

---

1. Signes de Bonne Compréhension par l'IA

Lorsque l'IA interprète correctement le prompt, elle fournit une réponse qui répond aux attentes de manière claire, cohérente, et pertinente. Voici les principaux signes de bonne compréhension :

1. **Pertinence du Contenu** :
   - ○ La réponse est directement liée au sujet demandé et respecte le contexte fourni dans le prompt.
   - ○ **Exemple** :
     - ■ **Prompt** : « Décris les avantages des panneaux solaires pour les habitations individuelles. »

- **Réponse pertinente** : « Les panneaux solaires réduisent les coûts énergétiques, augmentent la valeur des propriétés, et permettent une indépendance énergétique. »

2. **Structure Logique et Cohérente** :
   - La réponse suit une progression logique et est bien organisée, avec des idées clairement séparées.
   - **Exemple** :
     - Si le prompt demande une comparaison, la réponse est structurée avec des points comparant les deux sujets (par exemple, avantages et inconvénients).

3. **Respect des Instructions Spécifiques** :
   - L'IA respecte les critères donnés dans le prompt, tels que la longueur, le ton, ou le style de réponse.
   - **Exemple** :
     - **Prompt** : « Explique en 100 mots les avantages de l'intelligence artificielle pour les PME. »
     - **Réponse pertinente** : La réponse est concise et limitée à environ 100 mots, sans dépasser la longueur demandée.

4. **Utilisation Correcte du Contexte** :
   - L'IA prend en compte les détails contextuels du prompt pour adapter sa réponse.
   - **Exemple** :
     - **Prompt** : « Quels sont les avantages de l'IA dans le secteur de la santé en Europe ? »
     - **Réponse pertinente** : La réponse mentionne des exemples ou des initiatives spécifiques en Europe, plutôt que des généralisations globales.

---

2. Signes d'Incompréhension de l'IA

Lorsque l'IA ne parvient pas à comprendre correctement un prompt, elle peut produire des réponses inexactes, incomplètes ou hors sujet. Voici les principaux signes d'incompréhension et leurs causes possibles :

1. **Réponse Générique ou Hors Sujet** :
   - La réponse n'aborde pas le sujet ou reste trop vague pour être utile.
   - **Exemple** :
     - **Prompt** : « Décris les impacts environnementaux des voitures électriques. »
     - **Réponse générique** : « Les voitures électriques sont de plus en plus populaires et utilisent des batteries. »
   - **Cause** : Le prompt manque de spécificité ou l'IA n'a pas interprété correctement l'intention.

2. **Informations Inexactes ou Obsolètes** :
   - La réponse contient des erreurs factuelles ou s'appuie sur des données dépassées.

- ○ **Exemple** :
  - ■ **Prompt** : « Quelle est la législation actuelle sur la protection des données en Europe ? »
  - ■ **Réponse inexacte** : L'IA mentionne des lois obsolètes ou omet des régulations comme le RGPD.
- ○ **Cause** : L'IA s'appuie sur des informations dépassées ou interprète mal la demande.

3. **Manque de Structure ou de Clarté** :
   - ○ La réponse est confuse, mal organisée, ou mélange des idées non liées.
   - ○ **Exemple** :
     - ■ **Prompt** : « Compare les avantages des énergies solaire et éolienne. »
     - ■ **Réponse désorganisée** : « L'énergie solaire est utile. L'éolienne est aussi bonne. Les panneaux solaires sont pratiques. »
   - ○ **Cause** : Le prompt manque de clarté ou ne donne pas d'indications sur la structure attendue.

4. **Non-respect des Directives** :
   - ○ La réponse ne respecte pas les consignes données dans le prompt (ton, longueur, format, etc.).
   - ○ **Exemple** :
     - ■ **Prompt** : « Explique les avantages de l'IA en moins de 50 mots. »
     - ■ **Réponse non conforme** : L'IA produit un texte de 200 mots.
   - ○ **Cause** : Les consignes n'étaient pas suffisamment explicites ou l'IA n'a pas correctement interprété la contrainte.

5. **Réponse Trop Complexe ou Trop Technique** :
   - ○ L'IA fournit une réponse inadaptée au niveau de compréhension du public cible.
   - ○ **Exemple** :
     - ■ **Prompt** : « Explique la physique quantique à un enfant de 10 ans. »
     - ■ **Réponse inadaptée** : « La mécanique quantique étudie les états superposés des particules subatomiques dans des espaces de Hilbert. »
   - ○ **Cause** : Le prompt n'a pas suffisamment insisté sur le besoin de simplification.

---

3. Techniques pour Évaluer les Réponses

Pour évaluer si l'IA a bien compris le prompt, appliquez les techniques suivantes :

1. **Comparer avec l'Intention Initiale** :
   - ○ Analysez si la réponse correspond à ce que vous attendiez en termes de contenu, de structure, et de ton.
   - ○ **Astuce** : Posez-vous la question : « Cette réponse répond-elle à mon besoin initial ou devrais-je reformuler le prompt ? »
2. **Vérifier la Précision des Informations** :

- Si la réponse est factuelle, comparez-la avec des sources fiables pour détecter d'éventuelles erreurs.
- **Exemple** : Si l'IA mentionne des statistiques, assurez-vous qu'elles sont correctes et à jour.

3. **Évaluer la Structure et la Lisibilité** :
   - Vérifiez si la réponse suit une progression logique et est facile à comprendre.
   - **Astuce** : Une réponse bien structurée est souvent divisée en sections claires, comme des points, des paragraphes, ou des listes.

4. **Tester la Réponse avec des Questions de Suivi** :
   - Posez des questions pour clarifier ou approfondir la réponse, et observez si l'IA reste cohérente.
   - **Exemple** : Si le prompt initial était « Quels sont les impacts des énergies renouvelables ? », suivez avec « Quels impacts ont-elles sur les emplois locaux ? »

---

4. Exemples de Réponses : Bonne Compréhension vs Mauvaise Compréhension

1. **Prompt** : « Quels sont les avantages de l'énergie éolienne dans les régions rurales ? »
   - **Bonne compréhension** :
     - « L'énergie éolienne offre une source d'électricité durable dans les régions rurales, crée des emplois locaux pour l'installation et la maintenance des turbines, et réduit la dépendance aux combustibles fossiles. »
   - **Mauvaise compréhension** :
     - « L'énergie éolienne est une source d'énergie renouvelable utilisée dans de nombreuses régions. »

2. **Prompt** : « Explique la loi sur la protection des données en Europe en 100 mots. »
   - **Bonne compréhension** :
     - « La loi européenne sur la protection des données, appelée RGPD, vise à protéger la vie privée des individus en régulant l'utilisation et la collecte de données personnelles. Elle impose des règles strictes aux entreprises, comme l'obligation de consentement explicite et le droit à l'oubli. »
   - **Mauvaise compréhension** :
     - « Le RGPD est une loi sur la confidentialité. Elle protège les utilisateurs. »

---

5. Conseils pour Ajuster les Prompts en Cas d'Incompréhension

1. **Ajouter des Contexte et des Détails** :
   - Si la réponse est vague ou hors sujet, enrichissez le prompt avec des détails précis.
   - Exemple : Au lieu de « Explique l'IA », essayez « Explique comment l'intelligence artificielle est utilisée dans le diagnostic médical. »

2. **Spécifier les Critères de Réponse** :
    - ○ Donnez des instructions claires sur la longueur, le style, ou le format attendu.
    - ○ Exemple : « Donne une liste des trois principaux avantages de l'énergie solaire, avec un exemple pour chaque. »
3. **Fragmenter les Demandes Complexes** :
    - ○ Divisez les prompts en plusieurs questions simples pour éviter toute confusion.
    - ○ Exemple : Au lieu de « Parle des impacts de l'IA sur les entreprises », demandez d'abord « Quels avantages l'IA offre-t-elle aux entreprises ? », puis « Quels défis l'IA pose-t-elle aux entreprises ? »

Conclusion : Affiner la Compréhension de l'IA

Identifier les signes de compréhension ou d'incompréhension de l'IA est un élément clé pour améliorer les interactions. En évaluant les réponses avec des critères précis et en ajustant les prompts en conséquence, les utilisateurs peuvent guider l'IA vers des réponses de meilleure qualité. Cette démarche proactive garantit des résultats plus pertinents et un usage optimisé des capacités de l'IA.

7.2.2 Techniques pour Diagnostiquer des Problèmes dans les Réponses

Analyser les réponses générées par une IA comme ChatGPT est essentiel pour évaluer la qualité des interactions et identifier les problèmes éventuels. Ces problèmes peuvent découler d'une formulation inadéquate du prompt, des limites de l'IA ou d'une mauvaise compréhension de l'intention par le modèle. Cette section propose des techniques pour diagnostiquer les problèmes dans les réponses et affiner les prompts afin d'obtenir des résultats optimaux.

---

1. Identifier les Problèmes Communs dans les Réponses

Avant de corriger un prompt, il est crucial de reconnaître les types de problèmes susceptibles d'apparaître dans les réponses. Voici les principaux problèmes et leurs symptômes :

1.1 Réponse Trop Générale

- **Symptômes** : La réponse manque de détails ou reste vague.
- **Exemple** :
    - ○ **Prompt** : « Explique les énergies renouvelables. »
    - ○ **Réponse problématique** : « Les énergies renouvelables sont des sources d'énergie durables. »

- **Origine** : Le prompt est trop large et n'oriente pas suffisamment l'IA.

1.2 Réponse Hors Sujet

- **Symptômes** : La réponse ne correspond pas à l'intention initiale.
- **Exemple** :
  - ○ **Prompt** : « Donne des exemples de réseaux sociaux. »
  - ○ **Réponse problématique** : « Les réseaux sociaux peuvent être définis comme des réseaux neuronaux utilisés pour... »
- **Origine** : Le prompt contient des ambiguïtés, comme des mots avec plusieurs significations.

1.3 Réponse Incomplète

- **Symptômes** : La réponse couvre une partie du sujet, mais laisse des éléments importants de côté.
- **Exemple** :
  - ○ **Prompt** : « Compare les avantages et inconvénients de l'énergie solaire. »
  - ○ **Réponse problématique** : « L'énergie solaire est propre et renouvelable. »
- **Origine** : Le prompt manque d'instructions claires pour structurer la réponse.

1.4 Réponse Trop Technique ou Trop Simple

- **Symptômes** : La réponse ne correspond pas au niveau d'expertise attendu.
- **Exemple** :
  - ○ **Prompt** : « Explique le machine learning. »
  - ○ **Réponse problématique pour un public novice** : « Le machine learning utilise des algorithmes supervisés comme les SVM ou les CNN. »
- **Origine** : Le prompt ne précise pas le niveau attendu (débutant, intermédiaire, expert).

1.5 Erreurs Factuelles

- **Symptômes** : La réponse contient des informations incorrectes ou dépassées.
- **Exemple** :
  - ○ **Prompt** : « Décris les dernières missions spatiales de la NASA. »
  - ○ **Réponse problématique** : L'IA mentionne des missions annulées ou obsolètes.
- **Origine** : Limitation des connaissances de l'IA ou informations imprécises dans le prompt.

---

2. Techniques pour Diagnostiquer les Problèmes

Une fois le problème identifié, ces techniques permettent d'en comprendre l'origine et d'affiner les prompts en conséquence.

2.1 Analyser la Qualité et la Pertinence de la Réponse

- Comparez la réponse obtenue avec vos attentes initiales :
  - La réponse est-elle pertinente ?
  - Couvre-t-elle tous les aspects du sujet demandé ?
- Si des parties manquent, vérifiez si le prompt incluait des instructions explicites sur ces points.

Exemple :

- **Prompt** : « Explique l'intelligence artificielle. »
- **Réponse** : « L'intelligence artificielle est un domaine de l'informatique. »
- **Diagnostic** : Le prompt n'a pas demandé une réponse détaillée ou structurée.

2.2 Tester la Compréhension de l'IA avec des Reformulations

- Essayez de reformuler le prompt pour éliminer les ambiguïtés ou ajouter des détails.
- Utilisez des synonymes ou une structure différente pour vérifier si la réponse s'améliore.

Exemple :

- **Prompt initial** : « Parle des énergies renouvelables. »
- **Prompt reformulé** : « Quels sont les avantages environnementaux des énergies renouvelables comme l'énergie solaire et éolienne ? »

2.3 Comparer avec des Sources Externes

- Vérifiez si les informations fournies par l'IA sont exactes en les comparant à des données fiables (articles, recherches, etc.).
- Identifiez si les erreurs sont dues à des limites de l'IA ou à une mauvaise formulation du prompt.

2.4 Vérifier la Structure de la Réponse

- Analysez si la réponse est bien organisée (introduction, développement, conclusion) ou si elle manque de structure.
- Demandez-vous si le prompt précisait un format attendu.

Exemple :

- **Prompt initial** : « Décris les applications de l'IA. »
- **Réponse** : Une liste désorganisée.
- **Solution** : Ajouter des instructions pour structurer la réponse (« Présente trois applications avec des exemples pour chacune »).

2.5 Évaluer le Ton et le Niveau d'Expertise

- Vérifiez si la réponse correspond au public visé (débutant, intermédiaire, expert).
- Reformulez le prompt pour spécifier le ton ou le niveau attendu.

Exemple :

- **Prompt initial** : « Explique les vaccins. »
- **Réponse** : Trop technique pour un public général.
- **Correction** : « Explique le fonctionnement des vaccins de manière simple pour des étudiants de lycée. »

---

3. Techniques pour Corriger les Prompts

Une fois les problèmes diagnostiqués, appliquez ces techniques pour ajuster les prompts et obtenir des réponses améliorées.

3.1 Ajouter des Précisions

- Incluez des informations sur le contexte, le public cible, ou les attentes spécifiques.
- **Exemple corrigé** :
  - Avant : « Explique l'énergie solaire. »
  - Après : « Explique comment l'énergie solaire est utilisée dans les maisons individuelles, en mentionnant ses avantages et inconvénients. »

3.2 Structurer le Prompt

- Ajoutez des instructions pour guider l'IA dans la structure de la réponse.
- **Exemple corrigé** :
  - Avant : « Compare les énergies renouvelables. »
  - Après : « Compare l'énergie solaire et l'énergie éolienne en trois points : coûts, avantages environnementaux, et limitations techniques. »

3.3 Réduire les Ambiguïtés

- Remplacez les termes vagues ou ambigus par des termes spécifiques.
- **Exemple corrigé** :
  - Avant : « Décris les réseaux. »
  - Après : « Décris les réseaux de neurones dans le domaine du machine learning. »

3.4 Spécifier le Format de Réponse

- Précisez si vous attendez une liste, un paragraphe, ou un tableau.
- **Exemple corrigé** :
  - Avant : « Parle des sources d'énergie. »
  - Après : « Fais une liste des trois principales sources d'énergie renouvelables avec une brève description pour chacune. »

3.5 Demander des Clarifications Supplémentaires

- Si la réponse reste incomplète, utilisez des questions de suivi pour guider l'IA.
- **Exemple** :

○ Première interaction : « Explique les énergies renouvelables. »
○ Question de suivi : « Peux-tu détailler les avantages spécifiques de l'énergie éolienne pour l'environnement ? »

---

4. Exemples de Prompts Avant et Après Correction

Exemple 1 : Réponse Trop Générale

- **Avant** : « Parle de l'intelligence artificielle. »
- **Problème** : La réponse est trop large.
- **Après** : « Explique les applications de l'intelligence artificielle dans le domaine de la santé, avec des exemples spécifiques. »

Exemple 2 : Réponse Incomplète

- **Avant** : « Compare les énergies renouvelables. »
- **Problème** : La réponse ne couvre pas tous les aspects pertinents.
- **Après** : « Compare l'énergie solaire et éolienne en termes de coût, d'impact environnemental, et de fiabilité. »

Exemple 3 : Réponse Trop Technique

- **Avant** : « Explique le machine learning. »
- **Problème** : Trop technique pour un novice.
- **Après** : « Explique le machine learning de manière simple, comme si tu t'adressais à un débutant. »

Conclusion : Améliorer les Réponses par une Analyse Rigoureuse

Diagnostiquer et corriger les problèmes dans les réponses de l'IA est une étape clé pour optimiser les interactions. En identifiant les symptômes courants, en analysant les causes sous-jacentes, et en appliquant des techniques d'ajustement, les utilisateurs peuvent transformer des prompts inefficaces en outils puissants pour obtenir des réponses précises, pertinentes, et adaptées à leurs besoins spécifiques.

7.2.3 Exemples d'Analyse de Réponses en Profondeur

Analyser les réponses générées par une IA comme ChatGPT est essentiel pour évaluer la qualité, la pertinence, et l'efficacité d'un prompt. Une analyse en profondeur permet d'identifier les points forts et les limites des réponses, et d'ajuster les prompts pour obtenir de meilleurs résultats. Cette section présente des exemples concrets d'analyse de réponses en fonction de différents objectifs et contextes, en mettant en lumière les méthodes pour évaluer et optimiser les interactions avec l'IA.

Exemple 1 : Obtenir une Réponse Factuelle

Contexte :

Un utilisateur pose une question simple pour obtenir des informations factuelles sur une thématique scientifique.

Prompt :

« Quels sont les principaux gaz responsables de l'effet de serre et leurs sources d'émission ? »

Réponse de l'IA :

« Les principaux gaz responsables de l'effet de serre sont le dioxyde de carbone (CO_2), le méthane (CH_4), le protoxyde d'azote (N_2O) et les gaz fluorés. Le CO_2 provient principalement de la combustion des combustibles fossiles, le CH_4 est libéré par l'élevage et la décomposition des déchets organiques, et le N_2O est émis lors de l'utilisation des engrais agricoles. Les gaz fluorés sont utilisés dans les réfrigérants et les aérosols. »

Analyse :

- **Points forts :**
  - La réponse est factuelle et précise.
  - Les sources des gaz sont clairement identifiées.
  - Le contenu est concis et bien structuré.
- **Points à améliorer :**
  - L'IA pourrait inclure des données quantitatives pour renforcer l'exactitude (par exemple, la contribution de chaque gaz en pourcentage).
  - Le contexte géographique ou sectoriel (ex. : industrie, agriculture) n'est pas précisé, ce qui limiterait son utilité dans certains cas.

Correction du Prompt :

« Quels sont les principaux gaz responsables de l'effet de serre, leurs sources d'émission, et leur contribution respective au réchauffement climatique ? Incluez des exemples chiffrés récents. »

Exemple 2 : Obtenir une Analyse Critique

Contexte :

Un étudiant souhaite une analyse comparative des avantages et des inconvénients de l'énergie solaire.

Prompt :

« Quels sont les avantages et les inconvénients de l'énergie solaire ? »

Réponse de l'IA :

« L'énergie solaire présente de nombreux avantages, tels que la réduction des émissions de carbone, l'indépendance énergétique, et la disponibilité illimitée du soleil. Cependant, elle a aussi des inconvénients, notamment le coût initial élevé des panneaux solaires, l'intermittence de la production (dépendance au soleil), et les problèmes liés au recyclage des matériaux. »

Analyse :

- **Points forts** :
  - La réponse fournit un aperçu équilibré des avantages et des inconvénients.
  - Les points abordés sont pertinents et couramment cités dans le débat sur l'énergie solaire.
- **Points à améliorer** :
  - La réponse manque de profondeur et d'exemples concrets.
  - Aucun détail n'est donné sur des solutions potentielles aux inconvénients (ex. : stockage d'énergie, innovations dans les matériaux).

Correction du Prompt :

« Compare en détail les avantages et les inconvénients de l'énergie solaire, avec des exemples concrets et des solutions aux principaux défis. »

Exemple 3 : Créer un Contenu Créatif

Contexte :

Un écrivain cherche à générer une histoire courte inspirante.

Prompt :

« Raconte une histoire courte sur une personne qui surmonte un obstacle grâce à l'intelligence artificielle. »

Réponse de l'IA :

« Marie, une jeune ingénieure, souffrait d'une maladie rare. Grâce à un outil d'intelligence artificielle qu'elle a elle-même développé, elle a découvert un traitement innovant qui a changé sa vie. Elle est devenue une source d'inspiration pour des millions de personnes. »

Analyse :

- **Points forts** :
    - L'histoire suit une structure narrative simple (introduction, obstacle, solution, succès).
    - Elle est inspirante et pertinente pour le thème demandé.
- **Points à améliorer** :
    - L'histoire est trop brève et manque de détails pour captiver pleinement le lecteur.
    - Le rôle exact de l'IA dans la résolution du problème n'est pas bien développé.

Correction du Prompt :

« Rédige une histoire courte et détaillée de 300 mots sur une personne qui surmonte un obstacle grâce à une innovation en intelligence artificielle. Décris comment l'outil a été conçu et son impact sur la vie de la personne. »

Exemple 4 : Rédaction Technique

Contexte :

Un développeur cherche des étapes claires pour résoudre un problème technique.

Prompt :

« Comment configurer un serveur web Apache sur Linux ? »

Réponse de l'IA :

« 1. Installez Apache avec la commande `sudo apt-get install apache2`.
2. Vérifiez que le service fonctionne avec `sudo systemctl status apache2`.
3. Configurez les fichiers de configuration dans `/etc/apache2/`.
4. Redémarrez Apache avec `sudo systemctl restart apache2`. »

Analyse :

- **Points forts** :
    - La réponse est claire, concise, et suit une progression logique.
    - Les commandes techniques fournies sont correctes.
- **Points à améliorer** :
    - La réponse manque d'explications détaillées sur les étapes (par exemple, la configuration des hôtes virtuels).
    - Elle n'aborde pas les éventuelles erreurs ou solutions de dépannage.

Correction du Prompt :

« Explique étape par étape comment configurer un serveur web Apache sur Linux, y compris la configuration des hôtes virtuels, la gestion des permissions, et les solutions aux erreurs courantes. »

Exemple 5 : Répondre à une Question Ambiguë

Contexte :

Un utilisateur pose une question vague sans spécifier l'objectif ou le contexte.

Prompt :

« Parle-moi de la technologie. »

Réponse de l'IA :

« La technologie englobe une large gamme d'outils et de dispositifs qui permettent aux humains de résoudre des problèmes ou d'améliorer leur vie. Elle inclut des innovations comme l'intelligence artificielle, les smartphones, et l'Internet des objets. »

Analyse :

- **Points forts** :
  - La réponse fournit une définition générale de la technologie.
  - Elle mentionne des exemples pertinents.
- **Points à améliorer** :
  - La réponse est trop générale et ne répond pas à une intention précise.
  - L'utilisateur pourrait attendre une analyse spécifique (impact social, historique, ou futur).

Correction du Prompt :

« Donne une analyse des impacts sociaux de la technologie moderne, en te concentrant sur l'intelligence artificielle et les smartphones. »

Méthodologie d'Analyse et Amélioration des Prompts

1. **Évaluer la Qualité de la Réponse** :
   - La réponse est-elle pertinente par rapport à l'objectif initial ?
   - La structure est-elle claire et bien organisée ?
   - Les informations fournies sont-elles précises, complètes et détaillées ?
2. **Identifier les Lacunes** :
   - Les points-clés ont-ils été omis ?
   - La réponse manque-t-elle de profondeur ou de détails ?
   - Y a-t-il des éléments inutiles ou hors sujet ?
3. **Reformuler le Prompt** :

- ○ Ajoutez des détails pour réduire l'ambiguïté.
- ○ Spécifiez le niveau de détail attendu (ex. : longueur, exemples, analyse critique).
- ○ Indiquez le format souhaité (ex. : liste, paragraphe, tableau).

Conclusion : L'Art d'Analyser et d'Optimiser les Réponses

L'analyse en profondeur des réponses de l'IA permet d'identifier les forces et faiblesses d'un prompt et de perfectionner son utilisation. Grâce à des ajustements méthodiques, les utilisateurs peuvent transformer des réponses génériques en résultats précis, détaillés, et directement exploitables. Cette compétence est essentielle pour tirer pleinement parti des capacités d'une IA dans des contextes variés, qu'ils soient informatifs, créatifs, ou techniques.

7.3.1 Comment Évaluer le Succès d'un Prompt

L'évaluation du succès d'un prompt est essentielle pour optimiser les interactions avec une intelligence artificielle (IA) comme ChatGPT. Mesurer la performance d'un prompt permet de déterminer s'il a atteint son objectif, d'identifier les points d'amélioration et de garantir que les réponses générées sont pertinentes, précises et adaptées au contexte. Dans cette section, nous explorons les critères et méthodes pour évaluer le succès d'un prompt.

---

1. Définir les Critères de Succès d'un Prompt

Avant d'évaluer un prompt, il est crucial de déterminer les critères qui définissent son succès. Ces critères varient selon les objectifs spécifiques du prompt, mais les aspects suivants sont généralement pertinents :

1. **Pertinence de la Réponse** :
   - La réponse correspond-elle au sujet et à l'intention du prompt ?
   - Par exemple, un prompt demandant des conseils pour améliorer la productivité doit générer des suggestions pertinentes et applicables.
2. **Précision et Exactitude** :
   - La réponse est-elle correcte sur le plan factuel ?
   - Pour un prompt technique ou scientifique, les informations doivent être exactes et validées par des sources fiables.
3. **Clarté et Compréhensibilité** :
   - La réponse est-elle facile à comprendre et bien structurée ?
   - Par exemple, un prompt pédagogique doit produire une réponse adaptée au niveau de compréhension de l'audience.
4. **Exhaustivité** :
   - La réponse couvre-t-elle tous les aspects de la question posée ?
   - Un prompt demandant une comparaison entre deux concepts doit inclure des arguments pour les deux parties, ainsi qu'une conclusion.
5. **Adaptation au Ton ou au Style** :
   - La réponse respecte-t-elle le ton ou le style demandé ?
   - Un prompt demandant un ton humoristique ou un format académique doit produire une réponse cohérente avec ces attentes.
6. **Actionnabilité** (si pertinent) :
   - La réponse fournit-elle des recommandations concrètes ou des étapes claires ?
   - Pour un prompt demandant des conseils pratiques, la réponse doit inclure des suggestions applicables.

---

2. Méthodes pour Évaluer le Succès d'un Prompt

Une fois les critères de succès définis, vous pouvez utiliser différentes méthodes pour évaluer la performance d'un prompt.

A. Comparer la Réponse avec les Objectifs du Prompt

- **Méthode** : Analysez si la réponse correspond à ce que vous attendiez.
- **Exemple** :
  - Prompt : « Explique les avantages de l'énergie solaire en 100 mots. »
  - **Évaluation** : Vérifiez si la réponse respecte la limite de mots, aborde les avantages spécifiques (écologie, coût réduit) et reste concise.

B. Utiliser une Grille d'Évaluation

- **Méthode** : Établissez une grille de notation basée sur les critères définis (pertinence, précision, clarté, etc.) et attribuez une note pour chaque critère.
- **Exemple** :
  - Pertinence : 4/5
  - Précision : 5/5
  - Clarté : 3/5
  - Exhaustivité : 4/5
  - Note finale : 16/20

C. Tester les Variations du Prompt

- **Méthode** : Reformulez le prompt pour explorer si une variante produit une réponse meilleure ou plus précise.
- **Exemple** :
  - Variante 1 : « Quels sont les trois principaux avantages de l'énergie solaire pour les particuliers ? »
  - Variante 2 : « Donne une liste des avantages écologiques et économiques de l'énergie solaire. »
  - Évaluation : Comparez les réponses pour voir laquelle est la plus pertinente et complète.

D. Considérer la Satisfaction de l'Audience

- **Méthode** : Si le prompt est utilisé pour générer du contenu destiné à un public (articles, guides, etc.), évaluez la réaction du public.
- **Exemple** :
  - Les lecteurs trouvent-ils le contenu informatif ?
  - Les clients utilisent-ils les recommandations fournies ?

E. Vérifier la Cohérence avec les Instructions

- **Méthode** : Assurez-vous que la réponse respecte strictement les directives incluses dans le prompt.
- **Exemple** :
  - Prompt : « Rédige un texte formel expliquant les bases de la blockchain. »
  - **Évaluation** : Si le ton est familier ou si des détails techniques sont omis, le prompt n'a pas réussi à guider l'IA correctement.

---

3. Indicateurs Clés pour Mesurer le Succès

Voici des indicateurs mesurables qui permettent de quantifier le succès d'un prompt :

1. **Taux d'Exactitude** :
   - Combien de faits corrects ou d'éléments demandés sont inclus dans la réponse ?
   - Exemple : Si le prompt demande trois avantages et que seulement deux sont mentionnés, le taux d'exactitude est de 66 %.
2. **Taux de Pertinence** :
   - La réponse aborde-t-elle directement la question posée ?
   - Exemple : Une réponse qui s'écarte du sujet montre un faible taux de pertinence.
3. **Temps Nécessaire pour Réviser** :
   - Combien de modifications ou de reformulations sont nécessaires pour rendre la réponse utilisable ?
   - Moins il y a de corrections nécessaires, plus le prompt est efficace.
4. **Engagement ou Satisfaction de l'Audience** :
   - Si la réponse est destinée à un public, analysez les retours (commentaires, likes, partages) pour évaluer sa pertinence.

---

4. Stratégies pour Améliorer un Prompt Non Optimal

Si un prompt ne produit pas une réponse satisfaisante, voici des stratégies pour l'améliorer :

1. **Ajoutez des Détails ou un Contexte Supplémentaire** :
   - **Exemple** : Transformez « Explique l'énergie solaire » en « Explique comment l'énergie solaire est utilisée pour réduire les coûts énergétiques dans les maisons individuelles. »
2. **Précisez le Format ou le Style Attendues** :
   - **Exemple** : Transformez « Donne des conseils pour l'hygiène du sommeil » en « Fais une liste de cinq conseils pratiques pour améliorer l'hygiène du sommeil. »
3. **Divisez les Questions Complexes** :
   - **Exemple** : Transformez « Explique les impacts économiques et environnementaux de l'énergie solaire » en deux prompts distincts :
     - « Quels sont les impacts économiques de l'énergie solaire ? »
     - « Quels sont les impacts environnementaux de l'énergie solaire ? »
4. **Testez des Variantes et Comparez les Résultats** :
   - Essayez différentes formulations pour voir laquelle produit la réponse la plus pertinente.

---

5. Étude de Cas : Évaluer le Succès d'un Prompt

Situation : Vous souhaitez obtenir une explication claire sur l'impact de l'intelligence artificielle dans le domaine de la santé.

Prompt Initial :

- « Explique l'impact de l'intelligence artificielle. »
- **Résultat** : La réponse est trop large et inclut des informations sur plusieurs domaines (santé, éducation, finance).

Évaluation :

- Pertinence : 2/5 (trop général, manque de focus sur la santé).
- Précision : 4/5 (les informations sont correctes mais dispersées).
- Clarté : 3/5 (la structure est confuse).

Prompt Révisé :

- « Explique l'impact de l'intelligence artificielle dans le diagnostic médical et donne des exemples concrets. »
- **Résultat** : La réponse est précise, claire, et inclut des exemples comme l'analyse d'imageries médicales ou les algorithmes de détection précoce.

Nouvelle Évaluation :

- Pertinence : 5/5 (focalisé sur la santé et le diagnostic).
- Précision : 5/5 (les exemples sont pertinents et exacts).
- Clarté : 5/5 (structure logique, facile à suivre).

---

6. Conclusion : Mesurer le Succès pour Améliorer Continuellement les Prompts

Évaluer le succès d'un prompt est un processus itératif qui combine des critères objectifs (pertinence, précision, clarté) et des indicateurs de performance mesurables (taux d'exactitude, engagement). En analysant les réponses générées, en testant différentes formulations, et en adaptant les prompts en fonction des objectifs, il est possible d'améliorer continuellement leur efficacité.

Cette démarche garantit des interactions optimales avec l'IA, augmentant la pertinence et l'utilité des réponses pour répondre aux besoins spécifiques de chaque utilisateur.

7.3.2 Mesurer l'Impact des Prompts sur la Satisfaction Utilisateur

La satisfaction de l'utilisateur est un indicateur clé pour évaluer l'efficacité des prompts. Si un prompt est bien conçu, il génère des réponses pertinentes, précises, et adaptées aux attentes, contribuant ainsi à une expérience utilisateur positive. Mesurer cet impact nécessite d'identifier des critères clairs, d'utiliser des outils adaptés, et de recueillir des retours pertinents pour affiner les prompts. Cette section explore les méthodes pour évaluer l'impact des prompts sur la satisfaction utilisateur.

---

1. Pourquoi Mesurer la Satisfaction Utilisateur ?

1. **Optimiser l'Expérience** :
   - La satisfaction utilisateur reflète l'alignement entre les attentes initiales et les résultats obtenus. Des prompts performants conduisent à des interactions fluides et productives avec l'IA.
2. **Évaluer la Qualité des Réponses** :
   - Un prompt efficace génère des réponses qui répondent directement aux besoins de l'utilisateur, tant sur le fond (pertinence) que sur la forme (clarté, structure).
3. **Améliorer les Prompts à Long Terme** :
   - L'évaluation de la satisfaction permet d'identifier les forces et les faiblesses des prompts, et de les ajuster pour des résultats optimaux.

---

2. Méthodes pour Mesurer la Satisfaction Utilisateur

2.1 Évaluation Directe par l'Utilisateur

- **Questionnaires et Feedbacks** :
  - Après chaque interaction, demandez aux utilisateurs d'évaluer leur satisfaction avec la réponse générée.
  - Exemple de questions :
    - « La réponse était-elle pertinente par rapport à votre demande ? » (Échelle de 1 à 5)
    - « Étiez-vous satisfait de la clarté et de la précision de la réponse ? » (Oui/Non)
  - **Avantage** : Feedback immédiat et direct, facile à analyser.
  - **Limite** : Les réponses peuvent être biaisées par l'humeur ou le contexte de l'utilisateur.
- **Indicateurs de Satisfaction Générale** :
  - Mesurez des éléments comme :
    - Le temps pris pour reformuler un prompt.
    - Le nombre de tentatives nécessaires pour obtenir une réponse satisfaisante.
    - La fréquence des interactions positives (ex. : « Très satisfait »).

2.2 Analyse de la Qualité des Réponses

- **Pertinence des Réponses** :
  - ○ Mesurez si la réponse obtenue est alignée avec l'intention initiale du prompt.
  - ○ Critères :
    - La réponse est-elle directement liée au sujet du prompt ?
    - Inclut-elle les détails demandés ?
  - ○ **Exemple** : Si le prompt demande « Donne trois avantages de l'énergie solaire », mais que la réponse reste générale ou ne fournit pas trois points distincts, cela reflète un écart de performance.
- **Clarté et Structure** :
  - ○ Analysez si les réponses sont bien organisées, compréhensibles et sans ambiguïtés.
  - ○ **Indicateurs** :
    - Utilisation de listes, de paragraphes bien structurés.
    - Absence de confusion ou de hors sujet.
- **Complétude des Réponses** :
  - ○ Évaluez si la réponse couvre tous les aspects de la demande initiale.
  - ○ **Exemple** : Un prompt demandant « Explique les causes et conséquences du réchauffement climatique » doit inclure à la fois les causes et les conséquences, sinon la satisfaction est impactée.

2.3 Indicateurs de Performance des Prompts

Pour mesurer l'impact des prompts sur la satisfaction utilisateur, il est utile d'utiliser des indicateurs mesurables et comparables.

1. **Taux de Satisfaction** :
   - ○ **Définition** : Pourcentage d'utilisateurs déclarant être satisfaits ou très satisfaits des réponses obtenues.
   - ○ **Méthode** : Collectez les réponses à des questions comme « Étiez-vous satisfait de la réponse ? » et calculez le pourcentage de réponses positives.
2. **Taux de Reformulation des Prompts** :
   - ○ **Définition** : Pourcentage de fois où l'utilisateur a dû reformuler un prompt pour obtenir une réponse satisfaisante.
   - ○ **Indication** : Un taux élevé peut signaler un problème dans la formulation initiale du prompt ou dans la compréhension de l'IA.
3. **Temps Moyen par Interaction** :
   - ○ **Définition** : Temps moyen nécessaire pour obtenir une réponse satisfaisante après la formulation d'un prompt.
   - ○ **Indication** : Plus ce temps est court, plus l'expérience utilisateur est fluide.
4. **Indice de Complétude de la Réponse** :
   - ○ **Définition** : Pourcentage de réponses qui couvrent tous les éléments demandés dans le prompt.

- Méthode : Analysez un échantillon de réponses et évaluez si elles sont complètes (ex. : contiennent tous les éléments requis par le prompt).

---

3. Techniques pour Collecter les Données de Satisfaction

3.1 Utilisation de Formulaires Post-Interaction

- Intégrez des questionnaires courts après chaque interaction pour demander un retour immédiat.
  - Exemple : « La réponse a-t-elle répondu à vos attentes ? » (Oui/Non/Partiellement).

3.2 Intégration de Fonctionnalités de Notation

- Ajoutez une fonctionnalité de notation dans l'interface utilisateur.
  - Exemple : « Donnez une note de 1 à 5 sur la qualité de la réponse. »

3.3 Analyse Automatisée des Logs

- Analysez les journaux d'interaction pour détecter des motifs de satisfaction ou d'insatisfaction.
  - Exemples de métriques :
    - Nombre de requêtes par session.
    - Fréquence des prompts reformulés.

---

4. Exemples de Scénarios d'Évaluation

1. Cas 1 : Recherche d'Informations Techniques
   - Prompt : « Décris les avantages des réseaux de neurones convolutifs dans le traitement des images. »
   - Indicateurs :
     - Pertinence : La réponse explique-t-elle les avantages liés au traitement des images ?
     - Complétude : Tous les principaux avantages (ex. : réduction des paramètres, détection d'objets) sont-ils couverts ?
2. Cas 2 : Demande de Conseils Pratiques
   - Prompt : « Donne des conseils pour améliorer la productivité au travail. »
   - Indicateurs :
     - Satisfaction directe : L'utilisateur trouve-t-il les conseils utiles ?
     - Structure : La réponse est-elle bien organisée en liste ou paragraphes ?
3. Cas 3 : Création de Contenu Créatif
   - Prompt : « Rédige un poème sur la beauté de l'automne. »
   - Indicateurs :
     - Originalité : La réponse est-elle créative et unique ?
     - Pertinence : Le poème traite-t-il bien de l'automne ?

5. Techniques pour Améliorer la Satisfaction Utilisateur

1. **Affiner les Prompts Basés sur les Données** :
   - Utilisez les résultats des évaluations pour identifier les types de prompts qui fonctionnent le mieux et ajustez ceux qui posent problème.
2. **Fournir des Instructions Précises** :
   - Encouragez les utilisateurs à inclure des détails spécifiques dans leurs prompts pour des réponses plus pertinentes.
3. **Intégrer des Exemples Modèles** :
   - Proposez des modèles de prompts optimisés pour guider les utilisateurs dans leurs formulations.
4. **Personnaliser les Réponses** :
   - Adaptez les réponses au public cible (ex. : vulgarisation pour débutants, style technique pour experts).

Conclusion : Mesurer pour Améliorer

Mesurer l'impact des prompts sur la satisfaction utilisateur est essentiel pour garantir des interactions efficaces avec l'IA. En utilisant des outils d'évaluation, des indicateurs précis, et des techniques d'analyse de données, il est possible d'identifier les points faibles des prompts, de les corriger, et d'améliorer l'expérience globale des utilisateurs. Une approche itérative basée sur la collecte de feedback et l'ajustement des formulations garantit une amélioration continue de la pertinence des réponses générées par l'IA.

7.3.3 Exemples Concrets de Succès et d'Échecs de Prompts

L'évaluation des prompts repose sur leur capacité à générer des réponses pertinentes, complètes et alignées avec les attentes de l'utilisateur. Cette section présente des exemples concrets de prompts réussis et échoués, tout en analysant les raisons de leur succès ou de leur échec. Ces exemples fournissent des pistes pour améliorer les formulations et éviter les erreurs courantes.

Exemples de Succès de Prompts

1. **Succès dans un Contexte Technique :**
   - **Prompt** : « Explique le fonctionnement des réseaux de neurones convolutifs (CNN) en traitement d'images, en utilisant un langage simple adapté à des étudiants débutants. »

- Résultat : Une réponse structurée expliquant les concepts clés (filtres, couches de convolution, pooling) avec des exemples concrets comme la reconnaissance d'images dans les applications mobiles.
- Pourquoi c'est un succès :
  - Le prompt est précis (« réseaux de neurones convolutifs », « traitement d'images »).
  - Il spécifie le ton attendu (« langage simple ») et le public cible (« étudiants débutants »).
  - Les termes orientent l'IA vers une explication pédagogique.

2. **Succès dans un Contexte Créatif :**
   - **Prompt** : « Rédige une courte histoire d'aventure se déroulant dans un monde futuriste où les humains cohabitent avec des robots, en explorant le thème de la confiance. »
   - **Résultat** : Une histoire engageante mettant en scène un protagoniste humain et un robot collaborant pour résoudre une crise environnementale.
   - **Pourquoi c'est un succès** :
     - Le prompt établit un cadre clair (« monde futuriste », « cohabitation avec des robots »).
     - Il inclut un thème précis (« confiance ») qui guide le développement narratif.
     - Il donne une indication sur la longueur attendue (« courte histoire »).

3. **Succès dans un Contexte Analytique :**
   - **Prompt** : « Analyse les avantages et inconvénients des énergies renouvelables, en fournissant des exemples spécifiques pour l'énergie solaire et éolienne. »
   - **Résultat** : Une analyse structurée avec des points clairs sur la durabilité et les limites des énergies solaires (coût d'installation, dépendance météorologique) et éoliennes (impact visuel, intermittence).
   - **Pourquoi c'est un succès** :
     - Le prompt oriente l'IA vers une réponse structurée et équilibrée (« avantages et inconvénients »).
     - Les exemples spécifiques (« solaire et éolienne ») permettent de contextualiser la réponse.
     - La demande explicite d'une analyse guide l'IA vers une réponse détaillée.

Exemples d'Échecs de Prompts

1. **Échec par Manque de Précision :**
   - **Prompt** : « Explique l'énergie. »
   - **Résultat** : Une réponse générique qui aborde plusieurs types d'énergie (cinétique, potentielle, solaire) sans approfondir un sujet particulier.
   - **Pourquoi c'est un échec** :
     1. Le sujet est trop large et mal défini (« énergie »).
     2. L'absence de contexte ou de spécification laisse l'IA produire une réponse vague et peu utile.

2. **Comment Corriger :**
   - Reformulez en ajoutant des précisions :
     1. « Explique l'énergie solaire, ses avantages, et ses applications principales. »
3. **Échec par Ambiguïté :**
   - **Prompt** : « Quels sont les réseaux importants aujourd'hui ? »
   - **Résultat** : Une réponse confuse qui mentionne les réseaux sociaux, les réseaux de neurones et les réseaux électriques sans les distinguer.
   - **Pourquoi c'est un échec :**
     1. Le terme « réseaux » est ambigu et peut être interprété de plusieurs façons.
     2. Le manque de spécification dans le prompt laisse l'IA choisir un angle arbitraire.
4. **Comment Corriger :**
   - Spécifiez le type de réseau attendu :
     1. « Quels sont les réseaux sociaux les plus influents aujourd'hui et pourquoi ? »
     2. « Explique le rôle des réseaux électriques dans la transition énergétique. »
5. **Échec par Manque de Contexte :**
   - **Prompt** : « Donne-moi des conseils. »
   - **Résultat** : Une réponse générique avec des conseils sur divers sujets (productivité, santé, finance), sans lien direct avec le besoin de l'utilisateur.
   - **Pourquoi c'est un échec :**
     1. L'absence de contexte ou de sujet empêche l'IA de cibler la demande.
     2. Le prompt est trop vague pour orienter la réponse.
6. **Comment Corriger :**
   - Ajoutez un contexte clair :
     1. « Donne-moi cinq conseils pour améliorer ma productivité au travail. »
7. **Échec par Multiplicité d'Instructions :**
   - **Prompt** : « Explique les énergies renouvelables, parle de leurs avantages et inconvénients, et donne une analyse des politiques mondiales sur le sujet. »
   - **Résultat** : Une réponse désorganisée qui tente d'aborder plusieurs sujets en même temps sans les approfondir.
   - **Pourquoi c'est un échec :**
     1. Le prompt contient plusieurs questions qui ne sont pas structurées, ce qui rend la réponse confuse et incomplète.
8. **Comment Corriger :**
   - Divisez la demande en plusieurs prompts distincts :
     1. « Explique ce que sont les énergies renouvelables. »
     2. « Quels sont les avantages et inconvénients des énergies renouvelables ? »
     3. « Analyse les politiques mondiales sur les énergies renouvelables. »

Analyse des Raisons de Succès et d'Échec

1. **Succès** :
   - **Clarté** : Les prompts réussis précisent le sujet, l'objectif, et parfois le ton ou le style attendu.
   - **Spécificité** : Ils incluent des détails qui limitent les interprétations ambiguës.
   - **Contexte** : Ils fournissent des informations contextuelles pour cadrer la réponse.
2. **Échec** :
   - **Vagueness** : Les prompts trop larges ou non spécifiques entraînent des réponses génériques.
   - **Complexité excessive** : Des instructions multiples ou mal structurées produisent des réponses désorganisées.
   - **Ambiguïté** : Les termes imprécis ou sujets multiples créent de la confusion.

Conseils pour Maximiser les Succès

1. **Soyez Précis** :
   - Indiquez clairement ce que vous attendez de l'IA (ex. : explication, analyse, comparaison).
   - Utilisez des termes spécifiques pour réduire l'ambiguïté.
2. **Ajoutez du Contexte** :
   - Mentionnez le public cible ou le cadre de la réponse attendue.
   - Par exemple, précisez si vous voulez une explication pour des débutants ou une analyse pour des experts.
3. **Structurez les Demandes Complexes** :
   - Divisez les questions complexes en étapes ou en prompts distincts pour éviter les réponses désorganisées.
4. **Testez et Itérez** :
   - Essayez plusieurs variations de prompts pour identifier celle qui produit la réponse la plus satisfaisante.
   - Ajustez progressivement les détails pour affiner les résultats.

Conclusion : Apprendre des Succès et des Échecs

L'étude des succès et des échecs des prompts montre l'importance de la clarté, de la précision, et du contexte. Les prompts réussis se distinguent par leur capacité à orienter l'IA vers des réponses pertinentes et bien structurées, tandis que les échecs soulignent les pièges de la formulation vague ou ambiguë. En suivant ces bonnes pratiques et en tirant des leçons des erreurs, il devient possible de perfectionner l'art de la création de prompts et d'optimiser les interactions avec l'IA.

Chapitre 8 : La Maîtrise Ultime des Prompts

- **8.1 Concevoir des Prompts Révolutionnaires**
  - ○ 8.1.1 Techniques pour dépasser les limites conventionnelles des prompts
  - ○ 8.1.2 Exemples de prompts avant-gardistes et innovants
  - ○ 8.1.3 Expérimentations et itérations créatives
- **8.2 Projet de Synthèse : Créer un Assistant Virtuel Personnalisé**
  - ○ 8.2.1 Concevoir une série de prompts pour un assistant spécifique
  - ○ 8.2.2 Adapter les prompts pour une interaction continue et pertinente
  - ○ 8.2.3 Exercice final de validation : testez et ajustez votre assistant virtuel
- **8.3 Conclusion et Perspectives Futures**
  - ○ 8.3.1 Récapitulatif des connaissances acquises et du chemin parcouru
  - ○ 8.3.2 Perspectives d'évolution de l'interaction avec l'IA et les prompts
  - ○ 8.3.3 Encouragement à poursuivre l'expérimentation et l'innovation

8.1.1 Techniques pour Dépasser les Limites Conventionnelles des Prompts

La maîtrise ultime de la création de prompts repose sur la capacité à dépasser les limites conventionnelles pour exploiter pleinement le potentiel des intelligences artificielles. Cela signifie non seulement formuler des requêtes précises, mais aussi concevoir des prompts innovants qui permettent à l'IA d'explorer des territoires complexes, générer des idées révolutionnaires, ou produire des réponses multidimensionnelles. Dans cette section, nous examinerons des techniques avancées pour concevoir des prompts révolutionnaires qui repoussent les frontières des interactions avec l'IA.

---

1. Incorporer des Prompts Multi-Niveaux pour des Réponses Complexes

Les prompts conventionnels sont souvent limités à une question ou une demande simple. Dépasser ces limites implique d'introduire plusieurs niveaux ou étapes dans un seul prompt pour guider l'IA à travers une réflexion plus structurée.

- **Technique** : Fractionner un sujet complexe en sous-questions ou en étapes dans un seul prompt.
- **Exemple** :
  - **Prompt conventionnel** : « Explique les effets du réchauffement climatique. »
  - **Prompt révolutionnaire** : « Décris d'abord les causes principales du réchauffement climatique. Ensuite, explique ses impacts environnementaux et économiques. Conclus par trois recommandations pour les gouvernements. »
- **Avantage** : Ce type de prompt structure la réponse et force l'IA à aborder le sujet sous plusieurs angles, produisant une réponse plus complète.

---

2. Intégrer des Scénarios Hypothétiques pour Explorer des Possibilités

Les scénarios hypothétiques permettent d'explorer des idées nouvelles ou des contextes imaginaires qui n'ont pas encore été étudiés de manière conventionnelle.

- **Technique** : Utiliser des termes comme « imagine », « suppose », ou « projette » pour placer l'IA dans un contexte fictif ou prospectif.
- **Exemple** :
  - **Prompt conventionnel** : « Quels sont les avantages de l'IA dans l'éducation ? »
  - **Prompt révolutionnaire** : « Imagine un futur où toutes les écoles utilisent des IA comme enseignants principaux. Décris les avantages, les défis, et les impacts sur les étudiants et les enseignants. »
- **Avantage** : En intégrant un scénario fictif, le prompt stimule la créativité et pousse l'IA à envisager des réponses au-delà des faits établis.

---

3. Introduire des Paramètres Multiples pour des Réponses Polyvalentes

En combinant plusieurs critères dans un seul prompt, on peut obtenir des réponses qui croisent différentes dimensions d'un sujet.

- **Technique** : Ajouter des contraintes ou des paramètres spécifiques au prompt pour guider l'IA.
- **Exemple** :
  - **Prompt conventionnel** : « Parle des énergies renouvelables. »
  - **Prompt révolutionnaire** : « Compare les énergies solaire, éolienne et hydraulique en termes de coût, d'efficacité, et d'impact environnemental dans les régions en développement. »
- **Avantage** : Le prompt devient un outil puissant pour produire des réponses comparatives et multifactoriales, utiles dans des contextes professionnels ou académiques.

---

4. Combiner des Perspectives Interdisciplinaires

Pour dépasser les limites traditionnelles, un prompt peut inviter l'IA à aborder un sujet sous plusieurs angles disciplinaires, croisant des domaines tels que la science, la sociologie, l'économie, ou l'éthique.

- **Technique** : Utiliser des phrases qui orientent l'IA vers une réflexion interdisciplinaire.
- **Exemple** :
  - **Prompt conventionnel** : « Explique l'impact des voitures électriques. »
  - **Prompt révolutionnaire** : « Analyse l'impact des voitures électriques sur la société, en abordant les perspectives environnementales, économiques, et sociales. »
- **Avantage** : Ce type de prompt produit une analyse globale, particulièrement utile pour des projets de recherche ou des présentations complexes.

---

5. Exploiter les Cadres Narratifs pour Humaniser les Réponses

En utilisant des prompts basés sur des histoires ou des situations concrètes, on peut obtenir des réponses plus engageantes et mieux contextualisées.

- **Technique** : Demander à l'IA de répondre dans un cadre narratif ou en incarnant un personnage.
- **Exemple** :
  - **Prompt conventionnel** : « Explique les avantages des applications de fitness. »
  - **Prompt révolutionnaire** : « Imagine que tu es un entraîneur personnel. Explique à un client qui débute comment utiliser les applications de fitness pour atteindre ses objectifs en trois étapes simples. »

- **Avantage** : Les réponses deviennent plus personnalisées, engageantes, et adaptées à un contexte humain.

---

6. Créer des Prompts Itératifs et Collaboratifs

Un prompt itératif encourage l'IA à répondre en plusieurs étapes ou à développer des idées par cycles de feedback.

- **Technique** : Inclure des instructions pour que l'IA améliore ou développe davantage ses propres réponses.
- **Exemple** :
  - **Prompt conventionnel** : « Donne-moi des idées de startup technologique. »
  - **Prompt révolutionnaire** : « Propose trois idées de startups technologiques pour résoudre des problèmes environnementaux. Ensuite, détaille l'idée la plus prometteuse en termes de faisabilité et d'impact. »
- **Avantage** : Le processus devient interactif, encourageant une réflexion approfondie et permettant d'itérer sur les idées.

---

7. Utiliser des Langages ou Styles Non Conventionnels

Pour des applications créatives, un prompt peut pousser l'IA à répondre dans un style unique, comme une poésie, un dialogue, ou un rapport technique.

- **Technique** : Préciser le style, le ton ou le format attendu.
- **Exemple** :
  - **Prompt conventionnel** : « Explique la gravité. »
  - **Prompt révolutionnaire** : « Explique le concept de gravité sous forme de poème pour des enfants. »
- **Avantage** : Cela stimule la créativité de l'IA et génère des réponses adaptées à des audiences spécifiques ou des formats originaux.

---

8. Appliquer des Cadres de Résolution de Problèmes

Les prompts peuvent être conçus pour guider l'IA dans une résolution structurée de problèmes complexes.

- **Technique** : Intégrer des méthodologies comme l'analyse SWOT, les étapes de résolution de problèmes, ou le brainstorming.
- **Exemple** :
  - **Prompt conventionnel** : « Comment améliorer la productivité des employés ? »
  - **Prompt révolutionnaire** : « Fais une analyse SWOT pour identifier les forces, faiblesses, opportunités et menaces liées à l'amélioration de la productivité des employés dans une startup. »

- **Avantage** : Le résultat est plus structuré et actionnable, facilitant la prise de décision.

Conseils pour Concevoir des Prompts Révolutionnaires

1. **Soyez Précis et Imaginatif** : Combinez clarté et créativité pour guider l'IA tout en laissant de la place à l'innovation.
2. **Ajoutez des Contraintes ou des Dimensions Multiples** : Les prompts complexes, mais bien cadrés, stimulent des réponses riches et multidimensionnelles.
3. **Utilisez la Collaboration** : Encouragez l'IA à produire des idées, à les affiner et à les développer davantage dans une même interaction.
4. **Incorporez des Contextes Réalistes ou Fictifs** : Les scénarios ou exemples concrets rendent les réponses plus pertinentes et intéressantes.

Conclusion : Aller au-delà des Limites

Dépasser les limites conventionnelles des prompts consiste à transformer des demandes simples en outils puissants capables de stimuler la créativité, d'approfondir l'analyse, et de produire des idées novatrices. En appliquant ces techniques, les utilisateurs peuvent exploiter le plein potentiel des intelligences artificielles pour des résultats enrichissants, précis, et souvent révolutionnaires. Ces approches ne se contentent pas de générer des réponses : elles ouvrent la voie à une nouvelle ère d'interaction productive avec l'IA.

8.1.2 Exemples de Prompts Avant-Gardistes et Innovants

Concevoir des prompts avant-gardistes et innovants consiste à repousser les limites de ce que l'intelligence artificielle peut accomplir en combinant créativité, spécificité, et sophistication. Ces prompts se distinguent par leur capacité à produire des résultats originaux, complexes, ou hautement contextualisés dans des domaines variés. Voici une sélection d'exemples de prompts innovants qui démontrent le potentiel de l'IA dans différents contextes.

1. Prompts pour la Création de Contenu Créatif

Ces prompts exploitent la capacité de l'IA à générer des récits, des idées artistiques, ou des œuvres imaginatives.

Exemple 1 : Scénario Narratif Immersif

- **Prompt** : « Rédige le premier chapitre d'un roman de science-fiction où un astronaute découvre une civilisation extraterrestre capable de communiquer uniquement par la lumière. Inclue des descriptions visuelles détaillées et des dialogues intrigants. »

- **Pourquoi c'est avant-gardiste** : Ce prompt pousse l'IA à mélanger narration, dialogues, et descriptions pour créer une expérience immersive.

Exemple 2 : Œuvre d'Art Imaginative

- **Prompt** : « Imagine une œuvre d'art conceptuelle intitulée 'Le Temps Fragmenté'. Décris la pièce en détails, y compris les matériaux utilisés, l'émotion qu'elle suscite, et l'interprétation qu'un spectateur pourrait en faire. »
- **Pourquoi c'est avant-gardiste** : Ce prompt demande à l'IA d'explorer des idées artistiques abstraites et de proposer une interprétation subjective.

Exemple 3 : Poème Multidimensionnel

- **Prompt** : « Écris un poème en trois strophes où chaque strophe explore un aspect différent de l'univers : le microcosme (cellules et atomes), le macroscosme (galaxies), et l'invisible (concepts et émotions). »
- **Pourquoi c'est avant-gardiste** : Le prompt combine poésie et science pour produire un contenu intellectuellement stimulant.

---

2. Prompts pour l'Innovation Scientifique et Technique

Ces prompts exploitent la capacité de l'IA à réfléchir sur des concepts scientifiques complexes et à proposer des idées novatrices.

Exemple 1 : Hypothèse Scientifique

- **Prompt** : « Propose une hypothèse scientifique expliquant comment la téléportation quantique pourrait être utilisée dans les réseaux de communication à grande échelle. Inclue les défis techniques et éthiques. »
- **Pourquoi c'est avant-gardiste** : Le prompt pousse l'IA à combiner connaissances scientifiques et réflexion critique sur les implications.

Exemple 2 : Conception d'un Prototype

- **Prompt** : « Décris un prototype de maison intelligente qui s'adapte aux émotions des résidents grâce à des capteurs biométriques et une IA prédictive. Donne des détails sur son architecture, ses fonctionnalités, et ses défis techniques. »
- **Pourquoi c'est avant-gardiste** : L'IA est sollicitée pour conceptualiser une innovation technique avec des applications pratiques.

Exemple 3 : Modèle de Résilience Climatique

- **Prompt** : « Imagine une ville résiliente au changement climatique en 2050. Décris son infrastructure, ses technologies d'énergie renouvelable, et ses systèmes de gestion des ressources. »
- **Pourquoi c'est avant-gardiste** : Le prompt demande à l'IA de projeter des solutions innovantes pour relever un défi global.

3. Prompts pour des Applications Professionnelles et Stratégiques

Ces prompts utilisent l'IA pour résoudre des problèmes complexes ou optimiser des processus professionnels.

Exemple 1 : Stratégie d'Entreprise

- **Prompt** : « Crée une stratégie marketing innovante pour une start-up développant des appareils portables qui surveillent la santé mentale. Inclue des idées de campagne publicitaire et des recommandations pour cibler un public millennial. »
- **Pourquoi c'est avant-gardiste** : L'IA est exploitée pour générer des idées stratégiques adaptées à un marché de niche.

Exemple 2 : Optimisation de Processus

- **Prompt** : « Propose une méthode pour automatiser la gestion des flux logistiques dans une entreprise e-commerce utilisant l'IA et l'apprentissage automatique. »
- **Pourquoi c'est avant-gardiste** : Le prompt demande des solutions techniques pour résoudre des problèmes concrets.

Exemple 3 : Prévision Économique

- **Prompt** : « Analyse les tendances économiques actuelles et prévois l'impact potentiel de l'intelligence artificielle sur l'emploi dans les dix prochaines années. Inclue des recommandations pour les décideurs politiques. »
- **Pourquoi c'est avant-gardiste** : Ce prompt combine analyse de données et réflexion stratégique.

---

4. Prompts pour l'Éducation et la Vulgarisation

Ces prompts demandent à l'IA de transformer des concepts complexes en outils pédagogiques ou de vulgarisation accessibles.

Exemple 1 : Simulation Éducative

- **Prompt** : « Crée un dialogue fictif entre une molécule d'oxygène et une molécule de carbone pour expliquer le cycle du carbone aux élèves de collège. »
- **Pourquoi c'est avant-gardiste** : Ce prompt demande à l'IA de vulgariser un concept scientifique sous une forme créative et éducative.

Exemple 2 : Guide Interactif

- **Prompt** : « Écris un tutoriel interactif pour enseigner les bases de la programmation Python en utilisant des exemples concrets et des exercices pratiques pour les débutants. »

- **Pourquoi c'est avant-gardiste** : L'IA doit structurer un contenu pédagogique progressif et engageant.

Exemple 3 : Exploration Philosophique

- **Prompt** : « Explique la philosophie stoïcienne à travers une conversation imaginaire entre Marc Aurèle et une adolescente du XXIe siècle. »
- **Pourquoi c'est avant-gardiste** : Le prompt combine vulgarisation philosophique et création narrative.

---

5. Prompts pour l'Exploration Éthique et Sociale

Ces prompts sollicitent l'IA pour réfléchir sur des dilemmes éthiques et sociétaux ou proposer des visions alternatives.

Exemple 1 : Débat Éthique

- **Prompt** : « Rédige un débat fictif entre un défenseur de l'intelligence artificielle et un sceptique, discutant des implications éthiques de l'IA dans la médecine. »
- **Pourquoi c'est avant-gardiste** : Ce prompt met l'IA au défi de simuler une conversation complexe et argumentée.

Exemple 2 : Scénario Utopique

- **Prompt** : « Imagine une société où toutes les décisions politiques sont prises par une IA impartiale. Décris les avantages et les inconvénients de ce système. »
- **Pourquoi c'est avant-gardiste** : Le prompt explore un concept controversé avec des implications sociétales profondes.

Exemple 3 : Recommandations pour l'Équité

- **Prompt** : « Propose des recommandations pour garantir l'équité dans l'accès à l'intelligence artificielle dans les pays en développement. »
- **Pourquoi c'est avant-gardiste** : Ce prompt exige une réflexion sur des questions éthiques et des solutions pratiques.

---

6. Prompts pour l'Exploration Multidimensionnelle

Ces prompts demandent une analyse ou une création sur plusieurs niveaux d'interprétation, mêlant disciplines ou perspectives.

Exemple 1 : Fusion des Disciplines

- **Prompt** : « Imagine une conférence où des experts en biologie, en philosophie et en intelligence artificielle discutent de l'impact de la conscience artificielle sur notre compréhension de la vie. Écris une synthèse des points de vue. »

- **Pourquoi c'est avant-gardiste** : Le prompt exige de l'IA qu'elle combine des idées de disciplines variées.

Exemple 2 : Vision à Long Terme

- **Prompt** : « Décris comment la technologie, la culture, et l'environnement pourraient évoluer ensemble au cours des 500 prochaines années. »
- **Pourquoi c'est avant-gardiste** : Ce prompt pousse l'IA à synthétiser des tendances sur plusieurs dimensions temporelles et thématiques.

Exemple 3 : Analyse Fictionnelle

- **Prompt** : « Si les personnages de Shakespeare vivaient dans le monde moderne, comment Hamlet utiliserait-il les réseaux sociaux pour exprimer son dilemme existentiel ? »
- **Pourquoi c'est avant-gardiste** : Ce prompt demande à l'IA d'explorer une fusion entre littérature classique et technologie moderne.

Conclusion : Pousser les Limites avec des Prompts Innovants

Les prompts avant-gardistes et innovants démontrent comment l'IA peut être utilisée pour explorer des idées nouvelles, résoudre des problèmes complexes, et générer des contenus captivants. En combinant créativité, précision, et sophistication, ces exemples illustrent les vastes possibilités offertes par une interaction réfléchie avec l'IA. Ces prompts repoussent les limites traditionnelles, ouvrant des portes vers des solutions inédites et des créations visionnaires.

8.1.2 Exemples de Prompts Avant-Gardistes et Innovants

Concevoir des prompts avant-gardistes et innovants consiste à repousser les limites de ce que l'intelligence artificielle peut accomplir en combinant créativité, spécificité, et sophistication. Ces prompts se distinguent par leur capacité à produire des résultats originaux, complexes, ou hautement contextualisés dans des domaines variés. Voici une sélection d'exemples de prompts innovants qui démontrent le potentiel de l'IA dans différents contextes.

---

1. Prompts pour la Création de Contenu Créatif

Ces prompts exploitent la capacité de l'IA à générer des récits, des idées artistiques, ou des œuvres imaginatives.

Exemple 1 : Scénario Narratif Immersif

- **Prompt** : « Rédige le premier chapitre d'un roman de science-fiction où un astronaute découvre une civilisation extraterrestre capable de communiquer uniquement par la lumière. Inclue des descriptions visuelles détaillées et des dialogues intrigants. »
- **Pourquoi c'est avant-gardiste** : Ce prompt pousse l'IA à mélanger narration, dialogues, et descriptions pour créer une expérience immersive.

Exemple 2 : Œuvre d'Art Imaginative

- **Prompt** : « Imagine une œuvre d'art conceptuelle intitulée 'Le Temps Fragmenté'. Décris la pièce en détails, y compris les matériaux utilisés, l'émotion qu'elle suscite, et l'interprétation qu'un spectateur pourrait en faire. »
- **Pourquoi c'est avant-gardiste** : Ce prompt demande à l'IA d'explorer des idées artistiques abstraites et de proposer une interprétation subjective.

Exemple 3 : Poème Multidimensionnel

- **Prompt** : « Écris un poème en trois strophes où chaque strophe explore un aspect différent de l'univers : le microcosme (cellules et atomes), le macroscosme (galaxies), et l'invisible (concepts et émotions). »
- **Pourquoi c'est avant-gardiste** : Le prompt combine poésie et science pour produire un contenu intellectuellement stimulant.

---

2. Prompts pour l'Innovation Scientifique et Technique

Ces prompts exploitent la capacité de l'IA à réfléchir sur des concepts scientifiques complexes et à proposer des idées novatrices.

Exemple 1 : Hypothèse Scientifique

- **Prompt** : « Propose une hypothèse scientifique expliquant comment la téléportation quantique pourrait être utilisée dans les réseaux de communication à grande échelle. Inclue les défis techniques et éthiques. »
- **Pourquoi c'est avant-gardiste** : Le prompt pousse l'IA à combiner connaissances scientifiques et réflexion critique sur les implications.

Exemple 2 : Conception d'un Prototype

- **Prompt** : « Décris un prototype de maison intelligente qui s'adapte aux émotions des résidents grâce à des capteurs biométriques et une IA prédictive. Donne des détails sur son architecture, ses fonctionnalités, et ses défis techniques. »
- **Pourquoi c'est avant-gardiste** : L'IA est sollicitée pour conceptualiser une innovation technique avec des applications pratiques.

Exemple 3 : Modèle de Résilience Climatique

- **Prompt** : « Imagine une ville résiliente au changement climatique en 2050. Décris son infrastructure, ses technologies d'énergie renouvelable, et ses systèmes de gestion des ressources. »
- **Pourquoi c'est avant-gardiste** : Le prompt demande à l'IA de projeter des solutions innovantes pour relever un défi global.

---

3. Prompts pour des Applications Professionnelles et Stratégiques

Ces prompts utilisent l'IA pour résoudre des problèmes complexes ou optimiser des processus professionnels.

Exemple 1 : Stratégie d'Entreprise

- **Prompt** : « Crée une stratégie marketing innovante pour une start-up développant des appareils portables qui surveillent la santé mentale. Inclue des idées de campagne publicitaire et des recommandations pour cibler un public millennial. »
- **Pourquoi c'est avant-gardiste** : L'IA est exploitée pour générer des idées stratégiques adaptées à un marché de niche.

Exemple 2 : Optimisation de Processus

- **Prompt** : « Propose une méthode pour automatiser la gestion des flux logistiques dans une entreprise e-commerce utilisant l'IA et l'apprentissage automatique. »
- **Pourquoi c'est avant-gardiste** : Le prompt demande des solutions techniques pour résoudre des problèmes concrets.

Exemple 3 : Prévision Économique

- **Prompt** : « Analyse les tendances économiques actuelles et prévois l'impact potentiel de l'intelligence artificielle sur l'emploi dans les dix prochaines années. Inclue des recommandations pour les décideurs politiques. »
- **Pourquoi c'est avant-gardiste** : Ce prompt combine analyse de données et réflexion stratégique.

---

4. Prompts pour l'Éducation et la Vulgarisation

Ces prompts demandent à l'IA de transformer des concepts complexes en outils pédagogiques ou de vulgarisation accessibles.

Exemple 1 : Simulation Éducative

- **Prompt** : « Crée un dialogue fictif entre une molécule d'oxygène et une molécule de carbone pour expliquer le cycle du carbone aux élèves de collège. »
- **Pourquoi c'est avant-gardiste** : Ce prompt demande à l'IA de vulgariser un concept scientifique sous une forme créative et éducative.

Exemple 2 : Guide Interactif

- **Prompt** : « Écris un tutoriel interactif pour enseigner les bases de la programmation Python en utilisant des exemples concrets et des exercices pratiques pour les débutants. »
- **Pourquoi c'est avant-gardiste** : L'IA doit structurer un contenu pédagogique progressif et engageant.

Exemple 3 : Exploration Philosophique

- **Prompt** : « Explique la philosophie stoïcienne à travers une conversation imaginaire entre Marc Aurèle et une adolescente du XXIe siècle. »
- **Pourquoi c'est avant-gardiste** : Le prompt combine vulgarisation philosophique et création narrative.

5. Prompts pour l'Exploration Éthique et Sociale

Ces prompts sollicitent l'IA pour réfléchir sur des dilemmes éthiques et sociétaux ou proposer des visions alternatives.

Exemple 1 : Débat Éthique

- **Prompt** : « Rédige un débat fictif entre un défenseur de l'intelligence artificielle et un sceptique, discutant des implications éthiques de l'IA dans la médecine. »
- **Pourquoi c'est avant-gardiste** : Ce prompt met l'IA au défi de simuler une conversation complexe et argumentée.

Exemple 2 : Scénario Utopique

- **Prompt** : « Imagine une société où toutes les décisions politiques sont prises par une IA impartiale. Décris les avantages et les inconvénients de ce système. »
- **Pourquoi c'est avant-gardiste** : Le prompt explore un concept controversé avec des implications sociétales profondes.

Exemple 3 : Recommandations pour l'Équité

- **Prompt** : « Propose des recommandations pour garantir l'équité dans l'accès à l'intelligence artificielle dans les pays en développement. »
- **Pourquoi c'est avant-gardiste** : Ce prompt exige une réflexion sur des questions éthiques et des solutions pratiques.

6. Prompts pour l'Exploration Multidimensionnelle

Ces prompts demandent une analyse ou une création sur plusieurs niveaux d'interprétation, mêlant disciplines ou perspectives.

Exemple 1 : Fusion des Disciplines

- **Prompt** : « Imagine une conférence où des experts en biologie, en philosophie et en intelligence artificielle discutent de l'impact de la conscience artificielle sur notre compréhension de la vie. Écris une synthèse des points de vue. »
- **Pourquoi c'est avant-gardiste** : Le prompt exige de l'IA qu'elle combine des idées de disciplines variées.

Exemple 2 : Vision à Long Terme

- **Prompt** : « Décris comment la technologie, la culture, et l'environnement pourraient évoluer ensemble au cours des 500 prochaines années. »
- **Pourquoi c'est avant-gardiste** : Ce prompt pousse l'IA à synthétiser des tendances sur plusieurs dimensions temporelles et thématiques.

Exemple 3 : Analyse Fictionnelle

- **Prompt** : « Si les personnages de Shakespeare vivaient dans le monde moderne, comment Hamlet utiliserait-il les réseaux sociaux pour exprimer son dilemme existentiel ? »
- **Pourquoi c'est avant-gardiste** : Ce prompt demande à l'IA d'explorer une fusion entre littérature classique et technologie moderne.

Conclusion : Pousser les Limites avec des Prompts Innovants

Les prompts avant-gardistes et innovants démontrent comment l'IA peut être utilisée pour explorer des idées nouvelles, résoudre des problèmes complexes, et générer des contenus captivants. En combinant créativité, précision, et sophistication, ces exemples illustrent les vastes possibilités offertes par une interaction réfléchie avec l'IA. Ces prompts repoussent les limites traditionnelles, ouvrant des portes vers des solutions inédites et des créations visionnaires.

8.1.3 Expérimentations et Itérations Créatives

La maîtrise ultime des prompts implique une capacité à explorer des formulations nouvelles et innovantes. Les expérimentations et itérations créatives permettent d'élargir les possibilités d'interaction avec l'IA, en produisant des réponses inattendues, complexes, ou encore plus adaptées aux besoins spécifiques de l'utilisateur. Cette section propose des techniques pour expérimenter avec les prompts, des exemples concrets, et une méthodologie pour itérer de manière créative.

---

1. Pourquoi Expérimenter avec les Prompts ?

Les modèles d'IA comme ChatGPT fonctionnent de manière flexible, ce qui signifie qu'ils peuvent produire des réponses variées pour un même sujet en fonction de la formulation du prompt. L'expérimentation permet :

- **D'explorer des perspectives inédites** : Un prompt reformulé peut dévoiler des aspects du sujet qui n'auraient pas été abordés autrement.
- **De perfectionner la précision des réponses** : Tester différentes formulations aide à identifier celles qui génèrent les résultats les plus pertinents.
- **D'encourager la créativité** : Les variations de prompts favorisent des réponses plus imaginatives ou originales.
- **D'apprendre les limites du modèle** : L'expérimentation met en lumière les capacités et les points faibles de l'IA.

---

2. Techniques pour Expérimenter avec les Prompts

1. **Varier la Formulation** :
   - Utilisez différentes structures pour le même sujet afin de voir comment l'IA adapte sa réponse.
   - Exemple : Pour le sujet « avantages de l'énergie solaire » :
     - Variante 1 : « Quels sont les avantages économiques de l'énergie solaire pour les foyers individuels ? »
     - Variante 2 : « Décris comment l'énergie solaire peut réduire les factures d'électricité des ménages. »
     - Variante 3 : « Liste cinq bénéfices de l'énergie solaire pour les propriétaires. »
2. **Modifier le Style ou le Ton** :
   - Demandez des réponses dans différents styles pour obtenir des variations intéressantes.
   - Exemple : Pour expliquer un concept scientifique :
     - « Explique le fonctionnement des trous noirs avec un ton humoristique. »
     - « Fais une analogie entre les trous noirs et un aspirateur géant. »
     - « Rédige une explication académique des trous noirs avec des termes techniques. »

3. **Ajouter des Contraintes ou des Directives** :
   - Limitez la longueur, précisez le format, ou imposez des critères spécifiques.
   - Exemple : « Décris le processus de photosynthèse en 50 mots. » ou « Explique la photosynthèse comme si tu t'adressais à un enfant de 8 ans. »
4. **Incorporer des Contextes ou Scénarios Inédits** :
   - Changez le contexte pour stimuler des réponses créatives.
   - Exemple : « Imagine une société où les robots contrôlent les ressources naturelles. Comment l'intelligence artificielle gérerait-elle l'énergie solaire ? »
5. **Expérimenter avec des Questions Inversées** :
   - Posez la question sous un angle opposé pour explorer une perspective différente.
   - Exemple : Pour le sujet « bienfaits des énergies renouvelables » :
     - Variante standard : « Quels sont les avantages des énergies renouvelables ? »
     - Variante inversée : « Quels problèmes pourraient survenir avec une dépendance totale aux énergies renouvelables ? »

---

3. Itérations Créatives : Méthodologie

L'itération créative consiste à affiner les prompts en fonction des résultats obtenus, jusqu'à ce que la réponse corresponde parfaitement aux attentes. Voici un processus en quatre étapes :

1. **Tester un Prompt de Base** :
   - Formulez un prompt initial sans trop de détails pour voir comment l'IA interprète la demande.
   - Exemple : « Décris les impacts de l'intelligence artificielle sur le travail. »
2. **Analyser la Réponse** :
   - Évaluez la pertinence, la clarté, et la profondeur de la réponse.
   - Posez-vous des questions : La réponse correspond-elle à mes attentes ? Qu'est-ce qui manque ou pourrait être amélioré ?
3. **Ajouter des Détails ou Modifier la Structure** :
   - Reformulez le prompt pour ajouter des précisions ou des contraintes.
   - Exemple : « Analyse les impacts de l'intelligence artificielle sur les métiers du marketing, en distinguant les opportunités et les risques. »
4. **Tester des Variantes** :
   - Créez plusieurs versions du prompt en modifiant un élément à la fois (ton, style, contexte, longueur).
   - Exemple :
     - Variante 1 : « Décris l'impact de l'IA sur les métiers créatifs, comme la conception graphique. »
     - Variante 2 : « Liste trois façons dont l'IA modifie les processus de recrutement. »
     - Variante 3 : « Imagine un futur où tous les métiers manuels sont remplacés par des robots. Quels seraient les défis pour l'humanité ? »

4. Exemples Concrets d'Expérimentation

1. **Sujet : Création d'un Scénario Fictionnel**
   - **Prompt Initial** : « Imagine un monde où les humains vivent dans des villes flottantes. »
   - **Variantes Expérimentées** :
     - « Décris les défis technologiques pour construire des villes flottantes. »
     - « Imagine la vie quotidienne dans une ville flottante en 2123. »
     - « Raconte une histoire où une ville flottante est confrontée à une catastrophe naturelle. »
   - **Analyse des Résultats** : Chaque variante produit une réponse unique, allant d'une analyse technique à une fiction inspirante.
2. **Sujet : Explication Technique**
   - **Prompt Initial** : « Explique comment fonctionnent les voitures électriques. »
   - **Variantes Expérimentées** :
     - « Décris les composants principaux d'une voiture électrique et leur fonctionnement. »
     - « Explique les avantages environnementaux des voitures électriques. »
     - « Fais une analogie pour expliquer les voitures électriques à un enfant. »
   - **Analyse des Résultats** : La version avec l'analogie fournit une explication plus engageante, utile pour vulgariser le concept.
3. **Sujet : Développement Argumentatif**
   - **Prompt Initial** : « Quels sont les avantages des énergies renouvelables ? »
   - **Variantes Expérimentées** :
     - « Développe un argument en faveur de l'investissement dans les énergies renouvelables. »
     - « Discute des obstacles à l'adoption généralisée des énergies renouvelables. »
     - « Liste trois contre-arguments à l'idée que les énergies renouvelables sont la solution parfaite. »
   - **Analyse des Résultats** : Les variantes permettent d'explorer le sujet sous différents angles, donnant une vision plus complète du débat.

5. Astuces pour Explorer de Manière Créative

1. **Inspirez-vous des Prompts Existant** :
   - Consultez des bases de prompts populaires (PromptHero, Reddit) pour trouver des idées et des formulations inédites.
2. **Associez des Concepts Inattendus** :
   - Combinez des sujets sans lien apparent pour obtenir des réponses originales.

- Exemple : « Comment l'intelligence artificielle pourrait-elle transformer l'industrie du chocolat artisanal ? »
3. **Utilisez des Scénarios Hypothétiques :**
   - Posez des questions sur des situations imaginaires ou futures.
   - Exemple : « Imagine que les humains colonisent Mars. Quels rôles pourraient jouer les IA dans la gestion des ressources ? »
4. **Jouez avec les Limitations de l'IA :**
   - Posez des questions paradoxales ou inhabituelles pour tester les limites du modèle.
   - Exemple : « Que dirait un robot philosophe à propos de l'éthique de son propre usage ? »

---

6. Bénéfices de l'Expérimentation et des Itérations

- **Créativité Accrue** : L'expérimentation permet de découvrir des réponses innovantes ou inattendues.
- **Flexibilité** : En testant plusieurs formulations, vous apprenez à ajuster les prompts pour des objectifs variés.
- **Apprentissage Continu** : Chaque itération aide à comprendre comment l'IA réagit, affinant vos compétences en création de prompts.

Conclusion : La Puissance de l'Exploration et des Itérations

Les expérimentations et itérations créatives sont au cœur de la maîtrise des prompts révolutionnaires. En variant les formulations, en jouant avec les contraintes, et en explorant des perspectives inattendues, les utilisateurs peuvent libérer tout le potentiel de l'IA. Cette approche ne se limite pas à améliorer la qualité des réponses, mais elle ouvre également des opportunités pour repousser les limites de l'interaction avec les modèles de langage.

8.2.1 Concevoir une Série de Prompts pour un Assistant Spécifique

Créer un assistant virtuel personnalisé implique de concevoir une série de prompts adaptés à son rôle, ses fonctionnalités, et le public cible. Ces prompts doivent couvrir une gamme de situations et de besoins pour maximiser l'utilité de l'assistant. Cette section propose une méthode étape par étape pour concevoir une série de prompts, en illustrant chaque étape avec un cas concret : un **assistant virtuel pour la gestion du temps et de la productivité**.

Étape 1 : Définir le Rôle et les Objectifs de l'Assistant

Avant de rédiger des prompts, il est crucial de comprendre le rôle principal de l'assistant et ses objectifs.

- **Exemple** :
  - **Nom de l'assistant** : ProductivityPro
  - **Rôle** : Aider les utilisateurs à gérer leur emploi du temps, organiser leurs tâches, et améliorer leur productivité.
  - **Public cible** : Professionnels, étudiants, entrepreneurs.

Étape 2 : Identifier les Scénarios d'Utilisation

L'assistant doit être capable de répondre à des besoins spécifiques dans différents scénarios. Ces scénarios serviront de base pour concevoir des prompts efficaces.

1. **Planification quotidienne** :
   - Organiser une journée de travail ou d'étude.
2. **Gestion des priorités** :
   - Identifier et hiérarchiser les tâches importantes.
3. **Suivi des objectifs** :
   - Surveiller les progrès par rapport à des objectifs à court et long terme.
4. **Réduction des distractions** :
   - Fournir des conseils pour rester concentré.
5. **Révision et évaluation** :
   - Analyser les performances après une semaine de travail.

Étape 3 : Concevoir les Prompts pour Chaque Scénario

1. Prompts pour la Planification Quotidienne

- **Prompt** : « Aide-moi à organiser ma journée. J'ai des réunions de 9h à 11h et une présentation à préparer pour demain. Propose un emploi du temps pour maximiser ma productivité. »

- ○ **Objectif** : Obtenir une planification structurée basée sur les contraintes existantes.
- **Prompt** : « Suggère un emploi du temps équilibré pour une journée de travail de 8 heures, incluant des pauses et du temps pour des tâches administratives. »
  - ○ **Objectif** : Inclure des moments de repos pour maintenir l'énergie tout au long de la journée.

---

2. Prompts pour la Gestion des Priorités

- **Prompt** : « Voici ma liste de tâches : 1) Répondre aux emails, 2) Préparer une réunion, 3) Travailler sur un rapport. Aide-moi à les hiérarchiser en fonction de leur importance et de leur urgence. »
  - ○ **Objectif** : Utiliser la méthode Eisenhower (important vs. urgent) pour hiérarchiser les tâches.
- **Prompt** : « Je suis submergé par trop de tâches. Aide-moi à identifier les 3 tâches les plus essentielles à accomplir aujourd'hui. »
  - ○ **Objectif** : Aider l'utilisateur à se concentrer sur l'essentiel.

---

3. Prompts pour le Suivi des Objectifs

- **Prompt** : « Mon objectif est de terminer un projet en deux semaines. Propose un plan détaillé avec des étapes à accomplir chaque jour. »
  - ○ **Objectif** : Générer un plan d'action clair avec des étapes réalisables.
- **Prompt** : « J'ai prévu d'apprendre une nouvelle compétence en trois mois. Comment diviser cet objectif en étapes hebdomadaires ? »
  - ○ **Objectif** : Structurer un plan d'apprentissage basé sur une progression réaliste.

---

4. Prompts pour Réduire les Distractions

- **Prompt** : « Je me laisse souvent distraire par les réseaux sociaux. Peux-tu me donner des conseils pour limiter ces distractions pendant mes heures de travail ? »
  - ○ **Objectif** : Fournir des astuces pratiques pour maintenir la concentration.
- **Prompt** : « Propose une routine pour travailler en sessions de 25 minutes avec des pauses courtes, en utilisant la technique Pomodoro. »
  - ○ **Objectif** : Aider l'utilisateur à adopter une méthode de gestion du temps.

---

5. Prompts pour la Révision et l'Évaluation

- **Prompt** : « Aide-moi à évaluer ma productivité cette semaine. Voici ce que j'ai accompli : [liste]. Donne-moi des conseils pour m'améliorer la semaine prochaine. »
  - ○ **Objectif** : Analyser les performances et suggérer des améliorations.

- **Prompt** : « Je me sens débordé, même après une semaine bien remplie. Aide-moi à comprendre ce qui pourrait être optimisé dans mon organisation. »
  - **Objectif** : Identifier les inefficacités et proposer des ajustements.

Étape 4 : Ajouter des Prompts Contextuels et Personnalisés

Pour rendre l'assistant encore plus utile, il est important de personnaliser les prompts en fonction des besoins spécifiques de l'utilisateur.

- **Prompt Personnalisé : Contextualisation du Travail** :
  - **Prompt** : « Je suis un étudiant en préparation d'examen. Propose un emploi du temps d'étude pour réviser efficacement tout en évitant l'épuisement. »
  - **Objectif** : Créer un planning spécifique adapté au rythme d'un étudiant.
- **Prompt Personnalisé : Activités Extrascolaires** :
  - **Prompt** : « Je travaille à plein temps, mais je veux consacrer 5 heures par semaine à l'apprentissage de la guitare. Propose un planning réaliste. »
  - **Objectif** : Intégrer des activités extrascolaires ou personnelles dans un emploi du temps chargé.

Étape 5 : Tester et Affiner les Prompts

Une fois les prompts conçus, il est crucial de les tester avec l'assistant pour s'assurer qu'ils produisent des réponses pertinentes et utiles. Voici des conseils pour affiner les prompts :

1. **Évaluer la Précision des Réponses** :
   - Les réponses sont-elles alignées avec les attentes ?
   - Par exemple, le plan de travail proposé par l'assistant inclut-il des pauses comme demandé ?
2. **Ajuster les Instructions** :
   - Si les réponses ne sont pas satisfaisantes, ajoutez plus de détails ou reformulez les prompts.
   - Ex. : Si « Propose un emploi du temps équilibré » génère un résultat trop vague, précisez « Inclue 2 pauses de 15 minutes et une pause déjeuner d'une heure. »
3. **Obtenir un Feedback des Utilisateurs** :
   - Si l'assistant est destiné à un large public, recueillez les retours des utilisateurs pour ajuster les prompts selon leurs besoins.

Conclusion : La Clé d'un Assistant Virtuel Réussi

La création d'un assistant virtuel personnalisé repose sur la conception de prompts bien pensés, adaptés aux besoins de l'utilisateur. En suivant cette méthodologie :

- Vous définissez des scénarios d'utilisation concrets.
- Vous élaborez des prompts spécifiques et structurés pour chaque besoin.
- Vous testez et améliorez ces prompts en fonction des retours.

Cette approche garantit que l'assistant virtuel offre des réponses utiles, pertinentes, et engageantes, répondant pleinement aux attentes de ses utilisateurs.

8.2.2 Adapter les Prompts pour une Interaction Continue et Pertinente

Créer un assistant virtuel personnalisé nécessite de concevoir des prompts adaptés à des interactions continues et cohérentes. Cela implique d'optimiser la fluidité des échanges pour que chaque interaction soit pertinente, même dans des conversations complexes ou de longue durée. Cette section explore les principes et techniques pour adapter les prompts dans un contexte d'interaction continue, tout en garantissant la pertinence des réponses.

---

1. Comprendre les Défis d'une Interaction Continue

Dans une interaction continue avec un assistant virtuel, plusieurs défis peuvent surgir :

1. **Contexte Perdu** : Lorsque les prompts ne réitèrent pas les éléments cruciaux, l'IA peut perdre le fil de la conversation.
   - **Exemple** : « Que penses-tu de ça ? » sans référence claire au sujet précédent.
2. **Redondance** : Poser des questions similaires ou reformuler inutilement peut entraîner des réponses répétitives.
3. **Pertinence** : Si les prompts manquent de clarté, l'IA peut donner des réponses hors sujet ou trop générales.
4. **Complexité des Demandes** : Les échanges longs ou les conversations sur plusieurs sujets peuvent mener à des malentendus.

---

2. Techniques pour Adapter les Prompts à une Interaction Continue

Pour maintenir la continuité et la pertinence, les prompts doivent être clairs, structurés, et contextualisés. Voici les meilleures pratiques pour y parvenir.

2.1 Référencer le Contexte

Incluez des éléments du contexte précédent dans les prompts pour guider l'IA.

- **Technique** : Reformulez en rappelant brièvement les points-clés.
- **Exemple** :

- ○ **Sans contexte** : « Quelles sont les prochaines étapes ? »
- ○ **Avec contexte** : « Après avoir défini la stratégie marketing, quelles sont les prochaines étapes pour la mise en œuvre ? »
- **Résultat attendu** : Une réponse pertinente qui s'appuie sur la discussion précédente.

2.2 Utiliser des Questions Séquentielles

Divisez les demandes complexes en étapes logiques pour guider l'IA.

- **Technique** : Posez des questions liées mais distinctes, une à la fois.
- **Exemple** :
  - ○ Étape 1 : « Quels sont les avantages du machine learning dans la santé ? »
  - ○ Étape 2 : « Peux-tu détailler comment le machine learning améliore le diagnostic des maladies ? »
  - ○ Étape 3 : « Quels exemples concrets de projets réussis pourraient illustrer cela ? »
- **Résultat attendu** : Une conversation fluide et structurée.

2.3 Ajouter des Directives Claires

Indiquez explicitement l'intention du prompt ou le format attendu.

- **Technique** : Spécifiez le type de réponse désiré (liste, résumé, analyse).
- **Exemple** :
  - ○ **Sans directives** : « Quelles sont les priorités d'un projet ? »
  - ○ **Avec directives** : « Fais une liste des trois priorités principales d'un projet technologique, avec une explication pour chacune. »
- **Résultat attendu** : Une réponse adaptée au format et au niveau de détail souhaités.

2.4 Anticiper les Sujets de Suivi

Préparez les prompts pour des interactions prolongées en intégrant des sujets de suivi.

- **Technique** : Ajoutez une ouverture pour approfondir la discussion.
- **Exemple** :
  - ○ **Prompt initial** : « Quels sont les défis liés aux énergies renouvelables ? »
  - ○ **Prompt de suivi** : « Peux-tu expliquer comment surmonter ces défis dans un contexte urbain ? »
- **Résultat attendu** : Une conversation cohérente et approfondie.

2.5 Demander des Résumés ou des Recadrages

Pour les interactions longues, demandez à l'IA de résumer ou recadrer les points discutés.

- **Technique** : Intercalez des demandes de synthèse dans la conversation.
- **Exemple** :
  - « Résume les principaux points abordés jusqu'à maintenant. »
  - « Peux-tu clarifier le lien entre les solutions proposées et les objectifs du projet ? »
- **Résultat attendu** : Une meilleure continuité et un fil conducteur clair.

3. Exemples Concrets de Prompts pour une Interaction Continue

Exemple 1 : Assistant pour la Gestion de Projets

- **Contexte** : L'utilisateur discute des étapes de lancement d'un produit.
- **Prompt 1** : « Liste les étapes clés pour lancer un produit technologique. »
- **Prompt 2** : « Détaille la phase de test utilisateur, en mentionnant les outils nécessaires. »
- **Prompt 3** : « Après les tests utilisateurs, quelles actions devraient être prioritaires pour la mise en marché ? »

Exemple 2 : Assistant Médical

- **Contexte** : Le patient interagit avec un assistant virtuel pour comprendre son traitement.
- **Prompt 1** : « Explique les avantages du médicament prescrit pour traiter l'hypertension. »
- **Prompt 2** : « Quels effets secondaires courants devrais-je surveiller ? »
- **Prompt 3** : « Quels ajustements de mode de vie peuvent compléter ce traitement ? »

Exemple 3 : Assistant Technique

- **Contexte** : Un développeur cherche de l'aide pour optimiser un code.
- **Prompt 1** : « Explique pourquoi mon code Python renvoie une erreur "KeyError". »
- **Prompt 2** : « Comment puis-je corriger cette erreur dans un dictionnaire JSON ? »
- **Prompt 3** : « Donne des bonnes pratiques pour éviter les erreurs similaires dans le futur. »

4. Bonnes Pratiques pour Maintenir la Pertinence

1. **Clarté et Simplicité** :
   - Formulez des prompts courts, précis, et dépourvus d'ambiguïté.

- Ex. : Préférez « Quels sont les avantages du télétravail ? » à « Parle-moi du télétravail. »
2. **Contexte Répété si Nécessaire** :
   - Rappelez les éléments clés des échanges précédents, surtout si la conversation s'étend sur plusieurs étapes.
3. **Feedback Actif** :
   - Si la réponse de l'IA n'est pas satisfaisante, reformulez le prompt en précisant davantage l'intention.
   - Ex. : « Peux-tu être plus précis sur [aspect manquant] ? »
4. **Structure Progressive** :
   - Posez d'abord des questions générales, puis affinez vers des détails spécifiques.
5. **Conserver un Fil Conducteur** :
   - Orientez chaque réponse vers l'objectif final de l'interaction.
   - Ex. : Si l'objectif est de rédiger un plan d'action, chaque étape doit se conclure par un lien avec la suivante.

---

5. Conclusion : Assurer la Cohérence dans les Interactions Longues

Adapter les prompts pour une interaction continue et pertinente est essentiel pour tirer le meilleur parti d'un assistant virtuel personnalisé. En structurant les échanges, en ajoutant du contexte, et en demandant des clarifications ou des résumés lorsque nécessaire, les utilisateurs peuvent maintenir une conversation fluide et productive. Ces techniques garantissent non seulement la pertinence des réponses, mais aussi une meilleure expérience utilisateur pour des scénarios complexes ou prolongés.

8.2.3 Exercice Final de Validation : Testez et Ajustez Votre Assistant Virtuel

Créer un assistant virtuel personnalisé est une démarche ambitieuse et technique qui nécessite des tests rigoureux pour garantir que le système répond de manière efficace et pertinente aux besoins définis. L'exercice final de validation vise à tester l'assistant virtuel en simulant des interactions réalistes, à identifier ses points faibles, et à ajuster ses réponses pour perfectionner son fonctionnement. Voici un guide détaillé pour structurer cet exercice.

---

1. Objectifs de l'Exercice Final

1. **Évaluer la Performance Globale** :
   - Vérifiez si l'assistant répond correctement aux demandes en fonction des objectifs définis.
   - Mesurez la pertinence, la clarté et l'utilité des réponses générées.
2. **Identifier les Faiblesses** :
   - Repérez les situations où l'assistant manque de précision, donne des réponses incomplètes, ou échoue à comprendre une demande.
3. **Ajuster et Affiner les Réponses** :
   - Optimisez les prompts et ajustez les paramètres pour garantir une interaction fluide et pertinente.
4. **Simuler des Scénarios Réalistes** :
   - Testez l'assistant dans des situations variées et proches de l'utilisation réelle.

---

2. Étapes pour Tester et Valider l'Assistant Virtuel

Étape 1 : Préparer des Cas d'Utilisation

- Identifiez les cas d'utilisation principaux pour lesquels l'assistant a été conçu.
- Exemple pour un assistant de service client :
  - Répondre aux questions fréquentes sur un produit.
  - Aider les clients à résoudre des problèmes techniques simples.
  - Proposer des recommandations personnalisées.

Action : Créez une liste de scénarios typiques que l'assistant devra gérer. Exemple :

- **Scénario 1** : "Un client demande les caractéristiques d'un produit spécifique."
- **Scénario 2** : "Un utilisateur signale un problème technique."
- **Scénario 3** : "Un client souhaite connaître les politiques de retour."

Étape 2 : Effectuer des Tests Pratiques

- Interagissez directement avec l'assistant en formulant des questions et des demandes basées sur les scénarios préparés.

- Notez les réponses fournies et évaluez-les en fonction des critères suivants :
  - **Exactitude** : La réponse est-elle correcte et précise ?
  - **Clarté** : La réponse est-elle facile à comprendre ?
  - **Pertinence** : La réponse est-elle adaptée à la demande ?
  - **Temps de réponse** : L'assistant répond-il rapidement et de manière concise ?

Exemple :

- **Prompt utilisateur** : "Quels sont les délais de livraison pour les produits électroniques ?"
- **Réponse de l'assistant** : "Les délais de livraison pour les produits électroniques sont de 3 à 5 jours ouvrables."
- **Évaluation** : Réponse exacte, mais manque d'information sur les options express.

Étape 3 : Collecter des Retours

- Si possible, impliquez un groupe d'utilisateurs tests pour interagir avec l'assistant et fournir leurs retours.
- Posez des questions comme :
  - "Les réponses étaient-elles claires et pertinentes ?"
  - "Avez-vous rencontré des difficultés ou des malentendus ?"
  - "Quelles améliorations suggéreriez-vous ?"

Action : Notez les problèmes les plus fréquemment signalés par les testeurs.

Étape 4 : Diagnostiquer les Faiblesses

- Analysez les cas où l'assistant a échoué à répondre correctement. Ces échecs peuvent être dus à :
  - Des prompts mal formulés.
  - Un manque de données ou de contexte.
  - Une incapacité à gérer des questions ambiguës ou complexes.

Exemple :

- **Problème identifié** : Lorsque les utilisateurs posent une question trop générale (« Comment puis-je réparer mon appareil ? »), l'assistant donne une réponse vague.
- **Diagnostic** : Le prompt initial manque de spécificité pour guider l'assistant.

Étape 5 : Ajuster les Prompts et les Paramètres

- Reformulez les prompts pour inclure plus de détails ou pour clarifier les intentions.

- Si nécessaire, intégrez des réponses prédéfinies pour les questions fréquentes ou complexes.

Exemple d'Ajustement :

- **Prompt initial** : "Comment réparer un appareil défectueux ?"
- **Prompt ajusté** : "Donne les étapes générales pour résoudre les problèmes courants d'un appareil électronique (exemple : pas de mise sous tension)."

Étape 6 : Retester après Ajustement

- Répétez les tests pour chaque scénario après avoir apporté des corrections.
- Comparez les nouvelles réponses avec les anciennes pour vérifier l'amélioration.

Exemple :

- **Ancienne réponse** : "Veuillez consulter le manuel pour réparer votre appareil."
- **Nouvelle réponse après ajustement** : "Pour résoudre un problème d'appareil qui ne s'allume pas, vérifiez d'abord l'alimentation et les connexions électriques. Si le problème persiste, essayez de redémarrer l'appareil ou contactez le service technique."

---

3. Critères de Validation de l'Assistant

Pour valider que l'assistant virtuel est prêt à être utilisé, évaluez sa performance selon ces critères clés :

1. **Taux de Réussite :**
   - Mesurez le pourcentage de réponses correctes et utiles par rapport au nombre total de questions posées.
   - Objectif : Un taux de réussite supérieur à 90 %.
2. **Capacité d'Adaptation :**
   - L'assistant peut-il répondre correctement à des questions formulées de manière différente, avec des variantes de langage ?
   - Exemple : "Quel est le délai de livraison ?" vs. "Quand vais-je recevoir ma commande ?"
3. **Gestion des Échecs :**
   - L'assistant reconnaît-il quand il ne peut pas répondre ? Propose-t-il une alternative (comme rediriger vers un support humain ou une ressource en ligne) ?
   - Exemple : "Je suis désolé, je n'ai pas l'information. Puis-je vous rediriger vers un conseiller ?"
4. **Expérience Utilisateur :**
   - Les réponses sont-elles fluides, engageantes, et conformes au ton attendu (professionnel, amical, technique) ?

4. Étude de Cas : Validation d'un Assistant Client pour une Boutique en Ligne

- **Contexte** : Un assistant virtuel est conçu pour répondre aux questions des clients sur les délais de livraison, les politiques de retour, et les caractéristiques des produits.
- **Scénarios Testés** :
    1. **Question sur les délais de livraison** :
        - Prompt utilisateur : "Quand vais-je recevoir mon téléphone si je commande aujourd'hui ?"
        - Réponse attendue : "Les livraisons standard prennent 3 à 5 jours ouvrables. Si vous commandez aujourd'hui avant 14h, votre commande sera expédiée demain."
    2. **Problème technique** :
        - Prompt utilisateur : "Mon téléphone ne s'allume pas. Que faire ?"
        - Réponse attendue : "Vérifiez que la batterie est chargée et que le chargeur fonctionne. Si le problème persiste, contactez notre service technique."
    3. **Politique de retour** :
        - Prompt utilisateur : "Comment puis-je retourner un produit ?"
        - Réponse attendue : "Vous pouvez retourner un produit dans les 30 jours suivant la livraison. Rendez-vous sur notre page de retours pour générer une étiquette de retour."

5. Résultat Final et Ajustements

Après validation, si des lacunes sont encore identifiées, ajustez les prompts et les paramètres de l'assistant. Effectuez des retests jusqu'à ce que les performances atteignent les objectifs souhaités.

Conclusion

L'exercice final de validation est une étape cruciale pour garantir que votre assistant virtuel fonctionne de manière fluide et répond efficacement aux besoins des utilisateurs. En testant des scénarios réalistes, en diagnostiquant les faiblesses, et en ajustant les prompts, vous pouvez transformer votre assistant virtuel en un outil performant et fiable, prêt à offrir une expérience utilisateur exceptionnelle.

8.3.1 Récapitulatif des Connaissances Acquises et du Chemin Parcouru

L'art de formuler des prompts pour interagir avec une intelligence artificielle, tel que ChatGPT, représente une compétence essentielle dans un monde où les technologies intelligentes occupent une place de plus en plus centrale. Ce livre a proposé un cheminement structuré, progressif, et pratique pour guider le lecteur depuis les bases jusqu'à une maîtrise avancée des prompts.

Revenons sur les concepts clés et les étapes franchies au cours de ce voyage.

---

1. Les Fondamentaux des Prompts

Au début de ce parcours, nous avons exploré les bases nécessaires pour comprendre ce qu'est un prompt et pourquoi il est essentiel. Nous avons appris à :

- **Définir un prompt** : Comme point de départ de toute interaction avec l'IA, le prompt est la boussole qui oriente la qualité des réponses.
- **Comprendre le rôle de la clarté et de la précision** : La clarté dans la formulation permet de réduire les ambiguïtés et d'obtenir des réponses pertinentes et utiles.
- **Maîtriser la notion de contexte et d'intention** : En fournissant des détails sur l'objectif et l'audience, un prompt devient un outil puissant pour personnaliser les réponses.

---

2. Techniques Avancées et Pratiques de Perfectionnement

Une fois les bases acquises, nous avons approfondi les techniques avancées de formulation, en intégrant des éléments comme la structure des phrases, les mots-clés, et les outils pour tester et affiner les prompts. Les points marquants incluent :

- **L'art de poser des questions ciblées** : En utilisant des termes précis et en structurant les prompts, il est possible d'orienter l'IA vers des réponses spécifiques.
- **Les exercices de perfectionnement** : En testant et en ajustant les prompts dans divers contextes, nous avons appris à comprendre comment l'IA interprète nos demandes.
- **L'analyse des erreurs et leur correction** : Identifier et corriger les erreurs fréquentes a permis d'optimiser chaque interaction avec l'IA.

---

3. Adapter les Prompts à des Applications Spécifiques

L'une des étapes les plus enrichissantes a été d'apprendre à adapter les prompts en fonction de leurs applications dans différents domaines, montrant ainsi leur polyvalence. Nous avons vu comment :

- **Utiliser les prompts pour des cas pratiques** dans le marketing, l'éducation, ou la recherche.
- **Personnaliser les réponses selon le domaine d'application** : En médecine, droit, ou ingénierie, les prompts spécifiques permettent d'obtenir des réponses détaillées et adaptées à des contextes professionnels.
- **Explorer des scénarios créatifs** : Les prompts ne se limitent pas à des usages fonctionnels ; ils sont aussi des outils de créativité et d'innovation.

4. La Dimension Éthique et Psychologique

La formulation des prompts ne se limite pas à une interaction technique. Nous avons abordé des dimensions humaines et responsables, en particulier :

- **La prise en compte des biais et des limites de l'IA** : En comprenant les points faibles de l'IA, nous avons appris à formuler des prompts qui minimisent les biais ou les incompréhensions.
- **L'éthique dans la création de prompts** : Les responsabilités liées à l'utilisation des technologies de l'IA sont essentielles pour garantir des pratiques respectueuses et éthiques.

5. Les Outils pour Devenir un Maître des Prompts

Pour consolider cette maîtrise, nous avons exploré des outils et des ressources pratiques permettant de perfectionner la création de prompts, tels que :

- **Plateformes interactives** : Des outils comme ChatGPT Playground ou PromptHero pour tester et optimiser les formulations.
- **Études de cas et exemples populaires** : En s'inspirant des prompts déjà utilisés avec succès, nous avons découvert de nouvelles façons de structurer nos demandes.
- **Communautés et formations** : L'échange avec d'autres utilisateurs et l'apprentissage continu garantissent une progression constante.

6. L'Impact de la Maîtrise des Prompts

Le voyage entrepris dans ce livre démontre qu'une maîtrise avancée des prompts ne se limite pas à améliorer la qualité des réponses. Elle permet aussi de :

- **Économiser du temps et maximiser l'efficacité** : Un bon prompt évite les allers-retours et les reformulations, rendant chaque interaction productive.
- **Tirer pleinement parti des capacités de l'IA** : Des prompts bien formulés libèrent le potentiel de l'intelligence artificielle, qu'il s'agisse de résoudre des problèmes complexes ou de produire des contenus créatifs.

- **Favoriser l'innovation** : Avec des prompts avancés, il est possible de concevoir des scénarios innovants et des solutions originales.

Le Chemin Parcouru : Une Compétence Transformative

Au fil des chapitres, ce livre a guidé le lecteur à travers un processus structuré, transformant la formulation des prompts en une compétence stratégique. Cette compétence dépasse la simple interaction avec l'IA ; elle devient une véritable expertise, applicable dans des contextes professionnels, créatifs, et personnels.

En maîtrisant les techniques présentées ici, chaque lecteur est désormais équipé pour :

1. Créer des prompts optimisés pour tous types de contextes.
2. Adapter ses demandes à des objectifs variés et à des publics spécifiques.
3. Explorer de nouvelles opportunités grâce à l'innovation dans la formulation des prompts.

Cette rétrospective n'est pas la fin du voyage, mais une fondation solide pour continuer à explorer et affiner l'art des prompts dans un monde où l'intelligence artificielle ne cesse de se développer.

8.3.2 Perspectives d'Évolution de l'Interaction avec l'IA et les Prompts

L'interaction avec l'intelligence artificielle (IA) par le biais des prompts est un domaine en constante évolution. À mesure que les modèles de langage deviennent plus avancés et que leur adoption s'élargit dans divers secteurs, les façons dont nous concevons et utilisons les prompts continueront à se transformer. Cette section explore les tendances et les perspectives d'évolution dans la manière dont les utilisateurs interagiront avec l'IA à l'avenir.

---

1. Vers des Interactions de Plus en Plus Naturelles

Les Modèles Multimodaux

- Les systèmes d'IA évoluent vers des modèles capables de traiter plusieurs types d'entrées simultanément, comme le texte, les images, l'audio, et la vidéo. Cela permettra aux utilisateurs de combiner des éléments visuels et verbaux dans leurs prompts, rendant l'interaction plus intuitive.
- **Exemple futur :** Un utilisateur pourrait soumettre une image d'un objet et demander à l'IA de fournir des informations sur son utilisation ou sa conception.

Le Langage Conversationnel Amélioré

- Les modèles de langage s'améliorent dans leur capacité à comprendre les nuances des interactions humaines, comme l'humour, les émotions, et les intentions implicites.
- **Perspectives :** Les prompts deviendront moins formels et plus conversationnels, permettant aux utilisateurs de poser des questions comme ils le feraient à un humain. Par exemple, « Que devrais-je faire pour améliorer ça ? » pourrait suffire pour obtenir une réponse contextuelle.

2. Personnalisation Accrue grâce à la Mémoire Contextuelle

Modèles à Mémoire Longue Durée

- Les IA futures intégreront une mémoire persistante, permettant de garder une trace des conversations passées pour offrir des réponses plus cohérentes et personnalisées.
- **Impact sur les Prompts :** Les utilisateurs n'auront plus besoin de reformuler ou de répéter des informations pour chaque nouvelle session. Par exemple, une IA pourrait se souvenir des préférences d'un utilisateur et adapter ses réponses en conséquence.

Personnalisation des Interactions

- Les modèles pourront être configurés pour adopter un style, un ton, ou une approche spécifique, selon les besoins ou les préférences de l'utilisateur.
- **Exemple futur :** Une IA qui connaît vos centres d'intérêt pourrait automatiquement orienter ses réponses pour refléter ces préférences, sans que vous ayez besoin de les mentionner explicitement dans vos prompts.

3. Augmentation des Capacités Spécialisées

Intégration de Bases de Données Spécifiques

- Les IA seront capables de se connecter en temps réel à des bases de données spécialisées pour fournir des réponses toujours à jour et précises.
- **Impact sur les Prompts :** Les utilisateurs pourront poser des questions très techniques ou spécifiques, comme « Quels sont les derniers articles de recherche sur la fusion nucléaire publiés en 2024 ? », et obtenir des réponses actualisées.

Collaboration avec des IA Domaines-Spécifiques

- À l'avenir, des IA spécialisées seront disponibles pour répondre à des besoins spécifiques, comme le droit, la médecine, ou l'ingénierie.

- **Exemple futur** : Au lieu de demander à une IA généraliste, un médecin pourrait interagir avec une IA spécifiquement formée en diagnostic clinique, en utilisant des prompts très techniques.

---

4. Prompts Assistés par l'IA

Génération Automatique de Prompts

- Les IA pourront générer des prompts optimisés pour aider les utilisateurs à formuler leurs requêtes plus efficacement.
- **Impact sur l'Interaction** : Plutôt que d'écrire eux-mêmes des prompts complexes, les utilisateurs pourront fournir une intention générale, et l'IA se chargera de structurer un prompt détaillé.
- **Exemple futur** : Un utilisateur pourrait dire : « Je veux créer une présentation sur l'énergie solaire. » L'IA pourrait générer automatiquement un prompt comme : « Donne-moi un aperçu des avantages et inconvénients de l'énergie solaire, avec des statistiques récentes et des études de cas. »

Réglage Dynamique des Prompts

- Les systèmes pourraient analyser en temps réel les résultats d'un prompt initial et suggérer des ajustements pour obtenir une réponse plus précise.
- **Exemple futur** : Si un utilisateur pose une question vague, l'IA pourrait répondre : « Votre question est un peu large. Voulez-vous que je me concentre sur [option 1] ou [option 2] ? »

---

5. Une Collaboration Plus Étendue Entre IA et Humains

Approche Collaborative

- Les IA deviendront des partenaires actifs dans la création de contenu, l'analyse de données, et la résolution de problèmes complexes.
- **Impact sur les Prompts** : Les interactions ressembleront davantage à des dialogues en plusieurs étapes qu'à des requêtes statiques. L'utilisateur pourra itérer avec l'IA pour affiner les résultats, en disant : « Ajoute plus de détails sur ce point » ou « Rends cette explication plus concise. »

Interaction dans des Environnements Immersifs

- Avec l'essor de la réalité virtuelle (VR) et augmentée (AR), les interactions avec l'IA se dérouleront dans des environnements immersifs.
- **Exemple futur** : Un architecte pourrait interagir avec une IA en VR en disant : « Montre-moi un modèle 3D de ce bâtiment avec des modifications pour réduire l'empreinte carbone. »

6. Éthique et Régulation des Interactions

Transparence des Réponses

- Les utilisateurs exigeront une transparence accrue sur les sources et les processus utilisés par l'IA pour générer ses réponses.
- **Impact sur les Prompts :** Les utilisateurs pourront demander explicitement : « Cite les sources utilisées pour cette réponse » ou « Explique comment tu as obtenu cette conclusion. »

Lutte Contre les Biais

- Les systèmes d'IA intégreront des mécanismes avancés pour détecter et limiter les biais dans leurs réponses.
- **Exemple futur :** Un prompt pourrait inclure : « Fournis une réponse équilibrée en présentant les perspectives de différents groupes ou régions. »

---

7. Développement de Nouvelles Formes de Prompts

Prompts Émotionnels

- Les IA de demain pourraient interpréter et répondre à des prompts intégrant des nuances émotionnelles.
- **Exemple futur :** Un utilisateur pourrait dire : « J'ai besoin d'un texte motivant pour remonter le moral d'un collègue », et l'IA fournirait une réponse adaptée au contexte émotionnel.

Prompts Multilingues

- Les modèles continueront à s'améliorer dans leur capacité à comprendre et traduire des prompts dans plusieurs langues, permettant des interactions fluides dans un contexte global.
- **Impact :** Les utilisateurs pourront poser une question dans leur langue maternelle et recevoir une réponse précise dans la langue cible, ou inversement.

Conclusion : Vers une Synergie Humaine et Technologique

L'avenir des interactions avec l'IA et les prompts repose sur une collaboration de plus en plus intuitive, naturelle, et personnalisée. Les utilisateurs bénéficieront de systèmes capables d'interpréter des intentions complexes, de s'adapter à leurs besoins individuels, et de fournir des réponses toujours plus précises et pertinentes. Avec ces avancées, les prompts ne seront plus de simples requêtes, mais deviendront des outils dynamiques pour maximiser la productivité, la créativité, et la compréhension dans une multitude de domaines.

8.3.3 Encouragement à Poursuivre l'Expérimentation et l'Innovation

L'art de formuler des prompts est un domaine en constante évolution, qui exige non seulement des connaissances techniques mais aussi une capacité à expérimenter, innover et s'adapter aux nouveaux défis posés par les technologies d'intelligence artificielle. Cette conclusion vise à encourager les utilisateurs à approfondir leurs compétences, à explorer de nouvelles approches et à embrasser une mentalité d'innovation pour tirer le meilleur parti des modèles d'IA comme ChatGPT.

L'Importance de l'Expérimentation

L'expérimentation est la clé pour comprendre pleinement les capacités et les limites des modèles d'IA. Chaque interaction avec l'IA est une opportunité d'apprendre et d'améliorer ses techniques de prompting.

1. **Tester de Nouvelles Approches** :
   - Varier les formulations : Essayez différents styles de prompts, des questions directes aux instructions détaillées.
   - Explorer les tons : Passez du technique au créatif, du formel à l'amusant, pour voir comment l'IA réagit.
   - Jouer avec le niveau de détail : Expérimentez avec des prompts courts et longs pour trouver le juste équilibre selon vos besoins.
2. **Analyser les Résultats** :
   - Comparez les réponses obtenues en modifiant légèrement les prompts.
   - Notez les cas où l'IA produit des réponses inattendues ou incomplètes pour identifier les améliorations possibles.
3. **Documenter les Meilleures Pratiques** :
   - Créez une bibliothèque personnelle de prompts réussis et des cas où l'IA a particulièrement bien répondu à vos attentes.
   - Utilisez ces exemples comme base pour des prompts futurs.

Encourager l'Innovation

L'innovation dans les prompts ne consiste pas uniquement à améliorer les interactions individuelles avec l'IA, mais aussi à repousser les limites de ce que ces modèles peuvent accomplir.

1. **Imaginer de Nouvelles Applications** :
   - **Domaines émergents** : Explorez comment les prompts peuvent être utilisés dans des domaines peu traditionnels, comme l'art génératif, la planification urbaine, ou l'enseignement.
   - **Automatisation avancée** : Combinez les prompts avec des outils de gestion de tâches ou d'analyse de données pour développer des workflows automatisés.
2. **Collaborer avec l'IA pour Innover** :

- Utilisez l'IA comme partenaire dans la création : pour générer des idées nouvelles, résoudre des problèmes complexes ou expérimenter avec des récits interactifs.
- Explorez des scénarios où l'IA agit comme un co-auteur ou un assistant de recherche, en formulant des prompts qui favorisent une collaboration dynamique.

3. **Créer des Normes et Modèles de Prompting** :
   - Partagez vos découvertes et méthodologies avec des communautés professionnelles ou académiques.
   - Travaillez à établir des normes pour des secteurs spécifiques (par exemple, des prompts standards pour le diagnostic médical ou la rédaction juridique).

Perspectives Futures : Vers une Interactivité Enrichie

À mesure que les modèles d'IA évoluent, leur capacité à interpréter des prompts complexes et à interagir de manière plus contextuelle et personnalisée ne fera que croître. Les utilisateurs doivent anticiper ces évolutions et s'y préparer en affinant leur maîtrise des prompts.

1. **Adopter une Approche Évolutive** :
   - Les futurs modèles intégreront peut-être des mémoires contextuelles, permettant des interactions plus cohérentes à long terme. En prévision, apprenez à formuler des prompts qui tiennent compte de la continuité des échanges.

2. **Intégration avec d'Autres Technologies** :
   - En combinant l'IA avec d'autres outils comme l'analyse de données en temps réel, les capteurs IoT ou les jumeaux numériques, les possibilités pour les prompts s'élargiront considérablement.

3. **Éthique et Responsabilité** :
   - L'innovation doit s'accompagner d'une réflexion sur l'éthique. En expérimentant, veillez à formuler des prompts qui respectent la confidentialité, évitent les biais et encouragent l'inclusion.

Encouragement Final : Soyez Curieux et Créatifs

Les meilleurs utilisateurs de l'IA sont ceux qui n'ont pas peur de poser des questions, d'expérimenter de nouvelles idées et de tirer parti des erreurs pour progresser. Considérez chaque interaction comme un laboratoire d'apprentissage et laissez libre cours à votre curiosité.

- **Créez un environnement d'exploration** : Permettez-vous d'essayer des approches inhabituelles ou inattendues dans vos prompts.
- **Collaborez avec d'autres** : Participez à des communautés en ligne, des groupes d'experts, ou des ateliers pour échanger des idées et apprendre des autres.

- **Fixez des défis** : Lancez-vous des défis, comme obtenir une réponse innovante ou particulièrement concise, pour repousser vos limites.

Conclusion Inspirante

L'expérimentation et l'innovation sont au cœur de la maîtrise des prompts. Le voyage ne s'arrête jamais : il évolue au rythme des avancées technologiques et de votre propre curiosité. En continuant à explorer, tester et affiner vos techniques, vous deviendrez non seulement un utilisateur compétent, mais aussi un véritable pionnier dans l'interaction avec l'intelligence artificielle.

N'oubliez jamais que chaque prompt est une porte ouverte sur de nouvelles idées, de nouveaux horizons, et de nouvelles possibilités. Alors, osez explorer et continuez à innover !

Annexes et Ressources Complémentaires

- **Glossaire des Termes Techniques**
  - Définition et explications de termes techniques utilisés dans le livre
- **Ressources et Références**
  - Liens vers des plateformes, articles académiques, sites et autres outils
  - Suggestions de lectures pour approfondir chaque chapitre
- **Quizz et Questions de Réflexion**
  - Quizz à la fin des chapitres pour évaluer la compréhension du lecteur
  - Questions de réflexion pour encourager la pensée critique et la personnalisation des prompts

Glossaire des Termes Techniques

Ce glossaire regroupe les définitions et explications des termes techniques utilisés tout au long du livre, permettant au lecteur de mieux comprendre les concepts clés liés à la création de prompts et à l'interaction avec l'IA.

A

- **Algorithme** : Ensemble d'instructions ou de règles logiques permettant de résoudre un problème ou d'accomplir une tâche. En IA, les algorithmes sont utilisés pour entraîner les modèles, traiter les données, ou effectuer des prédictions.
- **Analyse Syntaxique** : Processus qui consiste à décomposer une phrase en ses constituants grammaticaux pour en comprendre la structure et le rôle de chaque mot.
- **Apprentissage Automatique (Machine Learning)** : Branche de l'intelligence artificielle dans laquelle les systèmes apprennent à partir des données pour effectuer des prédictions ou des décisions, sans être explicitement programmés.
- **API (Application Programming Interface)** : Interface qui permet à différentes applications ou systèmes de communiquer entre eux. Les API permettent aux utilisateurs d'intégrer des outils d'IA, comme GPT, dans leurs propres plateformes.

C

- **Chatbot** : Programme informatique conçu pour simuler une conversation humaine en répondant aux requêtes textuelles ou vocales.
- **Clarté (dans les Prompts)** : Qualité d'un prompt bien formulé, où les termes et les intentions sont explicites, permettant à l'IA de comprendre et de répondre efficacement.
- **Contexte (dans les Prompts)** : Ensemble des informations qui entourent une demande ou une question et qui aident à clarifier l'intention de l'utilisateur pour guider l'IA.

D

- **Données d'Entraînement** : Informations utilisées pour entraîner un modèle d'intelligence artificielle, telles que des textes, images, ou données numériques. La qualité des données influence directement la performance du modèle.
- **Deep Learning** : Sous-domaine de l'apprentissage automatique basé sur des réseaux de neurones profonds, utilisés pour résoudre des problèmes complexes comme la reconnaissance d'images ou la génération de texte.
- **Diagnostic (dans les Prompts)** : Processus d'identification des problèmes ou des erreurs dans un prompt pour en améliorer la formulation.

E

- **Éthique de l'IA** : Ensemble de principes et de pratiques visant à garantir que l'utilisation de l'intelligence artificielle soit juste, responsable, et respectueuse des droits humains.
- **Engagement Utilisateur** : Degré auquel une interaction avec un outil ou un contenu capte et maintient l'attention de l'utilisateur.

F

- **Fine-Tuning** : Processus consistant à ajuster un modèle d'IA pré-entraîné à l'aide de données spécifiques pour améliorer ses performances dans un domaine particulier.
- **Format de Réponse** : Structure ou style attendu pour une réponse donnée (par exemple : liste, paragraphe, essai, graphique).

I

- **Interaction Homme-Machine (IHM)** : Discipline qui étudie les échanges entre les utilisateurs humains et les systèmes informatiques, y compris les modèles d'IA comme ChatGPT.
- **Intention (dans les Prompts)** : Objectif ou but spécifique que l'utilisateur souhaite atteindre en formulant une requête pour l'IA.
- **Interprétation de Résultats** : Processus d'analyse et d'explication des réponses générées par l'IA, pour évaluer leur pertinence et les appliquer à une situation donnée.

M

- **Mots-Clés** : Termes ou expressions essentiels dans un prompt qui aident l'IA à identifier le sujet ou l'objectif principal de la demande.
- **Modèle de Langage (Language Model)** : Système d'intelligence artificielle conçu pour comprendre et générer du texte en se basant sur des modèles statistiques et des algorithmes d'apprentissage.

P

- **Personnalisation des Prompts** : Adaptation d'un prompt pour inclure des détails spécifiques au contexte ou aux besoins d'un utilisateur particulier, afin de générer une réponse plus pertinente.
- **Précision (dans les Prompts)** : Capacité d'un prompt à inclure des informations détaillées et des critères clairs pour orienter l'IA.

- **Prompt** : Requête ou question formulée par un utilisateur pour obtenir une réponse de l'IA. C'est le point de départ de toute interaction avec un modèle comme ChatGPT.
- **Prompting** : Art et technique de formuler des prompts efficaces pour optimiser les réponses fournies par l'intelligence artificielle.

R

- **Rétroaction** : Réponse ou retour d'information obtenus après avoir utilisé un prompt, utilisés pour ajuster ou améliorer la formulation des requêtes suivantes.
- **Réseaux Neurones** : Structures algorithmiques inspirées du fonctionnement du cerveau humain, utilisées en apprentissage automatique pour traiter des données complexes.

S

- **Sémantique** : Étude du sens des mots et des phrases. En IA, la compréhension sémantique aide à déterminer les relations entre les termes et à interpréter les intentions de l'utilisateur.
- **Statistiques de Variance** : Outils statistiques utilisés pour mesurer les variations ou différences entre les ensembles de données, souvent appliqués dans l'analyse des résultats d'un modèle.

T

- **Tests A/B** : Méthode utilisée pour comparer deux versions d'un prompt ou d'une stratégie afin de déterminer laquelle est la plus efficace.
- **Token** : Unité de traitement dans les modèles de langage, qui peut représenter un mot, un caractère ou un sous-mot. Les modèles comme ChatGPT traitent des requêtes en termes de tokens.
- **Ton (dans les Prompts)** : Style ou approche émotionnelle demandée pour une réponse (formel, humoristique, pédagogique, etc.).

V

- **Vulgarisation** : Processus consistant à simplifier des concepts complexes pour les rendre compréhensibles à un public non expert.

Annexes et Ressources Complémentaires : Ressources et Références

Pour approfondir la maîtrise de la création de prompts et explorer les différentes applications des intelligences artificielles, voici une sélection de plateformes, articles académiques, sites et outils spécialisés. Ces ressources sont organisées par catégorie pour faciliter leur consultation.

---

1. Plateformes pour Apprendre et Tester les Prompts

1. OpenAI Playground
   - Description : Un outil interactif pour expérimenter avec ChatGPT et tester différents prompts. Idéal pour explorer la formulation et analyser les résultats en temps réel.
2. PromptHero
   - Description : Une bibliothèque de prompts pour générer du texte et des images à l'aide de modèles d'IA. Utile pour s'inspirer d'exemples populaires et variés.
3. PromptBase
   - Description : Un marché de prompts où les utilisateurs peuvent acheter ou vendre des formulations de prompts optimisées pour différents modèles d'IA.
4. **AI Dungeon**
   - Description : Une plateforme créative basée sur l'IA où les utilisateurs peuvent tester des prompts narratifs et interactifs. Utile pour explorer la créativité dans la formulation de scénarios.
5. ChatGPT Plugins et Extensions
   - Description : Plugins permettant d'intégrer ChatGPT à d'autres outils, notamment pour tester des prompts dans des contextes professionnels ou techniques.

---

2. Articles Académiques et Livres Blancs

1. "The Art of Prompt Engineering with GPT-3" (OpenAI)
   - Description : Un guide officiel sur les bonnes pratiques pour interagir avec GPT-3, incluant des exemples de prompts efficaces et des analyses de cas.
2. "How to Talk to AI" (MIT Technology Review)
   - Description : Une analyse sur la manière dont les utilisateurs peuvent améliorer leurs interactions avec l'IA, avec des conseils spécifiques pour la formulation de prompts.
3. "Improving Language Model Prompting" (arXiv)
   - Description : Un article scientifique approfondissant les techniques de « prompt engineering » et l'impact de la structure des prompts sur les résultats.
4. Livres Blancs sur le NLP
   - Description : Des publications sur les avancées en traitement du langage naturel (NLP), expliquant les bases scientifiques et techniques derrière les modèles comme ChatGPT.

5. **Research Papers from Google AI**
   - Description : Articles académiques sur l'intelligence artificielle et les applications avancées du NLP, avec des études de cas spécifiques.

---

3. Ressources Pédagogiques et Cours

1. Coursera
   - Cours suggérés :
     - "Natural Language Processing with Attention Models" (DeepLearning.AI)
     - "AI for Everyone" (Andrew Ng)
2. Udemy
   - Cours suggérés :
     - "Master Prompt Engineering for AI Models"
     - "ChatGPT & GPT-4: Practical Guide to AI Prompting"
3. [YouTube Channels]
   - **Tech With Tim** : Tutoriels sur l'utilisation des IA pour les développeurs.
   - **Two Minute Papers** : Résumés des avancées scientifiques dans le domaine de l'IA.
4. AI Prompt Engineering Academy
   - Description : Une académie spécialisée dans la formation à la création et à l'optimisation de prompts.

---

4. Sites d'Exemples et Bibliothèques de Prompts

1. GitHub - Prompt Libraries
   - Description : Des collections de prompts organisées par applications (rédaction, codage, éducation, etc.).
2. AI Prompt Collection
   - Description : Une bibliothèque de prompts pour divers cas d'usage (création de contenu, éducation, technologie).
3. Kaggle
   - Description : Une plateforme pour partager des projets et des idées autour de l'analyse de données, avec des exemples de prompts pour des modèles de langage.
4. Reddit - PromptCraft
   - Description : Une communauté pour échanger des idées et explorer des exemples de prompts créatifs et techniques.

---

5. Outils de Développement et Intégration d'IA

1. Hugging Face
   - Description : Une plateforme offrant des modèles pré-entraînés et des outils pour tester des prompts avec des modèles de NLP avancés.
2. Zapier AI Integrations
   - Description : Intégrez des prompts automatisés dans des workflows professionnels pour des tâches répétitives ou analytiques.
3. **DeepL Write**
   - Description : Un outil pour affiner et corriger les formulations de prompts en plusieurs langues.

---

6. Blogs et Communautés

1. OpenAI Blog
   - Description : Blog officiel d'OpenAI contenant des mises à jour, des conseils, et des études de cas.
2. Medium
   - Description : Articles de professionnels et d'experts en IA partageant leurs expériences et astuces sur la création de prompts.
3. Stack Overflow
   - Description : Une communauté de développeurs partageant des solutions, y compris des prompts pour résoudre des problèmes techniques spécifiques.
4. LinkedIn Groups on AI
   - Description : Groupes professionnels pour échanger sur l'utilisation de l'IA dans divers secteurs (éducation, santé, marketing).

---

7. Logiciels et Applications pour Tester les Prompts

1. **PromptPerfect**
   - Description : Outil en ligne pour tester et optimiser les prompts avant de les utiliser avec des modèles d'IA.
2. OpenAI API
   - Description : Un accès direct aux API pour intégrer des prompts personnalisés dans des systèmes professionnels.
3. GPT-3 Sandbox
   - Description : Une plateforme pour expérimenter avec des prompts interactifs et ajuster leurs paramètres.

Conclusion : Une Bibliothèque Complète de Ressources pour Approfondir vos Compétences

Ces ressources offrent une base solide pour apprendre, tester, et perfectionner vos compétences en formulation de prompts. Que vous soyez novice ou expert, elles vous permettront d'élargir vos connaissances, d'explorer de nouvelles applications, et de devenir un utilisateur plus efficace des intelligences artificielles. Intégrer ces outils dans votre pratique vous aidera à transformer vos idées en interactions précises et impactantes avec l'IA.

Annexes et Ressources Complémentaires : Suggestions de Lectures pour Approfondir Chaque Chapitre

Pour accompagner le lecteur dans son parcours de maîtrise des prompts et des interactions avec l'IA, voici une liste de lectures et de ressources approfondies pour chaque chapitre. Ces suggestions incluent des livres, des articles académiques, des blogs spécialisés, et des cours en ligne qui complètent et enrichissent les concepts explorés dans ce livre.

Chapitre 1 : Introduction aux Fondamentaux des Prompts

Ressources Recommandées

1. **Livre** : *AI 2041: Ten Visions for Our Future* par Kai-Fu Lee et Chen Qiufan
   - Une exploration des impacts de l'IA, y compris la manière dont l'IA interagit avec les humains dans divers scénarios futurs.
2. **Article** : "How ChatGPT Works: A Deep Dive" (OpenAI Blog)
   - Une introduction aux mécanismes derrière ChatGPT et l'importance des prompts pour guider ses réponses.
3. **Cours en ligne** : *Introduction to Natural Language Processing* (Coursera, proposé par l'Université du Michigan)
   - Ce cours offre une compréhension des bases du traitement du langage naturel (NLP) utilisé par les modèles comme ChatGPT.

Chapitre 2 : Techniques Avancées de Formulation de Prompts

Ressources Recommandées

1. **Livre** : *Prompt Engineering: A New Discipline for AI Interaction* (eBook, disponible sur PromptBase)
   - Une ressource pratique pour comprendre les stratégies avancées de création de prompts.
2. **Blog** : "Mastering the Art of Prompt Writing for AI" (Medium)
   - Un guide accessible pour explorer les nuances de la formulation des prompts dans différents domaines.
3. **Outil** : *ChatGPT Playground* (OpenAI)
   - Une plateforme interactive pour tester différentes formulations de prompts et observer les résultats en temps réel.

Chapitre 3 : Les Outils pour la Création de Prompts Efficaces

Ressources Recommandées

1. **Livre** : *Deep Learning for Natural Language Processing* par Palash Goyal

- Une introduction détaillée aux techniques utilisées pour développer des modèles comme GPT, avec des exemples pratiques.
2. **Article** : "Prompt Design Techniques for GPT Models" (GitHub Wiki)
   - Une collection d'exemples et de stratégies pour créer des prompts efficaces dans divers domaines.
3. **Cours en ligne** : *AI for Everyone* (Coursera, par Andrew Ng)
   - Ce cours offre une vue d'ensemble des applications de l'IA, incluant des conseils pour travailler efficacement avec les modèles de langage.

Chapitre 4 : Adapter les Prompts pour des Applications Spécifiques

Ressources Recommandées

1. **Livre** : *Applied Artificial Intelligence: A Handbook for Business Leaders* par Mariya Yao
   - Une exploration des applications concrètes de l'IA dans les domaines de l'entreprise, de la santé, et de la recherche.
2. **Article** : "Customizing AI Responses: A Guide to Prompt Adaptation" (Towards Data Science)
   - Une analyse détaillée de la manière d'adapter les prompts à des objectifs spécifiques.
3. **Blog** : *PromptBase Library* (PromptBase)
   - Une base de données de prompts optimisés pour des applications spécifiques comme la création de contenu, l'analyse de données, et la rédaction technique.

Chapitre 5 : L'Art de Personnaliser les Réponses de l'IA

Ressources Recommandées

1. **Livre** : *Designing Voice User Interfaces* par Cathy Pearl
   - Bien que centré sur les interfaces vocales, ce livre offre des perspectives utiles sur la personnalisation des interactions utilisateur.
2. **Article** : "The Psychology of AI Interaction: Understanding User Expectations" (Harvard Business Review)
   - Une étude des comportements humains dans les interactions avec l'IA et leur impact sur la personnalisation.
3. **Cours en ligne** : *Human-Centered AI* (Stanford University, via edX)
   - Ce cours explore comment concevoir des interactions IA qui répondent aux besoins et préférences des utilisateurs.

Chapitre 6 : La Psychologie et l'Éthique dans les Prompts

Ressources Recommandées

1. **Livre** : *Weapons of Math Destruction* par Cathy O'Neil
   ○ Une exploration des biais dans les algorithmes et des implications éthiques des systèmes d'IA.
2. **Article** : "AI Ethics: Balancing Innovation and Responsibility" (The Guardian)
   ○ Une discussion sur les enjeux éthiques de l'IA, y compris la transparence et les responsabilités des utilisateurs.
3. **Blog** : *AI Bias and Fairness* (Medium, AI Ethics Series)
   ○ Des analyses approfondies sur les biais dans les modèles d'IA et comment les éviter.

Annexes : Guides Pratiques et Outils Complémentaires

Ressources Recommandées

1. **Livre** : *The Alignment Problem* par Brian Christian
   ○ Une exploration des défis posés par la création d'une intelligence artificielle éthique et alignée sur les valeurs humaines.
2. **Article** : "The Art of Prompting: A Comprehensive Guide" (AI Alignment Newsletter)
   ○ Une ressource pratique et actualisée sur l'évolution des techniques de prompting.
3. **Outils en ligne** :
   ○ **Prompt Engineering Tools** : Des outils comme PromptPerfect (optimisation de prompts) et ChatGPT Plugins (intégration de fonctions avancées) sont essentiels pour expérimenter et améliorer les prompts.
   ○ **GitHub Repositories** : Des dépôts tels que "Awesome ChatGPT Prompts" regroupent des collections de prompts populaires et efficaces.

Conclusion

Ces lectures et ressources offrent des perspectives enrichissantes pour approfondir les concepts explorés dans ce livre. Que ce soit pour comprendre les bases, explorer des techniques avancées, ou réfléchir aux implications éthiques, elles aident à perfectionner l'interaction avec l'IA et à développer une maîtrise complète de l'art des prompts.

Quizz à la Fin des Chapitres pour Évaluer la Compréhension du Lecteur

Les quizz sont un excellent moyen de vérifier la compréhension des concepts présentés dans chaque chapitre et d'encourager les lecteurs à réfléchir activement à la matière. Voici un exemple de quizz pour chaque chapitre, conçu pour évaluer les connaissances acquises et encourager une réflexion critique.

Chapitre 1 : Introduction aux Fondamentaux des Prompts

1. **Question 1** : Qu'est-ce qu'un prompt, et pourquoi est-il essentiel dans l'interaction avec une IA ?
   - a) Une commande aléatoire utilisée pour tester une IA.
   - b) Une instruction ou une demande guidant l'IA vers une réponse.
   - c) Un programme informatique pour entraîner l'IA.
   - d) Une question ouverte permettant une réponse subjective.
2. **Question 2** : Quel rôle joue la précision dans un prompt ?
   - a) Elle aide à limiter les interprétations erronées.
   - b) Elle rend le prompt plus intéressant.
   - c) Elle n'a aucun rôle particulier.
   - d) Elle réduit la créativité de l'IA.
3. **Question 3** : Donnez un exemple de prompt vague et expliquez comment le reformuler pour le rendre clair et précis.

Chapitre 2 : Techniques Avancées de Formulation de Prompts

1. **Question 1** : Qu'est-ce qu'un mot-clé dans un prompt ?
   - a) Un terme technique inutilisable par l'IA.
   - b) Un mot ou une phrase centrale guidant la réponse de l'IA.
   - c) Une phrase décorative utilisée pour embellir le texte.
   - d) Une instruction qui force l'IA à ignorer les autres mots.
2. **Question 2** : Pourquoi structurer un prompt en plusieurs étapes est-il utile ?
   - a) Cela permet à l'IA de répondre plus lentement.
   - b) Cela améliore la précision et la structure des réponses.
   - c) Cela rend les prompts plus créatifs.
   - d) Cela garantit que l'IA ne fait pas d'erreur.
3. **Exercice** : Rédigez un prompt complexe sur un sujet technique et divisez-le en plusieurs étapes pour une meilleure clarté.

Chapitre 3 : Les Outils pour la Création de Prompts Efficaces

1. **Question 1** : Quelle est la principale utilité des outils comme le ChatGPT Playground ?

- a) Tester différents prompts et analyser leurs résultats.
- b) Fournir des réponses parfaites sans aucun effort.
- c) Remplacer la création manuelle de prompts.
- d) Gérer des bases de données de questions.

2. **Question 2** : Comment les exemples de prompts populaires peuvent-ils améliorer vos compétences ?
   - a) En vous donnant des idées sur les formulations efficaces.
   - b) En remplaçant le besoin de créer vos propres prompts.
   - c) En montrant uniquement les erreurs à éviter.
   - d) En éliminant la nécessité d'expérimenter.

3. **Exercice** : Trouvez un prompt populaire en ligne, analysez pourquoi il est efficace, et adaptez-le à un nouveau contexte.

Chapitre 4 : Adapter les Prompts pour des Applications Spécifiques

1. **Question 1** : Quel est le principal avantage d'adapter un prompt à un domaine spécifique (ex. : médical, juridique) ?
   - a) Obtenir une réponse générale plus rapide.
   - b) Obtenir une réponse détaillée et pertinente pour le domaine concerné.
   - c) Éviter de poser des questions trop longues.
   - d) Réduire les coûts d'utilisation de l'IA.

2. **Question 2** : Dans le contexte médical, pourquoi est-il important d'ajouter des précisions comme « vulgariser » ou « public professionnel » dans un prompt ?
   - a) Cela améliore la rapidité de réponse.
   - b) Cela ajuste le niveau de détail et de complexité de la réponse.
   - c) Cela empêche l'IA de donner des informations erronées.
   - d) Cela n'a pas d'impact significatif.

3. **Exercice** : Formulez un prompt médical pour un public professionnel, puis reformulez-le pour un public novice.

Chapitre 5 : L'Art de Personnaliser les Réponses de l'IA

1. **Question 1** : Pourquoi inclure des éléments personnels dans un prompt peut-il améliorer la réponse de l'IA ?
   - a) Cela permet à l'IA de deviner vos préférences personnelles.
   - b) Cela rend la réponse plus adaptée à vos besoins spécifiques.
   - c) Cela force l'IA à fournir une réponse plus longue.
   - d) Cela diminue les chances d'obtenir une réponse pertinente.

2. **Question 2** : Donnez un exemple de prompt personnalisé pour un étudiant cherchant à apprendre un concept complexe.

3. **Exercice** : Créez un prompt personnalisable pour un assistant virtuel répondant à des besoins variés (éducation, organisation, ou loisir).

Chapitre 6 : La Psychologie et l'Éthique dans les Prompts

1. **Question 1** : Quels sont les risques éthiques d'un prompt mal formulé dans un contexte sensible (ex. : médical ou juridique) ?
   - a) Obtenir une réponse biaisée ou incorrecte pouvant induire en erreur.
   - b) Obtenir une réponse qui est simplement trop technique.
   - c) L'IA refusera de répondre à la question.
   - d) L'IA se contentera d'une réponse générique.
2. **Question 2** : Comment éviter les erreurs liées à un prompt mal formulé ?
   - a) En testant et en ajustant régulièrement les prompts.
   - b) En reformulant chaque prompt plusieurs fois.
   - c) En évitant les mots spécifiques.
   - d) En limitant les détails fournis dans le prompt.
3. **Exercice** : Formulez un prompt sur un sujet sensible (comme la confidentialité des données) et testez-le pour éviter des réponses éthiquement problématiques.

Annexe : Questions de Réflexion pour Encourager la Pensée Critique et la Personnalisation des Prompts

L'objectif des questions de réflexion est d'aider les utilisateurs à affiner leur compréhension des principes de formulation des prompts et à développer une approche critique dans leur utilisation de l'intelligence artificielle (IA). Ces questions stimulent la créativité, favorisent une analyse approfondie des interactions avec l'IA, et encouragent une personnalisation plus poussée pour des cas spécifiques.

---

1. Questions de Réflexion sur la Formulation des Prompts

1. Quels sont les éléments clés qui rendent un prompt clair et précis ?
2. Comment définiriez-vous une intention de prompt, et pourquoi est-elle cruciale pour obtenir une réponse pertinente ?
3. Donnez un exemple d'un prompt trop vague et reformulez-le pour le rendre plus spécifique.
4. Quelles sont les erreurs les plus courantes dans la formulation des prompts, et comment pouvez-vous les éviter ?
5. En quoi la spécification du ton et du style (ex. : technique, créatif, vulgarisé) influence-t-elle la réponse de l'IA ?
6. Comment utiliser le contexte pour guider l'IA vers une réponse plus pertinente et adaptée à vos besoins ?
7. Si l'IA produit une réponse insatisfaisante, quels ajustements pouvez-vous apporter à votre prompt pour obtenir un meilleur résultat ?

---

2. Questions pour Explorer la Personnalisation des Prompts

1. Comment le niveau de connaissance de l'audience influence-t-il la formulation d'un prompt ?
2. Si vous devez expliquer un concept complexe à deux audiences différentes (par exemple, des experts et des novices), comment vos prompts changeraient-ils ?
3. Quels éléments spécifiques incluriez-vous dans un prompt pour obtenir une réponse personnalisée à une problématique particulière ?
4. Comment pouvez-vous utiliser des exemples ou des scénarios hypothétiques pour enrichir vos prompts ?
5. Pourquoi est-il important d'indiquer le format attendu dans un prompt (liste, essai, points clés) ?
6. Donnez un exemple de prompt adapté à un contexte professionnel, et décrivez comment vous l'ajusteriez pour un usage éducatif.

---

3. Questions sur l'Analyse et l'Optimisation des Prompts

1. Quels indicateurs vous permettent d'évaluer la qualité d'un prompt ?

2. Comment tester l'efficacité de plusieurs variations d'un même prompt pour choisir la formulation optimale ?
3. Quelles méthodes pouvez-vous utiliser pour diagnostiquer une réponse inattendue ou incorrecte de l'IA ?
4. En quoi l'ajout de critères mesurables (comme des pourcentages ou des comparaisons) peut-il influencer la précision de la réponse ?
5. Comment la décomposition d'un prompt complexe en plusieurs étapes peut-elle améliorer la qualité des réponses ?
6. Quels outils ou ressources disponibles (ex. : playgrounds, bases de données de prompts) peuvent vous aider à optimiser vos formulations ?

---

4. Questions sur les Contextes Spécifiques

1. Comment formuleriez-vous un prompt pour répondre à un besoin précis dans un domaine spécialisé comme la médecine, le droit ou la technologie ?
2. Si vous travailliez sur un projet créatif, quels éléments incluriez-vous dans un prompt pour encourager l'imagination de l'IA ?
3. Dans le cadre d'une analyse technique, comment structurer un prompt pour obtenir une réponse détaillée et pertinente ?
4. Quelles différences remarquez-vous dans la formulation de prompts pour une audience académique par rapport à une audience professionnelle ?
5. Comment ajusteriez-vous vos prompts pour des applications interculturelles ou multilingues afin d'éviter des interprétations erronées ?

---

5. Questions sur l'Éthique et la Responsabilité dans la Formulation des Prompts

1. En quoi vos choix dans la formulation d'un prompt peuvent-ils influencer les biais potentiels de l'IA ?
2. Pourquoi est-il important d'être conscient des implications éthiques lors de la demande d'informations sensibles ou controversées à l'IA ?
3. Quels critères utiliseriez-vous pour évaluer si un prompt respecte des normes éthiques dans un contexte professionnel ?
4. Donnez un exemple de prompt qui pourrait engendrer une réponse inappropriée ou biaisée, et reformulez-le pour le rendre plus éthique.
5. Quels sont les risques liés à l'utilisation de prompts ambigus dans des domaines sensibles comme la médecine ou le droit, et comment pouvez-vous les atténuer ?
6. Comment la transparence dans vos attentes (par exemple, indiquer le ton ou l'objectif du prompt) peut-elle réduire les erreurs ou les malentendus ?

---

6. Exercices de Réflexion Pratique

1. Prenez un sujet général (ex. : « intelligence artificielle ») et développez trois prompts distincts adaptés à des intentions différentes : informative, argumentative, et créative.

2. Analysez une réponse générée par l'IA et identifiez trois points d'amélioration dans le prompt original. Reformulez le prompt pour corriger ces points.
3. Testez un prompt dans deux contextes différents (ex. : académique et professionnel) et comparez les réponses obtenues. Quels ajustements avez-vous faits pour chaque contexte ?
4. Créez un prompt simple et demandez une réponse concise. Ensuite, modifiez ce prompt pour obtenir une réponse plus détaillée et comparez les résultats.
5. Rédigez un prompt pour un domaine que vous ne maîtrisez pas (par exemple, un domaine technique ou médical). Comment pourriez-vous l'améliorer après avoir obtenu une première réponse ?
6. Imaginez que vous devez expliquer un concept complexe (comme la blockchain) à trois audiences différentes : un enfant de 10 ans, un étudiant en informatique, et un investisseur. Formulez un prompt adapté pour chaque audience.

Conclusion : Encourager l'Apprentissage et l'Amélioration Continue

Ces questions de réflexion ne sont pas seulement des outils pour enrichir vos compétences en création de prompts, mais elles encouragent également une analyse critique et une adaptation continue. En réfléchissant sur vos pratiques et en testant vos prompts dans divers scénarios, vous apprendrez à exploiter pleinement le potentiel de l'IA, à personnaliser vos interactions, et à obtenir des résultats toujours plus pertinents et satisfaisants.

Conclusion : L'Art du Prompt, une Porte Vers l'Infinie Créativité

Nous sommes à l'aube d'une ère où les interactions entre l'homme et la machine redéfinissent les frontières de la créativité, de l'efficacité et de l'innovation. Dans ce paysage numérique en constante évolution, **l'art de formuler des prompts** devient bien plus qu'une simple compétence technique : il s'agit d'une passerelle entre notre imagination humaine et les capacités exponentielles des intelligences artificielles.

Ce livre vous a guidé à travers les subtilités de cette discipline, montrant que derrière chaque prompt se cache une intention, une vision, une invitation à collaborer avec une entité capable de transformer des idées floues en réponses précises et actionnables. Vous avez découvert les fondements, les techniques avancées, et les outils nécessaires pour perfectionner vos prompts, tout en respectant les principes d'éthique et de responsabilité.

Mais au-delà des méthodes et des stratégies, ce voyage est aussi une réflexion sur **notre capacité à poser les bonnes questions**. Car, dans une interaction avec une IA comme dans la vie, la qualité des réponses dépend souvent de la qualité des questions. Apprendre à formuler un prompt clair, contextuel, et pertinent, c'est apprendre à structurer notre pensée, à clarifier nos intentions, et à anticiper les résultats.

Le Pouvoir des Prompts : Une Nouvelle Langue Universelle

Les prompts ne sont pas seulement des outils ; ils deviennent une nouvelle langue universelle, un moyen d'exprimer nos idées et nos besoins dans un dialogue collaboratif avec des machines. Cette langue est fluide, en constante adaptation, et chaque utilisateur contribue à en façonner les contours. Vous, lecteur, faites désormais partie de cette évolution. En maîtrisant cet art, vous devenez un architecte des interactions homme-machine, capable de construire des ponts entre des domaines complexes et accessibles.

Une Invitation à Explorer et à Créer

Ce livre ne marque pas une fin, mais un commencement. Il ne s'agit pas seulement d'appliquer des techniques apprises, mais d'oser expérimenter, de jouer avec les idées, et d'explorer les possibilités infinies offertes par les IA. Les prompts sont des outils, mais aussi des miroirs de notre créativité. Plus vous les affinerez, plus vous découvrirez que **chaque interaction peut être un terrain fertile pour l'innovation et la découverte**.

Nous vous invitons à continuer ce voyage, à partager vos apprentissages, et à contribuer à l'art du prompt comme un savoir collectif. Qu'il s'agisse de résoudre des problèmes complexes, d'imaginer des récits fascinants, ou de simplifier des concepts pour mieux les transmettre, vos prompts reflètent votre vision et votre manière de penser.

Votre Dialogue avec l'Avenir

En conclusion, maîtriser l'art des prompts, c'est apprendre à dialoguer avec l'avenir. C'est une capacité qui va au-delà de la simple utilisation d'un outil : c'est une compétence qui amplifie votre potentiel dans tous les aspects de votre vie personnelle et professionnelle. À chaque interaction, vous ne demandez pas seulement une réponse ; vous dessinez une collaboration avec une technologie conçue pour étendre les limites de ce que nous croyons possible.

Rappelez-vous que le pouvoir d'un prompt ne réside pas uniquement dans ses mots, mais dans l'intention et l'esprit qu'il porte. Alors, continuez à poser des questions, à explorer, à imaginer – car chaque prompt est une clé qui ouvre la porte à des possibilités infinies.

L'avenir est là, prêt à être modelé par vos mots. Soyez audacieux. Soyez créatif. Soyez le maître de vos prompts.

www.ingramcontent.com/pod-product-compliance
Lightning Source LLC
LaVergne TN
LVHW022336060326
832902LV00022B/4074